天下布武
てんかふぶ
時代

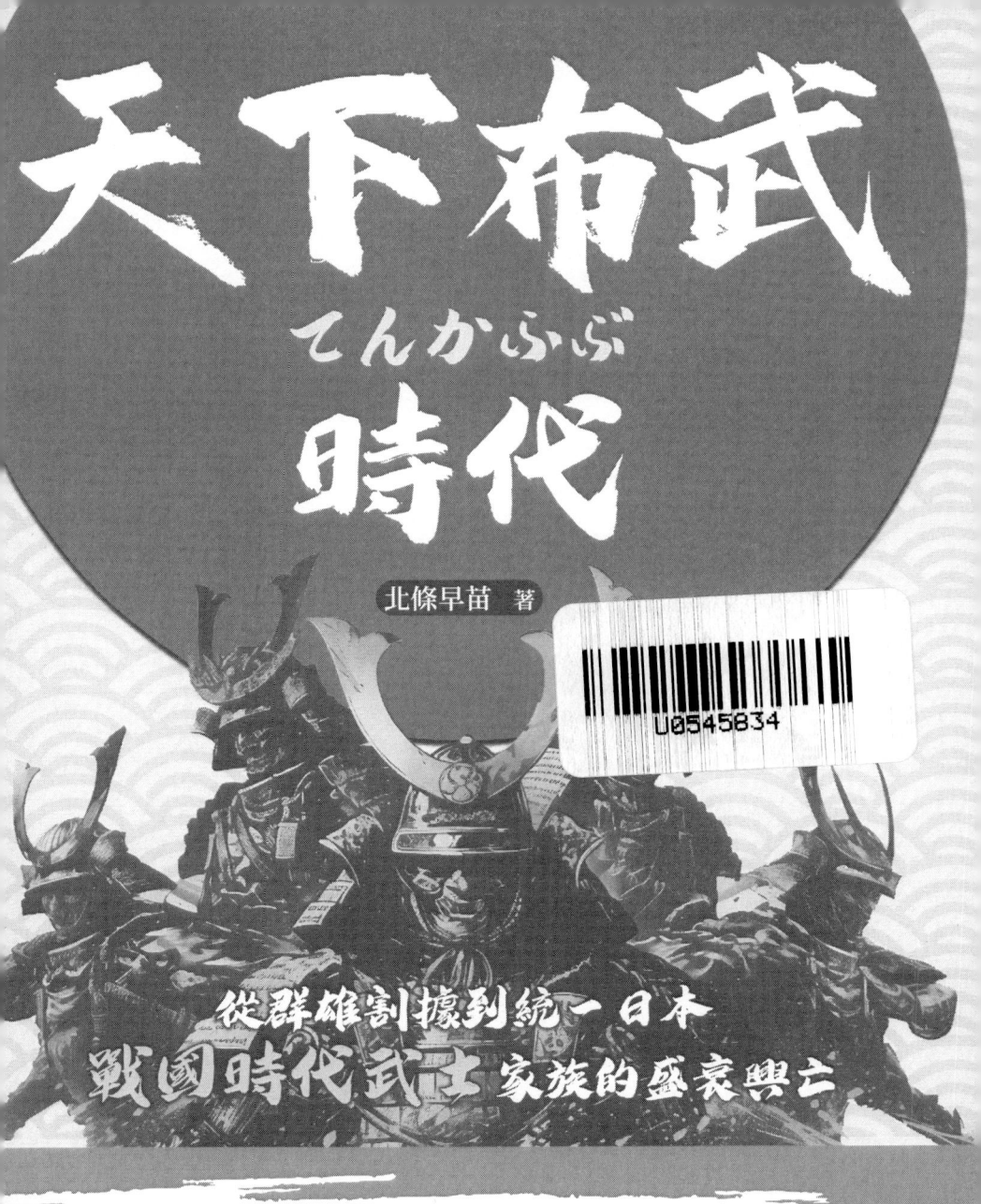

北條早苗 著

從群雄割據到統一日本
戰國時代武士家族的盛衰興亡

紀傳體視角重塑歷史，再現戰國豪族的崛起與覆滅
拋開傳說與誤解，透過嚴謹考據，還原真實的戰國武士世界

從織田到德川，解析日本戰國時代的軍事策略與政治權謀！

目錄

前言

天下人篇

織田家 …………………………………… 008

足利家 …………………………………… 183

六角家 …………………………………… 224

三好家 …………………………………… 253

羽柴家 …………………………………… 278

德川家 …………………………………… 295

目錄

前言

　　所謂日本戰國，究竟是一個怎樣的年代呢？

　　第一次接觸日本戰國時代，是在小學時候的漫畫《哆啦Ａ夢歷險記特別篇》當中，漫畫中主要講述了哆啦Ａ夢等一群人為了大雄的歷史考試而乘坐時光機回到了戰國時代，卻在時光隧道裡意外撞上了從二十二世紀出逃的機器人的時光機，從而分別流落到了日本戰國時代的不同時間點的故事。

　　當時的我對世界史並沒有什麼概念，還以為大雄口中的戰國時代指的是中國歷史上的春秋戰國時期，對漫畫中的「川中島戰役」、「桶狹間之戰」與「天王山之戰」感到迷惑不解，也第一次知道了後來耳熟能詳的武田信玄、上杉謙信、織田信長、豐臣秀吉、德川家康等戰國武將的名字。

　　後來，在電腦上接觸了光榮遊戲《信長的野望》以及大河劇《風林火山》等等，才逐漸對這個特殊的日本歷史時期有了基本的了解。等到真正接觸關於日本戰國的歷史相關書籍後，才發現無論是漫畫、遊戲還是電視劇中的日本戰國時代，都與歷史上的日本戰國時代有許多不同。

　　從世界史相關著作來看，寫日本戰國史的作者還是比較多的，無論是實體出版品，還是在網路平臺上，經常都能看到日

前言

　　本戰國相關的文章，多年來我也陰差陽錯地翻過幾頁，基本上沒有見到讓我滿意的內容。特別是一些在網上流傳甚廣的日本戰國時代的故事，實際上都是出自於後世藝術工作者的創作，猶如《三國志》與《三國演義》的關係，有的內容甚至毫無歷史依據，完全是臆想的結果。正因如此，我早早便有創作一部完全擺脫通說故事、真正從歷史角度出發的關於日本戰國史的科普書籍的打算。

　　現如今大多數人對日本戰國時代的了解，從時間來看大多局限於織田信長、羽柴秀吉（豐臣秀吉舊名）、德川家康三人的時代，從地點來看也是集中於日本中部地域的歷史。實際上，日本戰國時代指的是以西元 1467 年日本京都發生的「應仁・文明之亂」為起點的一個持續了約一百五十年的內戰時代，若是加上日本關東的「享德之亂」，戰國時代的時間還要更長。即便是從織田信長誕生開始算起，大多數人了解的日本戰國時代也只是這一百五十年間的後八十年而已，對於日本戰國時代前期的歷史卻鮮有了解。

　　本書的內容並非是編年體的歷史書，而是以日本戰國時代的各個家族單獨為傳的紀傳體史書。如此一來，日本戰國時代南至九州北至日本東北的各個時期、各個家族的歷史便都能夠在書中體現，盡量給讀者呈現一個完整的日本戰國時代。

北條早苗

天下人篇

織田家

信長的先祖

據織田家後人所稱，織田信長的祖先乃是平資盛的落胤（名人的私生子），被越前國織田莊劍神社的神官收養，遂以織田為苗字。也就是說，在織田家後裔編纂的系圖之中，織田家乃是平家嫡流出身。然而，根據織田家早年流傳下來的文書來看，織田信長、織田信勝以及同族守護代織田達勝都曾以藤原氏自居，說明織田信長平家後裔的身分應該是偽造的，織田一族很可能只是越前國的普通神官出身，僅此而已。

在室町時代早期，尾張國守護本由美濃守護土岐氏兼任，在應永七年（1400年）時才改由足利一門、管領斯波義重出任。斯波氏出任尾張國守護以後，任命家臣化的神官織田一族出任尾張國的守護代，織田家這才從越前國遷居到了尾張國。

在室町幕府時期，守護長期在京都生活，參與幕政，並沒有時間管轄領地。於是守護們便會任命家臣作為自己的代官，也就是「守護代」，負責管理守護的領地。可是，守護代通常都由守護的重臣出任，守護在參與幕政時經常離不開守護代的協

助，因此守護代漸漸也不在領地生活，而是與守護一同居住在京都。在這個時候，守護代為了管理領地，便會再任命一個人出任「又守護代」，也稱為「小守護代」、「在地守護代」，負責居住在領地內管理實際的政務。「又守護代」通常由守護代的同族出任。

室町時代中期的織田家也是如此，當時出任尾張國「在京守護代」的是織田教廣（法號「常竹」），「在地守護代」則是織田教廣的同族織田左京亮（法號「常松」）出任。織田教廣的官途（古時候官員的職務或受領名，室町時代大多數都沒有經過朝廷的任命，只是私稱）是「伊勢守」，他的嫡子淳廣繼承了這個官途，開創了「織田伊勢守」家，而教廣的另一個兒子則以「大和守」官職自稱，開創了「織田大和守」家。

享德元年（1452年）九月一日，斯波家家督斯波義健英年早逝，沒有留下子嗣，於是幕府任命斯波家庶族大野斯波家出身的斯波義敏入嗣宗家。斯波義敏作為斯波家的旁支，在家中沒有根基，與斯波家的家宰（家臣之首）甲斐常治關係不佳，沒多久便爆發了戰爭。在這場斯波家的內戰中，時任尾張國守護代的「伊勢守家」織田敏廣站在了甲斐常治的一邊，流放了主君斯波義敏。

此時日本的關東地區正陷入上杉家與關東公方的戰爭「享德之亂」中，幕府原本想要派遣斯波義敏前往關東支援親幕府的上杉家，但是斯波義敏卻沒有回應幕府的命令，而是在領內掀起

與家臣們的內戰，引起了幕府的不滿。在甲斐常治等斯波家臣的要求下，幕府剝奪了斯波義敏的家督之位，改派「堀越公方」足利政知（幕府任命的新任「鎌倉殿」，但是因為舊關東公方勢力的抵抗沒能進入鎌倉，而是停留在伊豆國的堀越）的輔佐涉川義鏡的兒子義廉入嗣斯波家。

幕府打了一手如意算盤，認為斯波義廉一定會帶領斯波家的軍隊支援關東。然而隨著關東局勢的變化以及「堀越公方」在關東的擴張，幕府對「堀越公方」提高了警惕，決定不再支援「堀越公方」，而是想讓日本東北部的陸奧國、出羽國的斯波一族出身的大崎氏、最上氏南下作戰。不過大崎氏對外姓入嗣的斯波義廉並不買帳，因此幕府只好又赦免了先前被罷免的斯波義敏，轉讓義敏的兒子義寬出任斯波家家督。

於是，斯波家分裂成了斯波義敏、義寬父子與斯波義廉兩派由於織田家嫡流伊勢守家支持斯波義廉，斯波義敏便拉攏了織田家庶流大和守家出身的織田敏定與之對抗。恰好此時京都爆發了「應仁・文明之亂」，尾張國也因此一分為二，變成伊勢守（西軍）、大和守（東軍）兩織田爭霸的戰場。

「應仁之亂」結束後，織田大和守家取代嫡流奪取了守護代之位。此後經過多次拉鋸，尾張國逐漸形成了大和守家統治山田、海東、愛知、海西四郡，伊勢守家統治葉慄、丹羽、春日井三郡，中島郡則由兩家各占領一部分的局面。織田信長的祖先，正是織田大和守家的庶族「彈正忠家」出身。

大和守家雖然在應仁之亂中獲得勝利，但是在戰國時代的命運卻十分多舛。織田敏定在出陣美濃國支援盟友期間不幸病逝，其子寬定又在與伊勢守家的戰爭中戰死，家督由寬定的弟弟寬村繼承，直到寬定的兒子達定成年以後，守護代才又由達定出任。

　　在織田達定的時代，尾張國守護斯波義達已經失去了斯波家的另外兩個領地越前國和遠江國。為了奪回舊領，斯波義達決定出兵遠江國，卻招到了織田達定的強烈反對，二者很快爆發了戰爭，織田達定在戰鬥中戰死。獲得勝利的斯波義達乘勝出陣遠江國，卻在引間城被今川軍擊敗，斯波義達在被俘以後被迫剃髮出家才得以回到尾張國。此後，斯波家在尾張國的地位一落千丈，不得不依靠大和守家的庇護在清州城居住。

　　織田達定死後，其弟織田達勝繼位。由於接連更換家督的緣故，織田達勝不得不倚靠家中三位重臣鞏固自己的地位，這三位重臣都是織田一族出身，三個家族被一起稱為「三奉行」，分別是「因幡守家」、「藤左衛門尉家」與「彈正忠家」。

　　在《信長公記》的首卷中提到，織田信長的往上三代依次是「西巖」、「笑巖」與「備後守」。其中「西巖」指的是織田信長的曾祖父織田良信，活躍於織田達定出任守護代時期。「笑巖」指的是信長的祖父織田信貞，活躍於織田達勝時代。「備後守」指的就是信長的父親織田信秀了。

　　自織田良信時代開始，彈正忠家就藉著大和守家、伊勢守

家的戰爭趁機坐大，不斷地侵占伊勢守家以及寺社的領地。為了對抗伊勢守家，大和守家對彈正忠家的不法行為通常都是睜一隻眼閉一隻眼。等到了大永年間，良信之子信貞便占據了海西郡，還對海東郡的津島發起了攻擊。

　　津島是位於木曾川畔的一個小型港灣都市，距離伊勢灣非常之近。在鎌倉時代，津島的牛頭天王神社前便形成了一個繁榮的商業都市。到了戰國時代，津島的商人們甚至自己組建了自治團體，即被稱為「惣」的團體，招募傭兵維護津島的治安。

　　大永初期，織田信貞在津島東北四公里修築了勝幡城作為居城，並對津島發起攻擊。經過多次交戰以後，商人們敗給了職業武士，最終不得不與織田信貞和談，津島豪族之一大橋家迎娶了織田信貞的女兒為妻，雙方締結為姻親關係，津島事實上成為彈正忠家的領地。

信秀登場

　　約在大永六年到七年之間（1526～1527年），織田信貞病逝，年輕的織田信秀繼承了彈正忠家的家督之位。依靠織田良信、信貞奠定的基礎，織田信秀開創了除信長以外彈正忠家的最大版圖。

　　天文二年（1533年），由於和大和守家關係不佳，織田信秀邀請京都的蹴鞠名手飛鳥井雅綱前來尾張國傳授蹴鞠技巧，藉著踢球的名義調解與主君的關係。畢竟是兵荒馬亂的年代，飛

鳥井雅綱不敢獨自前行，便邀請了好友山科言繼一同出遊。兩人在織田信秀的居城勝幡城居住了幾天後，又前往大和守家的居城清洲城授課。

在山科言繼的日記中提到，織田信秀的居城勝幡城十分豪華，甚至連信秀家老平手政秀的居館也極盡奢華，有些家具連京都都十分罕見。而在山科言繼前往清洲城後，才發現大和守家雖是信秀主君，但是清洲城與勝幡城相比顯然寒酸了許多，信秀這個臣子的經濟實力，早就凌駕於尾張國的一眾豪強了。

彈正忠家的一家獨大，引起了同為「三奉行」之一的織田藤左衛門尉的不滿，雙方陷入了戰爭之中。當時尾張國的鄰國三河國內，安城城的城主松平信定與彈正忠家有姻親關係，便站在了支援彈正忠家的立場。而與松平信定對立的岡崎城主松平清康則在天文四年（1535 年）率領千餘軍隊進入尾張國，支援藤左衛門尉家。然而在十二月五日的夜裡，松平清康在守山城外的營地中被家臣誤殺，藤左衛門尉家失去外援，在與彈正忠家的戰爭中落入下風。不僅如此，織田信秀還攻陷了那古野今川家的根據地那古野城，將居城遷到了此地。

天文十三年（1544 年），織田信秀與越前朝倉家締結同盟，兩家以擁戴土岐賴武之子土岐賴純回歸美濃國為大義名分，包圍了齋藤道三的居城稻葉山城，據傳聯軍的總人數高達兩萬五千人。可是，在傍晚撤軍之際，織田軍卻突然遭到齋藤道三的反擊，一路潰敗，連信秀的弟弟織田信康都在此戰中戰死。

天文十六年（1547年），織田信秀為嫡長子織田信長舉行初陣儀式，帶領信長一同出陣三河國。此時稱霸西三河的大名松平清康在幾年前就已經被家臣殺害，其子松平廣忠能力、器量不足，無法維持安城松平氏在三河國的地位，導致松平家在與織田家的戰爭中不斷落敗，連松平廣忠的居城岡崎城都一度落入織田信秀的手中。

儘管三年前在美濃國戰敗，但是東邊不亮西邊亮，三河國的國眾不敵信秀的軍勢節節敗退，這時候的織田信秀依舊是春風得意。不過，轉機很快就到來了。

天文十七年（1548年），松平廣忠投靠了遠江國、駿河國的戰國大名今川義元。為了討伐松平廣忠，織田信秀率軍進入了三河國安城城，隨後派出軍勢出陣，自己則率領本陣緊隨其後。三月十九日，織田信秀率領的織田軍與太原雪齋率領的今川軍在小豆坂展開戰役，今川軍的前鋒是朝比奈信置、朝比奈泰能、岡部元信三人，而織田軍的前鋒則是織田信秀的庶長子織田信廣。織田信廣異常勇猛，一度將今川軍的前鋒打得大敗，但是就在勝利在望之際，岡部元信突然率軍突入織田軍陣中，斬殺了許多名大將，導致織田軍先勝後敗。

以往的舊說認為小豆坂之戰有兩次，一次在天文十一年（1542年），一次在天文十七年（1548年）。

現在可以肯定的是，天文十七年的第二次小豆坂之戰後，今川義元給家臣下發過肯定戰功的「感狀」，因而天文十七年的

這次戰役應當屬實。兩次戰役的疑點，在於天文十一年的第一次小豆坂之戰。

記載第一次小豆坂之戰的較為良質的史料中，僅有《信長公記》的首卷比較可信。不過《信長公記》中並沒有提到年分，具體年分則是後世的史料中補齊的。目前流傳於世的太田牛一親筆所寫的《信長公記》並沒有首卷，而是從信長上洛開始，一年一卷，共十五卷。我們現在看到的《信長公記》首卷都是後世的抄本裡的，是否為太田牛一創作不得而知。

其次，《信長公記》中對小豆坂之戰的疑點實在太多，《信長公記》僅記載了一次小豆坂之戰，並沒有明說是哪一次。但是，因為天文十三年時戰死的信秀的弟弟織田信康也在參戰的行列之中，因此後人推測《信長公記》記載的戰役是第一次小豆坂之戰。

然而，天文十一年時織田信秀與今川義元的勢力並不接壤，利益衝突也不算大，當時雙方並未成為敵人，共同敵人則是三河的松平家。若是織田家與今川家想在小豆坂展開戰役的話，兩家都需要離開自己的勢力範圍，在松平家的地盤上交戰，這未免有些奇怪。再加上除了《信長公記》以外，第一次小豆坂之戰在歷史史料裡完全沒有痕跡，所以也有人認為《信長公記》的小豆坂之戰其實也是第二次，其中信康參戰的記錄是筆誤。

小豆坂之戰的戰敗，導致織田信秀在尾張國內的威望一落千丈，美濃國的齋藤道三也趁著這個機會攻打被信秀奪取的大垣

城。禍不單行的是，織田信秀雖然還不到四十歲，但是長期的征戰以及繁瑣的政務卻拖垮了他的身體。原本態度還算友好的主君清洲織田家，也因為信秀的接連戰敗開始對彈正忠家有些不屑。

在這樣的情況下，織田信秀做出了一個他認為最合理的判斷——織田家根本無法抵擋齋藤道三與今川義元的兩面夾擊，倒不如與其中一家締結和約。

織田信秀選中的盟友是齋藤道三，因為比起背後有盟友武田家、北條家的今川義元來說，齋藤道三除了有織田信秀這個敵人以外，還有越前的朝倉家、近江國的六角家都對齋藤家抱著不友好的態度，他的處境明顯是比較困難的。

在織田信秀的家臣平手政秀的牽線之下，齋藤道三將女兒嫁給了織田信秀的嫡長子織田信長，兩家締結了秦晉之好。齋藤道三的女兒被稱為「濃姬」，軍記物裡也有記載她的名字叫「歸蝶」、「胡蝶」等等。與齋藤家締結盟約以後的次年，織田信秀將家督之位讓給了嫡長子織田信長，同時在尾張國東部修築起末盛城，以便防備三河國方向的今川家。

織田信秀的病體讓織田家面對今川家時只能採取守勢，天文十八年（1549年）十一月八日，安城城被今川軍奪取，守將織田信廣被俘。天文十九年（1550年）八月，今川軍動員起五萬大軍侵入尾張國，燒殺劫掠一番後離去。明眼人都能看出，織田信秀快不行了，織田彈正忠家也快不行了。

為了維持織田彈正忠家在尾張國的地位，織田信秀也放棄與今川家敵對。天文二十年（1551年），織田信秀與幕府將軍足利義輝牽上了線，請求足利義輝介入織田家與今川家的戰爭，調解兩家的關係。

不過，與織田信秀不同的是，新任家督織田信長對和談之事表示反對。在織田信長看來，織田家已經有齋藤家作為盟友，完全可以依靠盟友的協助與今川家爭奪三河國的霸權，並且齋藤道三也站在女婿的一邊，織田信長命令自己的親信取代父親的家臣，成為負責與齋藤家聯繫的外交取次。

除了對外政策以外，織田彈正忠家歷來的傳統都是將領地分封給家督諸子，家督則作為彈正忠家的一門總領統率各個分家，但是這樣的傳統對此時的彈正忠家來說卻不算非常友好。在織田信長繼承家督的年代，戰國大名們都早已開始在領地內實現一元化統治，織田信秀依照傳統分封領地做法，使得各個分家的獨立性很強，削弱了家督織田信長的實力，引起了信長的不滿。信秀晚年將嫡次子織田信勝接到末盛城與自己同住，正是織田彈正忠家父子失和的證據之一。

天文二十三年（1554年），長年患病的織田信秀病逝，享年四十二歲。織田信秀的壯年去世保住了他的一世英名，因為從今川家後續對尾張國的侵略來看，織田信秀的能力確實不足以抵擋今川軍的攻擊。隨著信秀的去世，織田信長也開始登上歷史舞臺，發揮著自己的潛力，同時帶來了織田彈正忠家的全盛時期。

不過，如果僅僅從織田信秀去世這年的尾張國局勢來看的話，說織田信長的這個開局是「地獄模式」其實也不為過。

桶狹間之戰

織田信秀晚年，織田彈正忠家陷入了內憂外患的境地，隨著信秀的去世，原本許多隱藏著的衝突也一併爆發了出來。

首先是彈正忠家家麾下的鳴海城城主山口教繼背叛了信長，投入了今川家的麾下。而後，彈正忠家的主君織田大和守家（清洲織田家）也舉兵與信長敵對。除了這兩個外敵以外，彈正忠家內部也是衝突重重，許多家臣想要擁戴信秀晚年寵愛的嫡次子織田信勝為家督，這使得織田信長在父親死後能夠控制的領地僅剩下那古野城及周圍的一小部分而已。

織田信長先是嘗試著攻擊滲透進尾張國的今川軍，但是原本接受信秀指揮的尾張國眾以及部分彈正忠家的家臣，均不信任信長的策略，甚至出現家老林秀貞擅自率軍離隊的情況。於是，織田信長決定改變策略，先統合尾張國的勢力，再做對付今川家的打算。

信長選擇下手的是大和守家，有了這個共同的敵人，彈正忠家的各個分家也都為了自家的利益而聚集在信長的麾下，多次在戰場上擊敗大和守家。大和守家衰弱後，被守護代架空的尾張國守護斯波義統便想要拉攏織田信長對付大和守家，結果陰謀敗露，斯波義統也被大和守家殺害。利用守護被殺的這個

機會,織田信長擁戴斯波義統之子岩龍丸為主,號召尾張國的國眾們討伐「下克上」的不義之臣大和守家,很快大和守家就在信長的攻擊下滅亡了。

除了對付大和守家外,織田信長對家內也開始了雷霆一般的整肅,連信長的老師平手政秀都在這次整肅中自盡。以往的通說是說,平手政秀見信長品行不端因此死諫信長改邪歸正,但是近來的研究卻表明,平手政秀是彈正忠家在津島委任的代官,掌握著彈正忠家的重要財源。平手政秀死後,織田信長立即將平手家的一切權益收回,將津島改為直轄領地,這說明平手政秀之死很可能是因為信長與平手家之間產生了不和或不信任導致的。雙方不和的起因,恐怕是因為平手政秀作為信秀重臣,是支持信秀晚年的與今川家和談的外交路線的,因此才得罪了主張對今川強硬派的信長。

就在信長逐漸雄起之際,鄰國美濃國卻傳來了一個壞消息──織田信長的大舅子齋藤義龍舉兵與父親齋藤道三敵對。儘管信長親自率領軍隊支援齋藤道三,但是兵力劣勢的齋藤道三還是在長良川戰役中戰死,原本是盟友的美濃國,頓時重新變成了信長的敵人。

早在織田信長的叔父織田信光去世時,弟弟織田信勝就已經表達了僭越之意,開始在文書裡沿用「彈正忠」這個官職。眾所周知,「彈正忠」是織田信秀自稱的官職,信秀死後理應由織田信長繼承,但是當時信長還有諸多敵人,遂對弟弟的忤逆之

舉睜一隻眼閉一隻眼。失去重要盟友以後，織田信勝立即舉兵攻擊信長的領地，開始與信長爭奪家督之位。不過，此時的織田信長已經有了一支善用鐵炮、能征善戰的嫡系軍隊，織田信勝根本不是信長的對手，在稻生原戰役中被信長以少量兵力擊敗。儘管織田信長赦免了信勝，但是他還是在弟弟二度謀反時下狠手將其殺害。

永祿二年（1559年）二月，織田信長應幕府將軍足利義輝的邀請上洛前往京都。信長的這次上洛並不如後日輔佐足利義昭上洛那樣有名，但是同樣也震驚了雙方。京都的貴族們發現織田信長的車駕與家臣的武具都是用金銀裝飾的，十分驚訝於信長的財力，而織田信長則是見識到了當時還在三好長慶統治下的京都面貌。

回到尾張國後，織田信長立即馬不停蹄地消滅了織田伊勢守家，統一了尾張國內的各個「織田」。《信長公記》中說，此時織田信長的勢力僅有尾張國的一半，其餘的部分則處於今川家、一向一揆、水野家等勢力的統治之下。在這樣的情況下，織田信長迎來了人生中的最大挑戰。

尾張國的東面處於今川家的勢力範圍，今川家家督今川義元被稱為「東海道的第一武士」，實力強大不說，還有著北條家、武田家兩個超級盟友。今川家在織田信秀時代就與織田家交惡，雖然信秀晚年想要與今川家和談，但是隨著信秀的去世，這件事也告吹了。

織田信秀死後，尾張國鳴海城城主山口教繼、教吉父子立即舉旗叛變投入今川家麾下，不過今川義元並不信任山口父子，而是將二人引誘到駿河國殺害，改派家臣岡部元信率軍進駐城中。鳴海城與大高城、沓掛城等城池將尾張國切成兩部，阻斷了織田家與盟友水野家的聯繫。織田信長所要做的，就是將今川家的勢力驅逐出尾張國。因此，信長在鳴海城、大高城附近修築了許多被稱為「砦」的臨時工事，將兩座城給包圍起來，戰爭也因此而展開。

從戰國時代末期開始，就有傳言說今川義元出兵尾張國是為了上洛，但是實際上當時今川家並沒有發出過任何一封關於上洛的文書。此外，今川義元雖然在東海道是「第一武士」，但是他上洛的路上除了織田信長以外，還有美濃國的齋藤義龍、近江國的六角義賢，以及雄踞京畿的「天下人」三好長慶。這上面的任何一個人拎出來都夠今川義元喝一壺的，今川義元如果想要上洛的話，勢必要與上述勢力溝通聯繫，總不能像星矢一樣一路揍過去。後日織田信長上洛以前，除了有擁戴足利義昭出任將軍為大義名分外，還提前與六角家、淺井家、朝倉家等都有過書信往來。

從《信長公記》的記載來看，今川義元的出兵只是因為鳴海城、大高城被信長包圍而已，他的出兵目的也僅僅只是想解救這兩座陷入絕境的城池罷了。

永祿三年（1560年）五月十日，今川義元率軍四萬五千餘

（另說兩萬五千餘）自駿府今川館出發，於數日後進入沓掛城。十八日夜裡，今川軍前鋒松平元康率軍突破了織田軍的包圍圈，將兵糧送入大高城之中。

今川軍來襲的消息很快傳到了清州城內，織田信長找來了家臣們召開軍議。會議上眾家臣們紛紛各抒己見，有說認慫投降的，有說籠城防守以待援軍的。大家吵來吵去都沒吵出個結果來，於是紛紛看向了織田信長。

織田信長見大家都看著自己，打了個哈欠：「夜深了，都回去睡覺吧。」家臣們愣住了，猜測大哥是不是話裡有話。織田信長看著毫無反應的眾人，又開口道：「你們要是不睡的話，我就先睡了。」說罷，信長便離開了大堂。大家這才反應過來，原來這位大哥說的就是字面意思啊。

實際上，織田信長離開以後並未休息，而是在臥室中靜坐思考。家臣們的意見並非不可行，但是對於信長來說，都不是最優的解決辦法。

五月十九日凌晨，清州城內傳出歌聲，織田信長在居館內起舞，跳起了自己最喜歡的幸若舞《敦盛》：「人間五十年，與下天相比，宛如一場夢一般，但凡世間萬物，哪有永生不滅的呢……」

「人間五十年」指的是「人世間的五十年」，而不是「人活了五十年」。「下天」指的是佛教中的「四大王眾天」，這個地方的一晝夜就是人世間的五十年。有的版本中將「下天」改成了「化

天」，同樣也是指佛教中的「化樂天」，這裡的一晝夜是人世間的八百年。人世間的五十年，在某些地方不過是一場夢而已。

舞畢，織田信長命人拿來鎧甲，匆匆用過早飯以後，信長下令吹響出陣的法螺，隨後帶著五名近侍騎馬飛馳出清州城。抵達熱田神宮境內的上知我麻神社以後，織田信長進入社內祈禱。上知我麻神社雖說是神社，但是在「神佛不分」的年代，裡面除了供奉名為「源大夫」的神外，還供奉著佛教的文殊菩薩。在信長祈禱期間，陸續有家臣帶著軍隊追了上來，人數約為兩百人左右。

此時天色未明，鳴海城方向卻火光沖天，宛如白晝。信長以此判斷出今川軍前鋒正在與前線的織田軍交戰。確實在這個時候，包圍鳴海城最前線的「丸根砦」、「鷲津砦」被今川軍前鋒松平元康攻陷，織田信長在上知我麻神社內看到的火光，就是兩砦被今川軍焚燒導致的。

稍作休整以後，織田信長率著為數不多的軍隊繼續出發，終於來到了前線丹下砦。信長將丹下砦的軍隊悉數帶走，繼續前往更前線的善照寺砦內。善照寺砦是距離鳴海城最近的城砦，這裡的地勢也比較高，便於觀察戰場。

位於前線的信長的家臣佐佐政次和熱田神宮的大宮司千秋季忠得知信長抵達善照寺砦的消息以後，帶領著手下三百餘人對今川軍發起攻擊，結果被慘遭擊敗，佐佐政次、千秋季忠以下五十餘人戰死。前鋒戰敗的消息傳到善照寺砦後，織田信長

下令全軍朝著南邊的中島砦繼續進軍。中島砦建築在低地中，並不利於防守，但是卻是距離丸根砦、鷲津砦以及佐佐政次、千秋季忠交戰地最近的城砦。信長的一個家臣（不知道是誰）十分不解信長的決定，拉住了信長坐騎的韁頭，勸說信長不要放棄地勢占優的善照寺砦。況且前線局勢混亂不堪，貿然進軍萬一遭到敵軍伏擊，將會受到致命打擊。

後人都認為拉住信長馬頭的家臣是豬隊友，如果他真的勸住了信長，那麼就沒有後來的「天下人」織田信長了。可是，如果織田信長執意進軍導致戰敗呢？那麼信長就會是一個不聽從家臣勸告的昏君了。織田信長不是神，他的決策並不一定都是對的。事實上，在信長前往中島砦的過程中，信長的動向早就被一名來自三河國的武士石川六左衛門發現了。石川六左衛門發現這支織田軍軍容整齊，並不像是從前線潰退下來的，便將此事報告給了今川軍的前鋒大將，說織田軍的主力有可能已經離開清州城來到前線了。結果石川的言論引得今川家大將哈哈大笑，他們非但認為信長不可能出陣，反而還嘲笑石川是個膽小鬼，看到潰逃的軍隊也緊張兮兮的，並未將此事報告給今川義元。

石川六左衛門相信自己的眼睛與判斷，見今川家的家臣們不相信自己，便偷偷打包行囊趁開戰前逃走了。後來，德川家家臣大久保忠教在寫《三河物語》時採訪到了這位石川兄，將這件事寫進了書裡。石川還感慨了一句：「這樣的軍隊怎麼可能不

輸，不如趁早逃命吧。」

話說回來，織田信長進入中島砦後，加上中島砦守軍，手下人數達到了兩千餘。雖然織田軍上下都不知道今川軍的具體人數，但是也能大致猜出敵我人數對比應該是十分懸殊的。這時候，織田信長騎馬來到士兵們的面前，開始大聲地演講：「敵軍經過一夜的戰鬥，已經疲憊不堪。而我軍才剛抵達戰場，士氣高昂，不要因為敵軍人數多就感到畏懼，勝負都是由上天決定的。不要貪戀戰利品，此戰若是取勝，將是各位能夠流傳至末世的榮耀。」說完以後，織田信長帶著這兩千多人離開了中島砦，繼續朝著今川軍進軍。

從信長的演講來看，織田信長並不是衝著今川義元去的，而是衝著「經過一夜的戰鬥」的今川軍前鋒，也就是松平元康率領的軍隊。織田信長的決策十分果敢堅決，而幸運女神最喜歡眷顧這樣的人了。

此時松平元康軍經過一夜的戰鬥十分疲憊，因此他並未按照原定計劃進軍，而是撤回了大高城休息。而今川軍的大將今川義元，恰好因為想視察被松平元康奪取的丸根砦、鷲津砦，來到了附近。也就是說，原本應該幫長官擋子彈的松平元康開了小差，讓長官直接暴露在了敵人的攻擊之下。

離開中島砦後，織田信長登上了東邊的高山，開始尋找不久前與佐佐政次、千秋季忠交戰的「今川軍前鋒」。此時下起了冰雹，狂風暴雨提供了極佳的掩護給織田軍，更幸運的是大風

是自西向東刮的，背風進軍的織田軍沒有受到什麼影響。而朝著丸根砦、鷲津砦進軍的今川軍則是迎風的，相當程度阻撓了他們的視線。

雨過天晴以後，織田軍猶如天兵下凡出現在了今川軍的跟前，瞬間便將這支今川軍殺得大敗。潰敗的今川軍士兵朝著有著己方部隊的桶狹間山逃去，結果引得桶狹間山的今川軍也發生了混亂。桶狹間山，正是今川義元的本陣所在。

織田信長指揮軍隊左右拚殺，突然發現不遠處竟然丟著一頂塗著朱漆的轎子，他立刻察覺到自己遇上了一條大魚，連忙對手下們喊道：「那是今川義元的轎子，朝著那裡進攻。」

今川義元在在三百名旗本武士的護衛下後撤，但是由於剛下過大雨的緣故，桶狹間山附近又多有農田，不便於馬匹行動，導致步行的今川義元很快就被織田軍追上殺死。見到今川義元的首級以後，織田信長大喜不以，下令返回清州城。

赫赫有名的「桶狹間之戰」就這樣結束了。是的，在《信長公記》的記載中，桶狹間之戰並不是一場「奇襲」戰，而是一場正面交戰。只是由於松平元康的摸魚，導致今川義元的本陣暴露在了信長的攻擊下。雖然今川大哥出兵時帶著那麼多人，但是因為布陣原因，大量兵力都被部署在了前線，導致桶狹間之戰實際上變成了織田信長與今川軍本陣的戰鬥。

今川義元難道真的有愧於「東海道第一武士」之名，對信長的出陣沒有一點防備嗎？事實恐怕並非如此。今川義元用來監

視織田軍動向的，正是前文石川六左衛門所在的那支軍隊，這支軍隊被部署在了鳴海城附近，本就是用來監視善照寺砦的。可是正如前文所述，雖然有人發現了織田信長的動向，但是大家只把信長軍當成是潰兵，沒有將這件事報告給今川軍的本陣。但凡肯向本陣打個報告，今川義元都不一定會死翹翹。

當然，松平元康也是有責任的。但是有一說一，即便松平軍按照原計劃進軍，疲憊的松平軍肯定也不是織田軍的對手，頂多就是給今川義元多爭取點時間逃亡。

今川義元有責任嗎？肯定也有，今川軍本陣與主力的布陣位置實際上相當有問題，這才導致本陣遭到敵軍攻擊時，家臣們沒能及時趕來支援。後來織田信長在行軍打仗時吸取了今川義元的教訓，他的本陣幾乎不與大部隊分開。

奪取美濃國

今川義元死後，今川家的勢力在尾張國、三河國大為衰退。由於今川家的岡崎城守將山田景隆戰死，松平元康便率軍進入了老家岡崎城之中。此時的三河國因為今川義元戰死的緣故陷入一片混亂之中，今川家「準一門」松平元康入駐岡崎城其實發揮了穩定局面的作用。因此，在元康進入岡崎城後不久，今川家的家督今川氏真便認可了松平元康的行為，還將元康的妻子築山殿從駿府送回了岡崎城。

然而，松平元康此時要面對的，是來勢洶洶的織田家與水

野家。可是，今川氏真在這樣危急的情況下，並未對岡崎城進行支援，反而派兵支援尚有餘力的盟友北條家與上杉家作戰，徹底寒了三河國國眾的心。

對日本戰國時代的武士們來說，保障自己的家族利益高於一切。松平元康之所以效忠今川家，是因為今川家在松平家危難時將自己扶上了家督之位，保障了松平家的利益。可如今今川家已經無法保障松平家的安危了，為了自救，松平元康只能靠自己了。

在舅舅水野信元的牽線下，松平元康與織田家搭上了線，兩家達成了和議，這便是後世稱呼的「清州同盟」，也稱為「織德同盟」或「尾三同盟」。歷史上的松平元康並未前往清州城與織田信長締結盟約，一切同盟交涉都是由雙方的家臣負責的。而且，「清州同盟」其實並不是一日締結的，雙方一開始只是締結了停戰協議，後來在停戰協議的基礎上進一步完善，最終在松平元康的嫡子迎娶織田信長的女兒後才正式締結了盟約。而正是由於「清州同盟」的建立，織田信長才得以從東線抽出手來，全力對付美濃國的齋藤家。

為了表明自己脫離今川家的態度，松平元康捨棄了今川義元下賜的「元」字，將名字改為了「松平家康」。不久後，家康又透過偽造家譜的做法，將姓氏改為了「德川」。從這開始，德川家康才算正式登場了。

話說回來，桶狹間之戰以後，尾張國周邊的變化不僅僅只

有三河國。在尾張國北面的美濃國、近江國，此時也發生了翻天覆地的變化。

先說近江國，近江國在室町時代一直由佐佐木氏出身的京極家（北）與六角家（南）統治，兩家祖上同出一源，因此經常為了祖宗留下的近江國的所有權打成一片。進入戰國時代以後，京極家逐漸沒落，京極家的家臣淺井家成為了北近江的最大勢力。為了對付淺井家，六角家與近江國北部的越前國朝倉家締結了盟約，一同對淺井家發起了攻擊。在兩家的攻擊下，淺井家被迫臣服於六角家，淺井家的嫡子也接受了六角義賢的賜字，取名為「淺井賢政」。

為了對抗六角、朝倉同盟，淺井家與朝倉家的敵人齋藤家締結了盟約，由齋藤道三的嫡子齋藤義龍迎娶了淺井賢政的姐妹為妻。等到齋藤道三死後，齋藤義龍一不做二不休，老婆屍骨未寒，他就前往近江國與六角家簽訂了盟約，拋棄了淺井家。淺井家則與齋藤義龍的敵人織田信長結盟，迎娶了信長的妹妹「市」。在信長的賜字下，淺井賢政也將名字改成了「淺井長政」。

不過，齋藤義龍在與六角家結盟後不久，就突然病死了，年僅三十三歲，家督由他的兒子一色義棟繼承。當然，織田家不承認他們的「一色」姓氏，所以一般稱呼他為「齋藤龍興」。

前文說過，齋藤義龍與父親道三敵對後，為了爭取美濃國國人的支持，讓出了許多屬於家督的權力。這其實是一種應急做

法，在局面穩定以後，齋藤義龍便可以逐漸奪回在戰時讓出的權力。可是，這一切都隨著齋藤義龍的早逝化為了泡影。雖然在國人們的擁護下，對外齋藤家多次擊退了來襲的織田信長，但是對內新繼位的齋藤龍興年紀尚輕，政治手段幼稚，根本不是在地勢力的對手。為了對付這些在地領主，齋藤龍興只得提拔自己的近侍，用來抗衡在地的勢力。

這樣的做法，反而激化了雙方的衝突，因此導致了「半兵衛奪取稻葉山城」的發生。竹中半兵衛，全名為竹中半兵衛重虎，是美濃國不破郡菩提山城城主，他的岳父是當時的「美濃三人眾」之一安藤守就。傳說安藤守就與竹中半兵衛前往稻葉山城，勸說齋藤龍興要親賢臣遠小人，結果被齋藤龍興趕了出來。為了勸諫主公，竹中半兵衛便施以智謀，僅僅靠十六人就奪取了稻葉山城。後來竹中半兵衛對齋藤龍興表示自己只是想勸誡主公而已，便將稻葉山城還給了齋藤龍興。

實際上，十六人所奪取的並非是稻葉山城，而是稻葉山城的城門。竹中半兵衛以齋藤家家臣身分騙開城門以後，迅速控制了城門控制權，將岳父安藤守就率領的兩千餘軍隊放入了城中，這才奪取了城池。進城以後，安藤守就、竹中半兵衛幹的第一件事就是殺死齋藤龍興的近侍齋藤飛驒守等人，還將齋藤龍興給趕走了。此後，竹中半兵衛以國主的姿態下發書信給各地，「下克上」嘴臉一覽無遺。當時出任崇福寺住持的快川紹喜和尚就在書信中提到說：「美濃國眾不知羞恥、毫無義理的人

加入了半兵衛的一方，而知恥且重視義理的則加入了太守的一方。」

後來在其他美濃國國人的反對下，竹中半兵衛與安藤守就才被迫將城池還給了齋藤龍興。可是此時距離奪取稻葉山城事件已經過去了半年有餘，齋藤家的威望也因為這次事件而一落千丈，國人們也開始背叛齋藤家，投入更有潛力的織田家麾下。

永祿十年（1567年）八月，織田信長再次發兵稻葉山城，齋藤龍興原本想要等候「美濃三人眾」安藤守就、稻葉一鐵、氏家直元的支援。可是當三人眾的軍隊來到城下以後，齋藤龍興這才發現他們哥們三人早已叛變投敵了。

九月，齋藤龍興開城投降。織田信長沒有為難他，而是放任齋藤龍興離開。在信長的眼中，齋藤家已經不再是威脅了。值得一提的是，齋藤道三的後裔中，只有齋藤義龍一系與織田信長敵對，而道三的其他幾個兒子，則真的如道三所說，成為了為織田信長「牽馬（家臣）」的人了。

為了實現上洛的願望，織田信長將居城遷到了稻葉山城的井口，在此地修築起了「岐阜城」，同時他也開始使用刻有「天下布武」的印判，曾經的地方豪強織田彈正忠家，馬上就要前往京都爭奪天下了。

信長上洛

在織田信長正處於攻打美濃國期間的永祿八年（1565年）五月十八日，京都發生了一件駭人聽聞的大事。這天，三好家的家督三好義繼率領一萬餘軍隊進入京都，向幕府將軍足利義輝的御所發起攻擊。足利義輝、義輝之母、弟弟鹿苑寺周暠以及一眾將軍側近、奉公眾均遭到三好軍的殺害，史稱「永祿之變」。

足利義輝死後，身在奈良興福寺出家的另一個弟弟一乘院覺慶立即被當地土豪松永久秀以保護為名軟禁了起來。不過，僅在兩個月後，一乘院覺慶就在義輝的奉公眾細川藤孝等人的協助下逃出了奈良，在近江國甲賀的矢島城接受城主和田惟政的庇護。次年，一乘院覺慶宣布還俗，取名為足利義秋，後改為足利義昭。

為了給哥哥復仇，也為了復興幕府將軍家，足利義昭發去書信給各地的大名們，請求各位大名停止內鬥率軍上洛討伐三好家。然而各地的大名們都只是應付了事，並沒有真正做出行動。只有一個人例外，那就是織田信長。

織田信長早年上洛時曾見過將軍足利義輝，在義輝遇害以後，織田信長大受打擊，將自己的「花押（個性簽名）」改成了「麒麟」的樣式。麒麟降世，意味著和平的到來，從這點可以看出，信長統一日本的目的要遠遠比其他戰國大名高尚許多。

織田信長多次向使者細川藤孝表示自己會上洛討逆，但是他的幾次進軍都被與三好家結盟的齋藤龍興給擋在了美濃國。不僅如此，三好家還發兵攻打近江國，逼得足利義昭只得繼續逃亡，先後前往若狹國、越前國避難。

永祿十年（1567年），織田信長占領了美濃國以後，將根據地遷到了稻葉山的井口，在稻葉山城的基礎上建立一座新的堅城，並將城池取名為「岐阜城」。後人牽強附會說之所以改名「岐阜城」，是因為有周文王「鳳鳴岐山」的意思，然而實際上在信長進入稻葉山城以前，此地就已經有了「岐阜」的別稱。例如受齋藤家、武田家重用的和尚快川紹喜就曾經以「護阜快川」自稱。

得知織田信長占領了美濃國，天皇命人送來一張聖旨，織田信長恭恭敬敬地接過聖旨以後，發現裡面密密麻麻地寫滿了肉麻話，稱讚信長是「古今無雙的名將」。當然，天皇的馬屁肯定沒有那麼簡單，信長將聖旨翻過來一看，發現背面還附著一封由公卿萬里小路惟房寫的附件。附件的內容就比較露骨了，一點都沒藏著掖著，什麼皇宮要大修了，親王要元服了，天皇在尾張國、美濃國的御料所（直轄領）的租金該交了什麼的，總之滿滿的一張紙其實一共只有兩個字：「要錢」。

應付完天皇的使者，織田信長想起來前兩年還曾答應足利義昭上洛來著，便派使者前去尋找足利義昭。京都的局勢在這兩年間又發生了變化，三好義繼在殺害足利義輝以後，大概是

想自己做將軍，完全沒有擁立新將軍的意思。而三好義繼的家臣，被稱為「三好三人眾」的岩成友通、三好長逸、三好政康幾人則擁立足利義榮出任幕府將軍作為自己的傀儡。不久後，雙方衝突激化，三好義繼被驅逐，三好家的實權落入三好三人眾的手中。

足利義昭其實並未對織田信長抱有很大的希望，他一開始考慮的理想後臺是越後國的大名上杉謙信。上杉謙信在永祿初年曾率軍上洛，而他本人又是關東管領、當世名將，要是有他的支持肯定能大有作為。可是，上杉謙信卻回覆足利義昭說自己抽不開身。上杉謙信倒是沒有騙人，這幾年的局勢早已與永祿初年不同，與武田家、北條家以及一向一揆等敵對勢力的戰爭早就把上杉謙信搞得焦頭爛額了。

足利義昭的第二個理想人選就是越前國的大名朝倉義景。朝倉義景對足利義昭倒還算恭敬，有吃有穿有妹子伺候著，但是就是絕口不提率軍上洛之事。足利義昭等啊等，等不到朝倉家上洛的消息，卻等到了織田信長的使者。

織田信長向足利義昭表示，織田家已經做好上洛的準備了。義昭十分高興，正欲離開，卻被朝倉義景攔住了去路。原來，朝倉義景擔心足利義昭在信長的擁護下當上幕府將軍以後，會記恨自己沒有協助他上洛。因此，足利義昭與朝倉義景互相交換了保證書，保證從今往後雙方絕對不會找對方麻煩，義景這才放足利義昭離開。

織田家

在前往美濃國途中,足利義昭還在織田信長的盟友淺井長政的居城小谷城住了幾天。雖然我們都稱這次行動為「信長上洛」,但是名義上上洛行動的主導者仍是足利義昭,織田信長、淺井長政、德川家康等人都是「響應」足利義昭的上洛命令才出兵的。

永祿十一年(1568年)七月二十五日,足利義昭抵達了岐阜城,織田信長命人在岐阜城外的立政寺準備了生活用品,讓足利義昭暫居寺中。在上洛前,織田信長還要做最後的準備,那就是和沿途的大名打打關係。這個「打關係」的「打」,既可以是交流的「打」,也可以是字面上的「打」。美濃國到京都的路上,有能力阻攔織田信長的就只有兩個大名,淺井長政和六角義賢。淺井長政已經是自己人了,所以織田信長只需要和六角義賢打打關係。

對於六角義賢,織田信長其實相當有信心。雖然六角義賢曾是齋藤家的盟友,但是六角義賢的父親六角定賴曾是足利義輝、義昭兄弟的父親足利義晴的有力支持者,在「永祿之變」後,足利義昭也是獲得了六角家的支持,才得以在近江國暫住。於是,織田信長、足利義昭分別給六角義賢送去書信,表示在平定「天下(日本戰國時代的天下指的是京畿地區)」後,會任命六角義賢出任「天下所司代」的職位。可是,在這個節骨眼上,六角義賢卻拒絕了足利義昭、織田信長的提議,反過來與三好三人眾締結了盟約。

六角義賢的顧慮其實也可以理解，淺井長政是織田信長的妹夫，如果擁戴足利義昭上洛成功的話，近江國應該交給誰來統治？

九月七日，織田信長率軍自岐阜城出陣。次日，織田軍抵達近江國高宮地區，淺井長政也率軍前來參陣。德川家康因為三河國還在打仗沒有親自前來，便任命了家臣松平信一為大將，率領一千人前來參陣，足利義昭麾下上洛的軍隊人數達到了五萬人。

六角家的根據地觀音寺城的東面有著和田山城、東南面有著箕作城、鯰江城、西南面則是長光寺城，幾座城池一同形成了一面扇形的防禦網，拱衛著觀音寺城。由於和田山城是與織田軍的交戰前線，所以六角義賢在和田山城部署下了重兵。家臣蒲生賢秀覺得有些不妥，嘗試勸說六角義賢分兵駐守箕作城，但六角義賢卻認為蒲生賢秀是杞人憂天。

九月十二日，織田信長派遣美濃三人眾率軍對和田山城發起了攻擊。在日本戰國時代，當戰事發生時，軍隊的前鋒一般都是由熟悉當地環境的武將率領，也就是本地國眾。然而到了傍晚時分，由織田信長親自率領的佐久間信盛、木下秀吉、丹羽長秀等尾張眾的軍隊突然出現在了箕作城城外。箕作城守軍沒有想到織田信長竟然會繞過前鋒而來，瞬間被打得大敗。當天夜裡，箕作城就落入了織田信長的手中，信長將本陣移到城中，隨後又派兵切斷了鯰江城與觀音寺城的聯繫。

和田山城被包圍，箕作城陷落，鯰江城失去聯繫生死不明，六角義賢終於坐不住了。在箕作城陷落的消息傳到觀音寺城後不久，六角義賢便帶著近臣們棄城逃亡了。所有人都沒有想到，雄踞南近江的六角家居然在一天之內就被織田信長擊敗。占領京都的三好三人眾原本也打算派兵支援六角家，但是總大將岩成友通卻認為自己不是信長的對手，又率軍退回了畿內的勝龍寺城守城。三好三人眾的另外兩人的行動也與岩成友通差不了太多。三好政康下令召集軍隊想要抵抗織田信長，但是等來等去只等到了三千人左右，最後丟下軍隊逃回老家阿波國。三好長逸本來在三好家的根據地芥川城守城，得知織田信長來到畿內後，也棄城逃亡。

作為擊敗三好家的象徵，織田信長與足利義昭特意繞路到芥川城打了個卡。織田信長的到來，讓與三好三人眾不和的三好義繼、松永久秀等人紛紛率軍歸降。作為三好家的正牌家督，三好義繼僅被賜予河內國若江城一帶的領地。十年前還是「天下人」的三好家，現如今僅剩下河內國半國的封地，時代的變化還真是殘酷。三好家上下都沒有想到，三好一族的內訌最終讓織田信長這個鄉巴佬撿了大便宜。

太田牛一在《信長公記》中寫到：「畿內抵抗信長公的人雖在各地籠城，但是他們猶如隨風飄搖的草木一般，在十餘日內盡皆逃亡，天下終為信長公所有。」

本圀寺之變

在日本戰國時代，繁華的京都幾度淪為大名們爭鬥的戰場。自應仁之亂開始，無論是哪家大名的軍隊，一旦進入京都便會開始縱兵劫掠。倒不是大名們軍紀不行，而是因為連年的戰爭讓他們的財政匱乏，只能透過允許在戰場上搶東西來抵消軍餉。

所以，在織田信長進入京都以前，京都的公卿們都亂成了一團，大家紛紛尋找安全的地方存放財物。不少人還把皇宮當成了倉庫，把傳家寶送到宮中暫存。天皇見公卿們把值錢的東西全放在宮裡也嚇得不行，這下不全衝著朕來了，連忙給織田信長送去詔書，命令信長要維持好京都的秩序，多派點兵保衛皇宮。

如前文所述，織田信長自使用「麟」花押開始，就與一般的戰國大名不一樣了。織田軍進入京都以後，既不殺人也不放火更不搶糧食。除了貴族以外，信長還下令禁止織田軍士兵騷擾京都的商人、寺廟、神社與百姓。織田信長殘忍無情的對象僅限於敵人，對待自己領內的百姓，他做到了真正的如春天一般溫暖。

永祿十一年（1568年）十月十八日，朝廷下發聖旨，任命足利義昭為「征夷大將軍」，許可他開幕建府，恢復自「永祿之變」以來停擺的室町幕府的執行。足利義昭十分感動，對信長的稱呼也改成了肉麻的「御父織田彈正忠」，也就是「乾爹織田信

長」。足利義昭賜予織田家桐紋和二引兩紋的使用權，還非常大方地對信長表示，自己許可織田信長入嗣「三管領」之一的斯波家，而後信長便可以出任「副將軍」或者「管領」。

無論是繼承斯波家，還是出任「副將軍」、「管領」，都意味著織田信長將成為名正言順的室町幕府二把手，成為一人之下萬人之上的新貴，但是織田信長拒絕了。不僅如此，織田信長還表示，聽說將軍大人想在御所裡舉辦「能樂」演出，但是由於「鄰國還未平定，干戈尚未停止」的緣故，希望將軍將原本預定的十三個節目縮減為五個，以節省開支。

足利義昭準了，同時再次發問說乾爹你要不再考慮下副將軍這件事？織田信長依舊拒絕。幾天之後，織田信長在京都留下一部分家臣，自己則率領著大軍返回了岐阜城。

織田信長為什麼要推辭出任副將軍？有的人說信長是不屑室町幕府的職位，想要建立一個新的政權。那信長為什麼還要趟這個渾水去復興幕府？也有人說信長的做法是想「挾天子以令諸侯」，但是信長如果想「挾天子」的話，應該是讓足利義昭住在岐阜城，或者說自己也搬到京都去，為何要在辛辛苦苦上洛以後，又和足利義昭分開。

那麼，織田信長為何不想出任「副將軍」呢？理由很簡單，出任「副將軍」的話，就得呆在京都參與政務。正常情況下能和幕府將軍一起呆在京都當然好，但是以當時的局勢來看的話，確實不好。比起京都，老家尾張國，以及新平定的美濃國、伊

勢國北部、近江國南部等地更加需要織田信長去治理，而且有的地方才剛征服不久就發生了叛亂。

或許有人會想說織田信長大可以留在京都治理領地，但是有個先例擺在前頭，那就是前任幕府將軍足利義稙的「管領代」大內義興。大內家本來是西日本最有實力也最有機會稱霸的家族，但是大內義興擁戴足利義稙上洛以後，被將軍以「管領代（代理管領）」的名義留在了京都十年。正是這十年間，西國的尼子家、大友家相繼崛起，而大內家一直守著自己的一畝三分地過日子，錯過了爭霸的最佳時機。最終，大內家的家臣毛利元就在龍爭虎鬥的間隙趁機崛起，反過來消滅了大內家。

對織田信長來說，大內義興就是個反面典型，所以他不想留在京都，至少暫時不想。與大內家相比，另一個「天下人」六角定賴就聰明許多。雖然六角家的領地近江國距離京都很近，六角定賴也不可避免地捲入了幕府的內訌，但是無論畿內的形勢怎麼變化，六角定賴都雷打不動地呆在自己的地盤裡。如果不是子孫無能，六角家在近江國、伊賀國北部的統治不會這麼不長久。因此，織田信長的離開，大概是他吸取了前人的經驗才做出的決定。

織田信長的離開對足利義昭來說並非是好事。在信長離開後不久，三好三人眾就召集軍隊對京都發起反攻，包圍了足利義昭居住的本圀寺。三好軍在畿內獲得了反信長勢力齋藤龍興等人的支援，人數達到一萬餘，而本國寺內的將軍奉公眾、織

田信長的家臣以及自若狹國來的武田家援軍，人數也不過兩千餘，連足利義昭都親自穿著鎧甲上陣殺敵。好在細川藤孝、三好義繼、松永久秀等人及時來援，最終擊退了三好軍。

值得一提的是，在本圀寺之變期間，將軍奉公眾中的「足輕眾」裡有一個叫「明智十兵衛」的傢伙十分活躍，受到了足利義昭、織田信長的注意。雖然後世對明智光秀的出身眾說紛紜，認為他可能是美濃國守護土岐氏的庶流出身，但是他的前半生和羽柴秀吉一樣，都是在功成名就以後，由後人編造出來的。實際上明智光秀的出身十分低下，他本人的「明智」姓氏都未必是家傳的。

明智光秀受封丹波國以後，被人說是：「唯任日向守受封丹波國一國，真是前所未聞的幸運大將。」土岐氏曾經也是美濃國、尾張國、伊勢國三國守護，明智光秀如果真是土岐氏出身，他受封丹波國一國怎麼會是「前所未聞」的呢？應該是復興家業才是。

明智氏在室町時代分為兩支，分別是在京都擔任奉公眾的明智氏和在美濃國的領主明智氏，明智光秀則有可能是奉公眾明智氏出身。不過，早年明智氏歸屬奉公眾中的「外樣眾」中，地位相對較高，而到了明智光秀的時代，明智氏卻成為了奉公眾中的「足輕眾」，家族地位降低了許多。個中原因難以知曉，但是可能性通常只有兩個，要麼光秀與原本的「外樣眾」明智氏根本沒有關係，要麼就是明智氏絕嗣，出身低下的光秀以養子

的身分繼承了「外樣眾」明智氏，導致明智氏的地位降低。

話說回來，身在美濃國的織田信長得知三好軍襲擊京都時，竟火急火燎地又一次單騎出城，跟隨在信長身後的只有十餘個家臣。由於是冬季，家臣們沒有準備就與信長出發前往京都，路上甚至有人凍死。幸而抵達京都後，織田信長發現三好軍已被擊退，便對在本國寺戰役中立功的武士們大肆褒獎。

信長與天皇

永祿十二年（1569年）正月十九日，得知織田信長率領輕騎前來京都救援以後，正親町天皇十分感動，下詔說要召見織田信長。不過這下卻讓公卿們犯了難，織田信長在上洛後雖然以信秀的官位「彈正忠」自稱，但也是沒有正式編制的。

儘管織田信長上洛後開始冒充平清盛之子平重盛的後裔，但是縱使祖先如何榮華富貴，如今的信長無官無位，便是平民。在室町時代天皇是神一般的存在，可以被流放，可以被廢，但是就是不可以接見平民。大夥兒合計了一下，最終決定將一神一人會面的地點定在平常用來接見幕府將軍時用的小御所裡。當然，因為信長不是幕府將軍，這次也不可以是正式的接見，所以就再降一級，在小御所的庭院裡見面，由出任導演的公卿們來指導信長如何在庭院裡「偶遇」天皇。

織田信長偶遇天皇的這天剛好是宮中舉辦「三毬打」祭典的日子。「三毬打」祭又被稱為「左義長」祭，是日本古時候在正月

織田家

裡舉辦的驅邪儀式。人們將竹子紮成錐狀，然後再將其點燃，據說只要吃了用竹束的火烤出來的食物，在將來的一年裡就會無災無病。

信長帶著五百名「馬迴眾」來到了小御所外邊，因為擔心嚇到天皇，信長命令馬迴眾在門外等候，自己隻身進入小御所裡。在舉行「三毬打」儀式以後，織田信長在庭院裡轉角遇到了正親町天皇，天皇表彰了信長的功績，下令賞賜酒杯給信長。然而還沒有等到酒杯拿出，織田信長便匆匆告退了。

這件事被後人大做文章，用來證明織田信長十分輕視天皇。不過，一方面在小御所庭裡賜酒杯本來就不是什麼稀奇事，三好三人眾之一的三好長逸也曾享受過這個待遇。另一方面，當時的京都剛經歷了三好軍來襲的「本圀寺之變」，織田信長還有非常多的政務需要處理，他的提前告退，很有可能是與幕府的政務有關。從織田信長對天皇相當恭敬從命來看，信長與天皇的關係其實並不算差。只是織田信長不拘小節的性格，讓他在一些事的處置方法上與常人有些差異，不太被普通人所接受而已。

那麼，織田信長要忙的政務是什麼呢？在本圀寺之變期間，許多在信長上洛時歸降的地方土豪舉旗反叛，加入了三好三人眾的一方。因此，織田信長覺得很煩惱，想要解決這個問題。

地方豪強之所以不忠於足利義昭，恐怕與足利義昭政權的權威不足有關。為了確立足利義昭政權的權威，織田信長給幕

府制定了名為《九條殿中御掟》的法令，後來又追加了七條，被稱為《十六條殿中御掟》。舊說裡說足利義昭對信長干涉幕府行政一事感到不滿，從這時開始便與信長有了衝突。不過，法令的內容大致是維持秩序、裁決公正等關於室町幕府如何施政的指導，這雖然約束了幕府的行為，但是卻是確立義昭政權的正當性。因此足利義昭在《十六條殿中御掟》末尾也署名確認，從這點來看足利義昭並不反對這事。

除了制定規矩以外，織田信長還採用了另一個方式來強化足利義昭的權威。在本圀寺之變期間，本圀寺防禦力不足的缺點暴露了出來，因此織田信長便決定給足利義昭修築一個更能體現將軍權威、更為堅固的御所。信長選中的是一個叫「武衛陣」的地方，這裡在「應仁之亂」期間是西軍大將斯波義廉的住宅，後來一度成為足利義輝的御所。在應仁之亂期間，許多大名將自己在京都的別墅改築成了軍事堡壘，修築城牆、大廈等等，還在牆外挖掘壕溝用來防禦敵襲，所以「武衛陣」其實就是一座以城堡的修築方式建起來的別墅。織田信長調集了兩萬多名工匠，任命村井貞勝、島田秀滿為築城奉行在「武衛陣」的遺址上修築起一座新的城池，這就是足利義昭時代的「二條城」。

織田信長花大錢給足利義昭修房子的消息很快就傳到了宮裡，天皇派遣萬里小路惟房、廣橋兼勝為使者前來拜訪織田信長，說要推舉織田信長出任室町幕府的「副將軍」。織田信長一看怎麼又提這事，便再次表示拒絕。

萬里小路惟房並未感到驚訝，也沒有想勸信長的意思，而是委婉地表示出任副將軍這事其實只是拜訪彈正忠大人的次要目的，這次天皇派自己來其實還有個主要目的。啥主要目的？織田信長有點摸不著頭緒，難道之前打麻將欠了天皇錢沒還嗎？萬里小路惟房說，確實欠了，不過不是打麻將欠的，而是彈正忠大人之前承諾過的幾件事。

　　經過萬里小路惟房的提點，織田信長恍然大悟。原來是當初平定美濃國時，天皇下聖旨表示祝賀時，曾經提出想讓信長支援朝廷點錢修修皇宮，舉行誠仁親王成人禮什麼的，還有就是能不能幫天皇從皇室的直轄領裡要點租金。當時織田信長一口允諾，但是後來因為擁戴足利義昭上洛的緣故，一直忘了這件事。

　　誠仁親王在去年就已經舉行了成人禮，當時織田信長獻上了三百貫錢，但是天皇卻說信長獻上的錢乃是「惡錢」，有點不高興，開始質疑起信長的忠誠。當時日本流通的銅錢裡既有中國傳過去的銅錢，又有日本自己鑄造的銅錢。但是由於鑄造工藝、銅的比例等原因，日本人自己造的銅錢在市面上並不受歡迎，價值也比從中國傳入的銅錢要低，這種錢被稱為「惡錢」。

　　此外，皇室在丹波國桑田郡有個叫山國莊的莊子，這裡在平安時代是專門給朝廷輸送修築宮殿木材的地方，後來居住的人多了，發展成了一個莊園。天皇曾對織田信長提到過，自進

入戰國時代以後，山國莊就一直被附近的土豪宇津重賴占著，已經好多年沒有向自己交過租子了。當時織田信長曾諾會幫天皇處理這件事，但是因為修築二條御所後太忙了，所以就一直擱置到了現在。

織田信長對萬里小路惟房拍了拍胸脯，表示自己一定會完成交代的任務，請首長放心。果然，信長從來沒有讓人失望過。在二條御所竣工以後，織田信長立即馬不停蹄地開始修繕天皇的皇宮，而且用料又好又貴。

同時，織田信長以織田家的名義給搶占山國莊的宇津重賴送去書信，告知宇津重賴不日就會有朝廷的使者進入莊子裡收租。此外，信長還讓木下秀吉、丹羽長秀、明智光秀與中川重政聯合署名，以幕府的正式文書格式給宇津重賴送去命令，警告他的違法亂紀行為。

宇津重賴只是個地方小土豪，哪見過這樣的陣仗，又是織田家又是幕府的，嚇得連忙派人向京都送來了拖欠的稅賦。

織田信長與傳教士

解決完幕府與天皇的問題，織田信長剛想鬆口氣，結果足利義昭的近臣和田惟政又來拜訪信長了。

在被稱為「鐵炮」的火繩槍傳入日本的同一時間，耶穌會的傳教士也帶著天主教來到了日本。因為這群有著五顏六色頭髮和眼睛的傳教士是順著印度洋來到東亞，又順著中國東海來

到日本的，所以日本人以為他們是從南方來的，稱其為「南蠻人」。

雖然稱其為「南蠻」，但是這些歐洲人帶來的武器裝備十分先進，引起了許多大名的注意。為了能與歐洲人貿易賺錢買武器，一部分大名甚至主動改信天主教。例如九州豐後國的大名大友義鎮，原本出家當和尚取了個法號叫宗麟，後來為了和歐洲人做生意，主動接受傳教士的洗禮，還取了個教名叫普蘭師司怙（フランシスコ，西班牙語：Francisco，即「方濟各」）。

在足利義輝出任幕府將軍時期，義輝曾許可傳教士在京都傳教。等到義輝在「永祿之變」中遇害以後，佛教勢力便在松永久秀等人的支持下，將傳教士們趕出了京都。這批被趕走的人中有一個名叫做路易士・佛洛伊斯的葡萄牙傳教士，他離開京都以後一直居住在對歐洲人較為友好的商業都市「堺」裡，等待著重回京都的一天。

路易士・佛洛伊斯長年居住在日本，後來奉命撰寫了《日本史》（為了與其他書籍區分，一般稱其為《路易士日本史》）一書。織田信長上洛以後，路易士便委託對天主教有好感的和田惟政作為仲介，想要說服信長允許耶穌會在京都傳教。信長沒有拒絕，向和田惟政表示可以帶傳教士上京面聊。於是，讓我們將視角轉到《路易士日本史》一書，看看在傳教士的眼中，織田信長是個什麼樣的男人。

在和田惟政的帶領下，路易士和幾個傳教士從堺至上洛，

進入了京都。一行人先是來到了織田信長在京都的住處妙覺寺，但是守衛卻告訴他們信長大人外出了，好像是去二條御所監工去了。一行人便又匆匆前往二條御所的工地。

在二條御所工地外的橋上，眾人遇到了一位穿著粗布衣服、灰頭土臉的工人。路易士操著一口不那麼流利的日語上前問道：「尼耗，偶找織田信長大人。」

工人似乎十分驚訝，好奇地打量了一下和日本人完全不一樣的路易士，然後開口回答道：「我就是。」路易士頭一回見到工人打扮的領主，感到非常吃驚。比路易士更加吃驚的是同行的和田惟政，他都沒認出來眼前這個大哥是織田信長。

織田信長和路易士相見恨晚，二人聊了兩個多小時，最終信長表示自己會下發允許耶穌會在京都修建教堂和傳教的命令。路易士感到十分開心，命令手下拿來許多西洋物品和一些金銀器具，說要作為禮物獻給織田信長，但是織田信長卻拒絕了。

信長笑著對路易士說道：「我不缺金子和銀子。伴天連（神父，「padre」的音譯）是外國人，要是我因為許可你們傳教就收下金銀的話，那不是太丟日本人的臉了？」接著，織田信長又表示今天自己一直在工地上指揮工人幹活，其實沒做好和傳教士見面的準備，對和田惟政開玩笑說：「你讓伴天連見到我這樣粗魯的傢伙，只怕我的名字要在印度和他的國家傳開了啊。」

織田信長許可傳教士在京都傳教的消息很快就在京畿傳開了，這其中最為緊張的就是畿內的各個佛教宗派為首的寺社勢

力。早在路易士與織田信長見面的前一天，日蓮宗的僧人朝山日乘便來到妙覺寺找過信長。朝山日乘出身出雲國，早年曾出仕過尼子家，尼子家衰弱以後，他又背叛尼子家投入毛利家麾下，最後出家為僧，在周防國的山口建了個小寺廟。

山口曾是大內家的根據地，是當時的一個比較繁榮的市場，朝山日乘在山口累積了不少財富，後來來到京都受到後奈良天皇的重用，被賜予「上人」的法號。「永祿之變」時，正是朝山日乘慫恿松永久秀將傳教士趕出京都。後來他因為支持松永久秀被三好三人眾囚禁，靠正親町天皇出面才放了出來。信長上洛以後，朝山日乘時常作為天皇的外交僧與織田信長來往。

朝山日乘在織田信長面前一頓狂噴，誣告天主教乃是邪教，會擾亂日本社會的秩序什麼巴拉巴拉的。因為朝山日乘的身分特殊，織田信長並未發作，而是等他噴完離開以後，方才拿出手帕擦了擦濺在臉上的口水，然後與身邊的近侍說道：「此人心胸之狹隘，真讓我感到驚訝。」

等到織田信長許可傳教士在京都傳教以後，自知無法挽回的朝山日乘便又來到妙覺寺，向信長提議要與傳教士進行「宗論」，也就是辯論宗教的教義，來證明佛教是比天主教更為優秀的宗教。由於織田信長近日準備返回岐阜城，許多人都前來拜訪信長告別，結果好死不死的，路易士剛好也在和田惟政的帶領下來到妙覺寺向信長告別。

路易士來到妙覺寺以後，正要向織田信長行禮，恍惚間看

到了一尊不動明王像坐在信長身邊。他定睛一看，原來怒目圓睜的不是什麼佛像，而是氣急敗壞的朝山日乘上人。二者隨後在織田信長的面前展開宗論。

路易士提出，人是有靈魂的，只要信仰上帝，人的靈魂就將升入天堂。朝山日乘則對此表示否定，說你這樣的人只配下十八層地獄。二人吵著吵著，朝山日乘就急了，跑到屋子裡擺放織田信長佩刀的地方，一把拔出了信長的刀，指著給路易士做翻譯的一個教名為「羅倫茲」的日本信徒說：「老衲現在就砍了這小子，你來給大家展示一下人的靈魂是什麼樣子的。」

朝山日乘的行為讓在座的人大驚失色。織田信長本來翹著腳坐著聽辯論賽，見朝山日乘馬上要把辯論賽變成擊劍賽以後，連滾帶爬地跑到路易士一邊，擋在二人中間。旁聽辯論賽的和田惟政、佐久間信盛則生怕朝山日乘一個錯手把信長給試刀了，一起抱住了朝山日乘，大喊著叫來了信長的近侍，將朝山日乘手中的刀具奪下。因為朝山日乘是天皇的人，所以儘管信長有些不爽，但是依舊沒有處罰他。

結束了荒唐的「宗論」後，織田信長便在次日帶著家臣們離開了京都。在信長離開之際，朝廷和幕府都來了許多人送別，將軍足利義昭甚至含著淚水對乾爹十里相送，同行的奉公眾們也紛紛落淚。織田信長知道足利義昭為什麼流淚，連忙安撫義昭說將軍大人放心，二條御所修得十分堅固，即便三好家捲土重來，也足以支撐到乾爹的援軍到來。隨後，信長還讓原本準

備隨自己一同返回岐阜城的木下秀吉率軍留在京都，晚些再離開。

織田信長離開京都後不久，和田惟政也返回了近江國的領地。失去織田信長、和田惟政這兩個保護傘的耶穌會便立即遭到了朝山日乘的攻擊。在朝山日乘的慫恿下，天皇下發詔書命令足利義昭驅逐在京都的傳教士，甚至當時的京都傳言說，朝山日乘正帶著一隊幕府的武士，準備襲擊耶穌會在京都的教堂。

無奈之下，路易士只得帶著傳教士和信徒們逃出了京都，他們先是在和田惟政的領地內住了一晚，隨後在和田惟政的建議下又前往美濃國去找織田信長的援助。織田信長在岐阜城見到路易士等人感到十分高興，對路易士說道：「哎呀，沒有必要來這鄉下地方拜訪我。」隨後命令家臣安排傳教士們住在岐阜城下的居館裡，還親自帶著路易士一行人登上了岐阜城天守的最高一層，向路易士介紹美濃國的風景。

與對待傳教士十分熱情不同，路易士發現織田家的家臣們對信長十分敬畏，甚至有的人在與信長講話時都不敢直視信長的臉龐。

路易士也搞不清楚，織田信長究竟是一個什麼樣的男人。

追加五條書

織田信長返回美濃國的原因，是為了征服尾張國的鄰國伊勢國的南部。早在信長上洛以前，織田信長就為了剪除與六角

家有聯繫的北伊勢豪強們而出兵伊勢國。當時北伊勢的地方土豪見到織田軍以後幾乎不做抵抗就投降了，只有中伊勢的神戶具盛在高岡城抵抗了一陣，最後也以收信長之子三七丸（織田信孝）為養子的條件投降。

伊勢國南部屬於國司北畠氏的地盤，北畠氏是日本南北朝時代的名將北畠顯家的弟弟北畠顯能的後裔，自室町時代起就一直保有大和國宇陀郡、南伊勢國等領地。進入戰國時代以後，北畠氏的家督北畠具教更是朝著戰國大名發展，征服了許多鄰近的小家族。

永祿十二年（1569年）五月，伊勢國木造城城主木造具政在弟弟源淨院的慫恿下背叛了北畠家。這件事其實相當有意思，木造具政是北畠具教的親弟弟，被哥哥送入木造家繼承家督，源淨院才是木造家原本的繼承人。也就是說，木造具政這哥們在乾弟弟的慫恿下背叛了親哥哥。眼看弟弟這麼不老實，北畠具教立即點齊軍隊準備出兵征討之。結果沒想到木造家轉眼就投靠了織田信長，從而引來了織田家的大軍。順便一提，這個源淨院後來因為主張投靠織田家的緣故，成為瀧川一益的女婿，還俗取名為瀧川雄利，成為北畠具豐（織田信雄）的家老。

織田信長出兵後，北畠具教、具房父子自知不敵，躲進了堅城大河內城籠城防守。大河內城是一座易守難攻的山城，同時還有許多支城拱衛。為了開啟攻打大河內城的大門，織田信長派出木下秀吉率軍攻打支城阿坂城。

阿坂城早年曾被幕府軍圍攻。當時的阿坂城被幕府軍給切斷了水源，眼看就要開城投降之際，守將北畠滿雅心生一計，命人將馬匹拉到城下幕府軍看得見的地方洗馬。幕府軍一看守軍還有多餘的水可以洗馬，便判斷城內水源充足，認為短期無法破城，最終撤軍。實際上，阿坂城內早就沒有水了，北畠滿雅命令士兵往馬身上傾倒的是白花花的稻米，遠遠看去稻米落在馬匹身上，彷彿像是水花綻開一樣。自此以後，阿坂城就多了個外號「白米城」。

雖然阿坂城在秀吉的圍攻下開城投降，但是據說木下秀吉在攻打阿坂城期間親自上陣，結果被守軍一箭射中大腿，被抬回了後方。至於是大腿外側還是大腿內側就不一定了，也有人認為秀吉之所以子嗣稀少，就是因為在攻打阿坂城時小猴子受傷導致的。

阿坂城陷落後，織田信長率軍直接衝著大河內城而來。雖然阿坂城守軍頑強抵抗，但是由於北畠具教入城時將附近村落的百姓都接入城中，導致阿坂城內糧食不足，最終只能與織田信長和談，北畠家則迎接信長的次子茶筅丸為北畠具房的養子，作為將來的繼承人。

征服北畠家後，織田信長的家臣們紛紛被信長安排進伊勢國各地，信長還下令廢除了伊勢國鈴鹿關的過路費，這使得日本各地的商人、遊客漸漸都聚集到了伊勢灣一帶，使得伊勢國的經濟越來越繁榮。不久後，伊勢國的鄰國伊賀國守護仁木氏

也向織田信長表示臣服。

搞定了後方，織田信長便命令大軍各自返程，自己則連美濃國也不回，而是率領著馬迴眾直接奔著京都而去。信長先是來到二條御所向足利義昭彙報平定伊勢國的消息，但是他似乎沒有察覺到將軍的不悅神色。隨後天皇再度召見了信長，繼續正月沒完成的賜杯賜酒儀式，當然天皇也是要過日子的，杯子不能白賜，所以信長又給天皇獻上了三十貫錢。

然而，在京都一片祥和、看似乎靜的背後，卻隱藏著巨大的衝突。

足利義昭在這次信長上洛後一直對信長不冷不熱的，信長雖然一開始沒有感覺，但是呆了幾天後也終於察覺，最後連聲招呼也不打就賭氣返回岐阜城了。

為什麼足利義昭的態度會發生那麼大的轉變呢？這其實有兩個原因：其一，北畠家雖然在南北朝時代是室町幕府的敵人，但是進入戰國時代後，北畠家便和幕府穿上了一條褲子，成為了將軍的奉公眾之一。同時，北畠家作為國司也時不時地給朝廷、幕府送去一些禮物和貢品，算是誰也沒得罪。可是，織田信長出兵伊勢國後，卻征服了幕府在地方上為數不多的支持者北畠家，還將北畠家下任家督換成了自己兒子，這自然是足利義昭所不能接受的。

其二，當時室町幕府和朝廷的衝突非常之深。由於室町時代的天皇是幕府擁立的，所以天皇的許可權受到了很大的限制，

幕府從來不把天皇公卿們放在眼裡。織田信長上洛以後，他既不接受幕府的「副將軍」職位，又與朝廷走得很近，天皇甚至說過在信長的支持下，「王家復興有望」這樣的話，所以讓足利義昭感到很不爽。

在信長返回岐阜城後，天皇派了山科言繼前來打探消息。山科言繼一到岐阜城，驚訝地發現攝關家出身的一條內基也在岐阜城內。大家都是公卿出身，就坐下聊了起來。原來，一條家和公卿日野家之間出現了土地糾紛。日野家的地位雖然不如一條家，但是因為他們是將軍家的親戚，所以便拿著幕府的名頭欺負一條家，連天皇也不敢插嘴。一條家一盤算，如今唯一能指望上的只有織田信長了，所以便千里迢迢來到岐阜城，請求信長出面裁決。

幾人聊天之際，幕府的女官大藏卿局也來到了岐阜城。她是奉足利義昭的命令前來的，義昭雖然對信長有些不滿，但是眼下內憂外患的，沒有信長的支持也不行，所以才派了大藏卿局過來安撫信長。織田信長表示自己和將軍大人沒有什麼私怨，但是將軍有些事確實做得有些過火，所以和好可以，但是得簽保證書。

於是，在朝山日乘、明智光秀的見證下，織田信長和足利義昭私下簽署了名為《追加五條書》的保證書。《追加五條書》其實是上文的《殿中御掟》的追加條文，保證書的內容分別是：1、將軍和大名聯繫時，要先於信長商量，副上信長的書信。2、將

軍過去的命令全部作廢，一部分決策要重新裁決。3、將軍賞賜土地時，可以從信長的領地內提供土地。4、既然將幕府的事情委任給信長了，就不要整天想著三妻四妾了，只聽信長的就可以了。5、為了平定天下，不可與朝廷交惡。

如果僅從字面上來看，織田信長似乎有些過於專橫跋扈了，這不是完全將足利義昭當成傀儡來看了？過去的研究也認為，織田信長此舉最終導致了他和足利義昭關係的決裂。不過，近年的研究卻有了不同的看法。這是因為過去我們總是站在足利義昭的角度來看待這個保證書的，但是如果從信長的角度出發，這些內容其實並沒有什麼問題。

首先，織田信長制定這些規矩的原因，其實是因為足利義昭亂發命令的緣故。正常來說，幕府只能夠和各國的守護、國主往來書信，但是進入戰國時代以後，各地的守護都不怎麼聽從幕府的命令，所以幕府便開始直接與守護們的家臣們聯繫。這樣容易導致一個什麼後果呢？那就是守護的家臣們實力越來越強，地位越來越高，最終出現「下克上」的局面。而維持幕府存在的「將軍──守護（御家人）」關係一旦解體，幕府必然也會走向衰弱，甚至滅亡。所以信長的約定與其說是要限制將軍的權力，倒不如說是想打造一個尊卑有序的社會。

其次，這其中還包含了一定的信長為天皇、公卿站臺的成分在裡面。信長上洛以後，積極地將室町時代被武士們搶占的莊園歸還給貴族們。可是足利義昭作為幕府將軍，卻預設武士

們搶占貴族的莊園,甚至以武力欺壓貴族們,這自然是信長不願意見到的,所以才會要作廢將軍以前的命令,其實就是把幕府過去對土地的分配給作廢,然後重新裁決土地的歸屬。

至於什麼只能聽信長一個人的,因為這個《追加五條書》是密約,並不是公開給天下人看的,與其說是作為法令限制將軍,倒不如說更像是織田信長與足利義昭的「婚前契約」。織田信長與足利義昭此後的關係其實並不算太差,信長也並沒有想廢掉幕府的意思,而是想建立一個自己理想中的,由朝廷、幕府共同維持社會秩序的政權。這麼看來,信長不願意別人插手他的理想,也是正常的。

姊川之戰

在《追加五條書》簽署的同一天,織田信長給各地的大名們發去書信,要求大家停止在地方上的戰爭,於次月上洛奉公。當然,信長是沒有資格要求大名們上洛的,所以他在書信裡表示上洛的原因有三:1、天皇的皇宮最近經常漏雨,需要大家一起上洛修皇宮。2、足利義昭出任將軍以後,都沒有人來覲見過將軍,這是對將軍不敬,所以這次要來拜個碼頭。3、一般人我都不寫信給他們的,之所以給各位寫信是因為大家都有一個讓天下恢復平靜、終止戰亂的願景。

收信人有三河德川家、甲斐武田家、備前浦上家、出雲尼子家、越前朝倉家、但馬山名家等室町時代的名門望族以及新

興家族。雖然織田信長做好了沒什麼人回信的心理準備，但是三好義繼、德川家康等親信長大名還是響應了他的號召上洛。其他的諸如但馬山名家、備前宇喜多家、豐前大友家等家族雖然因為距離京都太遠，大名沒有親自前來，但是也都派出了使者作為代表上洛。

大名們和使者們在上洛後參加了二條御所的落成典禮。典禮上，織田信長拿出名單開始一一點名，赫然發現越前的朝倉義景既沒有親自前來，也沒有派出使者上洛。

實際上，朝倉義景收到書信時，其實已經開始打包行李準備上洛了。京都是個好地方，而且在信長的保護下，逐漸恢復了往日的繁榮，去京都逛逛也是不錯的。不過，就在朝倉義景準備出發時，朝倉家的一門朝倉景行卻攔住了義景。

朝倉景行表示，如果上洛真是將軍的意思的話，理應由足利義昭下令才是，而不是由織田信長寫信。況且，早年織田家的祖先不過是神社裡的神官，是靠著朝倉家的祖先舉薦才得以成為斯波家的家臣的。都是斯波家家臣出身，憑什麼織田信長讓我們上洛，我們就要上洛？

朝倉景行的言論得到了朝倉家家臣的一致認可。朝倉義景想想也是，朝倉家早就是幕府承認的越前國國主，而織田信長不過是尾張國守護代織田家的庶流出身，憑什麼命令朝倉家上洛？再加上此時的朝倉家正因為若狹國的內亂與足利義昭鬧得十分不愉快，朝倉義景也擔心上洛之後遭到足利義昭的報復，

因此便打消了上洛的念頭。

若狹國是武田家的嫡流若狹武田家的領地，當時的國人們為了爭權奪利展開戰爭。其中，武田家家老武藤友益找來了朝倉家作為後盾，把守護武田元明給送到了朝倉家去，讓若狹國變成朝倉家的傀儡國。而與武藤友益對立的另外一派家臣則向將軍足利義昭請求援助。

朝倉家拒絕上洛藐視將軍，再加上武田元明的母親是足利義昭的妹妹，所以義昭這個做舅舅的，便下令命織田信長介入若狹國的戰事，從而拉開了「元龜爭亂」的序幕。

永祿十三年（1570年）四月十九日，誠仁親王代表朝廷給織田信長送來預祝戰事順利的「結花枝」。次日，信長在二條御所舉辦了閱兵，將軍足利義昭也對信長的出陣表示支持。此外，織田信長的陣中除了有三好義繼、松永久秀等幕府派遣的大名以外，還有飛鳥井雅敦、日野輝資等親近幕府的公卿。這表明這場戰爭並不是織田信長發動的私戰，而是代表朝廷、幕府出兵的討逆戰爭。

織田信長的出兵引起了朝倉家的警惕，朝倉義景在若狹國與越前國邊境上金崎城、天筒山城部署了重兵防禦。果然不出朝倉家所料，織田軍在進入若狹國以後，在信長的指揮下突然全軍調轉槍口，直奔著越前國而來，不久後就抵達了金崎城、天筒山城城下。隨後，織田信長任命德川家康率領德川軍作為先鋒，對天筒山城發起了強攻。

天筒山城位於海拔一百七十多米的高山之上，也是一座易守難攻的堅城。可是讓朝倉家沒有想到的是，德川軍的善戰遠遠超出了預期，幾乎就是頃刻之間，天筒山城就被德川軍攻陷，城內守軍一千五百餘人幾乎全部戰死，德川軍也戰死了千餘人。

天筒山城遭到攻擊時，金崎城守將朝倉景恆曾三度派出軍隊支援天筒山城，結果都被織田信長部署的伏兵擊退，自己反而損失了五百多人。天筒山城陷落的次日，金崎城也被織田信長率軍包圍，在木下秀吉的勸降之下，朝倉景恆只得下令開城投降，他自己則在秀吉的護送下返回了朝倉家的根據地一乘谷朝倉館。

奪下金崎城與天筒山城後，織田軍繼續朝著越前國的中心進軍，朝倉家諸城見到天筒山城的慘狀，都不願意抵抗，紛紛開城投降。就在織田信長準備一舉攻滅朝倉家時，突然有信使來報說，北近江的淺井長政舉兵叛亂了。

信長聽聞此事後先是一愣，隨後對信使說：「不可能，我給了淺井家江北的領地，他沒有理由背叛我的。」然而，隨著織田家家臣們的使者紛紛來到本陣報告此事之後，織田信長才意識到這並非是朝倉家的反間計，而是淺井長政真的反了。

在《朝倉家記》裡還有個故事，說淺井長政的老婆，也就是信長的妹妹阿市給信長送來了一小袋豆子。袋子的首尾都用繩子繫著，信長盯著豆子感到非常奇怪，不久後便發現了玄機——

織田家

首尾都有繩子繫著,難道是說我腹背受敵?

這個故事幾乎在所有有關織田信長的作品裡都會出現,但是真實性卻是存疑的。真正向信長報告淺井長政謀反的消息的,應該是信長留在近江國的家臣們。

淺井家造反以後,織田信長的軍隊就陷入了被淺井家、朝倉家、武藤友益等勢力的包圍之中。情急之下,織田信長決定先帶著馬廻眾撤回京都,隨後詢問諸將有沒有願意殿後的。在這種情況下殿後,很有可能就是死路一條,所以大家面面相覷,沒有人說話。過了一會兒,木下秀吉從人群中走了出來,表示自己願意殿後。信長十分高興,命令家臣們把自己部隊中的鐵炮、弓箭集中起來交給秀吉使用。

除了木下秀吉以外,擔任織田軍前鋒的德川家康因為太莽,孤軍深入敵後,所以沒有及時收到淺井家叛變、信長撤兵的消息。最後滿臉茫然的德川家康也被迫成為了織田信長的殿後部隊。

由於近江國有不少淺井家的支持者,所以織田信長為了安全起見,沒有走近路近江國上洛,而是只帶著十幾名家臣先進入若狹國,再途徑朽木谷返回京都。朽木谷的領主朽木元綱雖然是足利義昭的奉公眾,但是他在淺井家那邊也有領地,算是兩屬家臣。不過,在當時四面楚歌的局面下,朽木家已經算是比較信得過的人了。朽木元綱原本帶著軍隊前來迎接信長,但是在見到信長的前鋒松永久秀之後,松永久秀感覺有些不妥,便建議他換成便裝出迎。等到信長到來之後,朽木元綱果然受到

了信長的嘉獎。

信長返回京都以後，織田家諸將也紛紛率領部隊返回。在這樣重重包圍之下，非但信長本人沒有事，連織田家的大將中都沒有任何一人戰死，這不禁讓人懷疑究竟是織田軍太厲害，還是朝倉家、淺井家太弱。

回到京都後的織田信長非常想不通，好端端的，淺井長政幹嘛要背叛自己呢？然而除了信長以外，大部分人其實都對淺井長政的謀反不感到意外。

這裡要強調一個失誤，那就是因為遊戲、影視劇的影響，很多人都認為淺井長政並不想背叛織田信長。他背叛的原因是因為他的老爸淺井久政雖然隱居，但是手中掌握著家中大權，久政看信長不爽，再加上淺井家和朝倉家世代交好，所以才在信長攻打朝倉家時叛變。

前文已經提過，要論世交的話，淺井家和朝倉家的關係其實並不是很好。早年在六角家征服北近江國時，朝倉家曾派兵前來支援六角家。在這以後，領地位於越前國、近江國邊境上的淺井家便成為了朝倉家、六角家的「兩屬家臣」，這就是戰國時代普通國眾的命運。

務實的織田信長清晰地認識到了這一點，而淺井長政卻沒有。在淺井長政的眼中，自己與信長結盟的時間早，又有著姻親關係。在信長上洛時淺井家出錢出力，不就是為了能建立功勳，在室町幕府裡能有一席之地，實現階級跨越一舉跳出國眾階層。

而信長是怎麼做的？從結盟開始的那一刻，織田家與淺井家的結盟就注定不是對等的。

比如，在德川家康的嫡子竹千代元服後，信長把自己名字裡的「信」字賜給了他，取名為「信康」。這在當時的日本是有說法的，「信」字是織田家代代相傳的字，每一個家督名字裡都必須要有這個字，這個叫「上字」。除非有特殊情況，不然你叫信長也好信秀也好，上字必須放在名字裡的前頭。而上字後面的一個字就可以隨便取了，這個就叫下字。

在織田家的家臣或者盟友裡，受賜「信」字的，都說明地位比較高，比如佐久間信盛、德川信康、長宗我部信親。而賜「秀」字、「長」字的地位就不如「信」字了，比如林秀貞、丹羽長秀，比如淺井長政。

名字這方面還好說，畢竟兩家剛結盟時，淺井家的實力確實不高，再說了賜了下字的，也不是不能再改成上字。淺井長政的要求並不高，那就是承認淺井家的地位。可是在二條御所建成以後，織田信長給各國大名發去的書信，徹底寒了淺井長政的心。

信長在書信中號召的大名有：「北畠大納言殿（同北伊勢諸侍中）、德川三河守殿（同三河、遠江諸侍中）、姊小路中納言殿（同飛驒國眾）、山名殿父子（同分國眾）⋯⋯」當織田信長點名到近江國大名時，並未直接提到淺井長政，而是「京極殿（同淺井備前、同尼子、同七佐佐木、同木林源父子、同江州南諸侍

眾）」。京極殿指的就是近江國、出雲國原來的守護京極家。也就是說，在信長的眼中淺井長政根本就不是大名，而是和北伊勢豪強、三河國豪強一樣的地方土豪。

淺井長政想不通，同樣是盟友，同樣在上洛時出兵出力，憑什麼信長點名三河國大名時就是「德川三河守」，提到近江國時就不是「淺井備前」而是「京極殿」。不僅如此，織田信長還將原本被淺井家納入麾下的奉公眾朽木氏剝離了出去，這相當於沒收了淺井家在琵琶湖西岸的領地。

從這一刻開始，淺井長政認識到，淺井家根本就不在織田信長想要建構的政權中樞之中，在織田家之下淺井家永遠都沒有辦法有出頭之日。與淺井長政的思緒萬千不同，織田信長倒十分樂觀。在信長看來，淺井家都陷入朝倉家、齋藤家、六角家的重圍之中了，要不是織田家一拳放倒了各家，淺井家現在能不能存在都還不一定。況且淺井長政雖然在上洛期間出兵出力，但是織田家也不是沒有給賞賜。本來淺井家在江北的領地名義上是屬於六角家的，而信長卻從法律和事實上都認可了淺井家對北近江的所有權。

除了淺井長政叛變以外，六角義賢也在近江國甲賀郡召集舊部舉兵反抗信長，是為「第一次信長包圍網」。

為了休整、召集軍隊，織田信長帶著家臣們從京都離開，踏上了返回岐阜城之路。結果在路過伊勢國鈴鹿關的時候，被六角家一方的甲賀眾給狙擊了。沒錯，是狙擊不是阻擊。幸好

織田信長福大命大，埋伏的幾個狙擊手都沒有射中信長，只是虛驚一場。

招惹了織田信長，又沒能殺死織田信長，接下去大家的日子恐怕都不好過了。這其中日子最不好過的還是淺井長政。自從與朝倉家一起對抗信長以後，朝倉家就派出軍隊進駐了淺井家的小谷城和幾座支城，甚至入駐了橫山城這些淺井家與織田家邊境上的城池。也就是說，朝倉家壓根也沒把淺井家當成對等盟友來看，淺井家實質上淪為了朝倉家麾下的國眾，其領地內的城池也成了朝倉軍可以隨意進出的據點。

以往的舊說都說淺井家、朝倉家的叛變是足利義昭在幕後策劃的，然而足利義昭其實並沒有策劃包圍網的動機。要知道和淺井、朝倉兩家一起組成包圍網的還有六角家、三好三人眾等反義昭勢力，一旦這些人成功打倒織田信長，義昭這個靠信長擁立才得以存在的將軍必然也沒有好下場。因此，足利義昭在信長出兵以前，就曾給近江國高島郡的國人橫山下野守送去書信，表示自己會與信長一起出兵攻打淺井家。後來因為三好三人眾想反攻京都的原因，足利義昭才取消了這個打算。

元龜元年（1570年）六月十九日，織田信長的大軍終於從岐阜城出陣，直奔著淺井家的根據地小谷城而來。信長派出前鋒軍隊在小谷城城下的街市縱火，自己則率領本陣在小谷城西南一裡地左右的虎御前山布陣。

小谷城位於海拔三百公尺左右的高山之上，想要攻陷小谷

城並非易事。所以織田信長決定以圍點打援的方法，從小谷城撤軍，轉而攻打小谷城東南方向的橫山城，逼迫淺井長政出兵野戰。即便淺井長政不出兵，信長也可以趁機奪取橫山城這個小谷城的重要支城。

在信長撤兵時，淺井長政派出小股部隊進行騷擾。結果信長早有準備，從各個軍隊裡抽調出了五百名鐵炮手殿後，一通劈里啪啦之後，淺井軍丟下幾十具屍體灰溜溜地逃回了小谷城。

在織田信長包圍橫山城的同一天，盟友德川家康率領的德川軍也來到了橫山城下。而朝倉家這邊則派出一族朝倉景健為大將，率領著八千人的援軍抵達了近江國。然而就在這個時候，織田信長卻犯了一個致命的錯誤。

朝倉軍抵達近江國以後不久，突然全軍拆除營地後撤。信長得知朝倉軍的動向後，認為朝倉軍對自己不構成威脅，便把手頭上的軍隊悉數派出去攻打橫山城了。當時的地理情況是這樣的，在橫山城下的是織田軍的主力，主力的北面是織田信長、德川家康的本陣，本陣以北則是姊川。結果，在第二天凌晨時分，淺井、朝倉軍突然出現在了姊川的北岸，讓織田信長大吃一驚。

姊川之戰的過程並沒有小說電視裡那麼傳奇，實際上這場戰役就是淺井、朝倉軍對織田信長本陣發起的一次奇襲作戰。

上午六時左右，姊川之戰就在這猝不及防的情況下開打了。織田軍的主力來不及回防，信長根本沒有時間去部署《淺井三代記》裡說的十三道防線。戰後織田信長曾寫信給細川藤孝說，姊

川之戰時德川家康曾和自己的馬廻眾爭奪前鋒的位子。如果不是倉促應戰的話，職責是保護信長安危的馬廻眾，又怎麼會被派到前線去擔任前鋒呢？

　　最終信長決定由德川家康率領的德川軍出任前鋒。時年二十九歲的德川家康十分驍勇，在他的指揮下，德川軍扛住了朝倉軍的攻擊。另一方面，淺井軍並未在姊川戰場的前線投入戰鬥，而是朝著戰場的東部移動，想繞過戰場突襲信長的本陣。率領這支淺井軍的並非是軍記小說裡的磯野員昌，而是淺井家的重臣遠藤直經。

　　現如今的姊川古戰場上，遠藤直經戰死之地「遠藤塚」在信長本陣遺址的南面約三百公尺左右的位置。這說明在遠藤直經對信長本陣發起攻擊時，織田信長一度率領本陣向後撤退了數百公尺。最終在遠藤直經戰死以後，信長本陣的威脅才得以解除。

　　同樣在信長寫給細川藤孝的書信裡提到，上午十時左右，織田軍對淺井、朝倉軍發起總攻。推測在這個時間點，橫山城城下的織田軍主力已經回防本陣，對敵軍發起了反攻，淺井、朝倉軍對信長本陣的奇襲作戰也宣告失敗，兩軍在潰敗的途中損失慘重。

　　姊川之戰後，橫山城見援軍無望，便開城投降於織田家，信長命令親信木下秀吉率軍進駐城中，成為監視小谷城的一顆釘子。

客觀評價，淺井、朝倉軍的戰術其實並沒有失誤，朝倉軍的後撤甚至完美地誤導了織田信長的判斷。唯一遺憾的就是，他們對陣的人裡包含了後來的三個「天下人」，以及他們麾下驍勇善戰的馬廻眾和三河眾。

本願寺舉兵

姊川之戰時，足利義昭之所以沒有隨織田信長出兵，是因為敵對的三好三人眾在阿波三好家的支持下率軍侵入了攝津國地區，並在當地修築了野田、福島兩座城砦，時刻威脅著京都。對足利義昭來說，前一年三好三人眾突襲本國寺的景象仍然歷歷在目，這些人的威脅遠遠要大於淺井、朝倉兩家。因而在織田信長打贏姊川之戰以後，足利義昭立即下令，要求信長出兵討伐三好三人眾。

織田信長收到命令後不敢怠慢，不顧姊川之戰結束僅僅不到兩個月，便動員起四萬大軍進入攝津國包圍了野田、福島兩城。不久後，足利義昭也帶著幕府的三千餘奉公眾抵達攝津國。

由於野田、福島兩砦周邊都是沼澤地，不便大軍行動，織田信長便命令手下們趁著夜色用乾草填埋沼澤，隨後在城外修築起大廈，命令鐵炮隊登上大廈與城內對射。那年頭的鐵炮精準度不高，所以儘管戰場上像過年一樣劈里啪啦響個不停，但是有效傷害極低。

思緒許久後，信長決定採用新式武器攻城。於是，在雙方

織田家

鐵炮隊劈里啪啦對射個不停的時候，突然出現幾聲巨響，緊接著野田、福島二城的木製防禦工事被轟得七零八落的。城內的三好軍向外望去，赫然發現織田軍的鐵炮口徑怎麼比自己手上的要粗上許多。這便是織田信長採用的新武器，人稱「大鐵炮」。雖然傷害達不到大砲的程度，但是外觀、聲響都能給敵軍造成巨大的心理陰影。如此下來，不出幾日野田、福島兩城就會被織田軍攻取。

可是，讓織田信長沒有想到的是，在大鐵炮登場的當天深夜，巨大的撞鐘聲突然劃破夜空，這是距離戰場不遠的大坂本願寺的鐘聲。隨著鐘聲的敲響，信徒們紛紛聚集到了本願寺的佛堂內。隨後，平常對眾人講解佛法的幾個長老在僧兵的簇擁下出現在信徒們的眼前，向眾人宣布了一件大事──從今天開始，本願寺將加入三好三人眾的一方，對足利義昭、織田信長發起攻擊。

本願寺是佛教淨土真宗本願寺派的「本山」，也就是地位最高的寺院。淨土真宗又被稱為一向宗，在戰國時代早期就曾組織過「一揆」推翻加賀國守護的統治，讓加賀國成為一向宗統治的「佛國」。「一揆」指的就是團結起來的一個團體，這些由一向宗組織的「一揆」被稱為「一向一揆」。

許多地方將「一揆」解釋為「農民起義」，這其實是不對的，大部分「一揆」中的核心成員仍然是地方的豪強。除了「一向一揆」外，還有法華宗組織的「法華一揆」，由武士豪強們組成的

「武州一揆（武藏國一揆）」、「上州一揆（上野國一揆）」等等。

織田信長與一向一揆的戰爭經常被解釋為織田信長與舊宗教勢力的戰爭，這其實也是不對的。在信長上洛以後，織田信長一直試圖與本願寺保持友好關係，但是對於本願寺來說，與其跟新興勢力結盟，倒不如與有一定交情的舊勢力結盟。況且，舊勢力的代表三好三人眾對本願寺允諾，打倒信長以後，將會允許一向宗進入「南都」興福寺的地盤傳教。所以說，這場戰爭表面上是本願寺發起的宗教戰爭，其本質依舊是一場政治戰爭。順便一提，一向宗裡與本願寺派不和的高田派是支持織田家的，因此當時的戰場上經常能看見兩支一向一揆為了口中的同一個佛祖在戰場上廝殺。

本願寺舉兵以後，就直接奔著在野田、福島城外的足利義昭、織田信長而來，織田軍對本願寺的突襲毫無防備，信長只能派遣佐佐成政、前田利家等馬迴眾率軍迎敵。在馬迴眾的奮戰之下，織田軍暫時抵擋住了一向一揆的攻擊。禍不單行的是，天色微明京都方面就傳來了不太好的消息。淺井、朝倉兩軍為了響應本願寺的舉兵，派出軍隊對近江國志賀郡的宇佐山城發起攻擊，雖然織田軍堅守住了城池，但是守將森可成卻戰死沙場。之後，淺井、朝倉軍繼續朝著京都進攻，在山城國的山科、醍醐一帶縱火後，在京都東北方向的比叡山駐軍。

本願寺的舉兵明顯是和淺井、朝倉兩家以及三好三人眾商量好的。織田信長沒有辦法，在護送足利義昭安全返回京都以

後,信長也從攝津國撤軍,隨後親自率軍朝著淺井、朝倉軍而來。要說「信長包圍網」的這幾個勢力的情報能力是真不怎麼樣,淺井、朝倉本以為織田信長被困在了攝津國,交戰的只是織田軍的偏師而已。結果當織田信長的馬標(每個武將都有的獨有旗幟)出現在戰場上時,淺井、朝倉軍麾下的士兵們大驚失色,紛紛不戰而潰,逃回了比叡山的大營。

比叡山是「北嶺」延曆寺的地盤,織田信長擔心追擊淺井、朝倉軍的話會引起誤會,便主動寫信給延曆寺。信長在信中表示,延曆寺和本願寺不是世仇嘛,有什麼必要要支持本願寺的盟友淺井、朝倉軍。只要延曆寺站在織田家的一邊,戰後織田家將會把領內所有被地方土豪占領的延曆寺寺領通通歸還。當然,如果延曆寺不方便選邊站的話,那就保持中立,織田家也不會侵犯延曆寺一根毫毛。信長在書信的末尾添了一句,如果堅持與織田家敵對的話,屆時必不會放過延曆寺。

延曆寺的僧人們收到信長的書信哈哈大笑,根本沒當一回事。眼下足利義昭、織田信長被三好三人眾、本願寺、淺井家、朝倉家、六角家等勢力包圍,信長能不能順利守住京都都不一定,如何能威脅到自己呢?

確實,此時織田信長的日子的確不太好過。三好三人眾在織田軍撤退以後,便率軍攻入了河內國。六角義賢在這時也趁機在近江國作亂。此外,織田家的老家尾張國也遭到了伊勢國長島的一向宗寺院願證寺的襲擊,信長的弟弟織田信興戰死。

為了得到一絲喘息之，織田家不得不與三好三人眾、六角家以及本願寺開始進行和談。織田信長迎接松永久秀的女兒為養女，而後將其嫁給阿波三好家的家督三好長治。六角義賢自覺與信長敵對沒有意義，便就來到信長陣中簽署和約。本願寺雖然沒有立即答應信長，但是卻也有和談意向，暫緩了對織田家的攻勢。至於淺井、朝倉家？織田信長則是隻字未提。沒了三好三人眾、六角家以及一向一揆的壓力後，織田信長在對淺井、朝倉的戰場上占據了很大的優勢，因此當朝倉家派出使者來織田家想找信長和談時，都被信長給轟了出去。

　　就在這個時候，足利義昭卻突然介入了織田家與朝倉家的戰爭。足利義昭一開始是不想理睬朝倉家的，畢竟自己討伐三好三人眾的大業被朝倉家給攪黃了。可是當初足利義昭離開朝倉家時和朝倉義景簽署過保證書，保證書上雙方都曾表示過無論如何都不會拋棄對方。於是，念舊情的足利義昭找來了關白二條晴良一起出面介入和談。在義昭看來，幕府將軍和關白都出面了，兩家應該馬上和談才是。結果讓足利義昭沒想到的是，織田信長和朝倉義景都拒絕了和談。織田信長是不想和談，朝倉義景則擔心有詐。

　　足利義昭立刻找來了織田信長，命令信長與朝倉家和談。另一方面則透過二條晴良對朝倉家表示，如果和談能成功，自己辭去將軍之位去高野山出家都可以。織田信長、朝倉義景一看將軍這麼堅持，便只得開始商談締結和約之事。

信長的意思是將近江國一分為三，織田家占二，淺井家占一。朝倉家對此表示默許，因為眼下馬上大雪封山，如果不快速和談的話，今年是趕不回家過年了。然而淺井長政和延曆寺卻不樂意了，淺井長政反對的原因是對領地分配的不滿。而延曆寺則是有點擔心，延曆寺幫助了信長的敵人，但是和約裡卻沒有給延曆寺半點保證，要是將來織田家報復延曆寺怎麼辦？

於是在雙方進行過多次會談後，最終定下了和約。信長在和約裡除了保證淺井、朝倉家的安全外，還保證自己絕不會找延曆寺、本願寺的麻煩。當然，織田信長對與朝倉家簽和約這件事還是非常不情願的，在和約的末尾，織田信長新增了一句話：「因為上樣（將軍）出面調停，所以才簽署和約。」

火燒延曆寺

元龜二年（1571年）正月，幕府奉公眾細川藤孝曾來到明智光秀的家中拜年。自從森可成戰死以後，織田信長便命令明智光秀繼任宇佐山城守將，明眼人都能看出，信長這是想要提拔光秀。由於二人本來就是同事，光秀早年甚至還做過細川藤孝的下人，因此很快就花生米配著小米酒開始瞎扯了起來。聊到興起時，明智光秀突然皮笑肉不笑地說：「今年，山門恐怕要滅亡了。」

「山門」指的就是有著「北嶺」之稱的比叡山延曆寺，由於延曆寺一直支持信長的敵人淺井、朝倉兩家，因而早就上了信

長的黑名單。細川藤孝沒有把光秀的話當一回事，只當是發發牢騷。

　　織田信長原本就沒打算要放過延曆寺，剛好在此期間，發生了織田信長征伐長島一向一揆，卻被一揆詐降偷襲、織田軍損失慘重之事。回到岐阜城的織田信長越想越氣，便決定拿延曆寺開刀解氣。為了將延曆寺的盟友剷除，信長先是派遣軍隊攻擊了近江國的一些淺井方的國人以及當地的一向一揆。等到把這些人揍得鼻青臉腫之後，織田軍便直接奔著延曆寺而來了。

　　明智光秀明白，這次是自己大顯身手的機會。在寫信給當地的國人時，甚至揚言會將延曆寺領內的住民斬盡殺絕。除了明智光秀本人性格比較乖張暴戾以外，這種在敵方領地上施行「三光政策」的做法，本就是日本戰國時代的戰爭常態。領民就是大名的私有財產、社會生產力以及軍事資源，為了摧毀敵方的有生力量，遭殃的通常都是尋常百姓。織田軍在信長的命令下，朝著比叡山山下的坂本町而來。

　　戰國時代由於商品經濟的發展，聯繫京都、近江國街道的坂本町成為了近江國最繁華的商業都市之一。而延曆寺的僧人們也漸漸從陰冷潮溼的比叡山上遷居到了坂本，許多佛堂也隨著僧人們的移居搬到了坂本町內，作為清修聖地的比叡山反而被荒廢了。

　　四面八方而來的織田軍一路燒殺劫掠，坂本町陷入了一片大火之中。許多百姓為了避難，紛紛逃往郊外的日吉神社和神

社北面的深山裡。然而織田信長已經下定決心要報復延曆寺，絲毫不顧及日吉神社的宗教地位，士兵們湧入了神社之中，將在神社內避難的百姓不分男女老幼通通殺死。一時間，日吉神社內鬼哭狼嚎，宛如修羅場一般慘不忍睹。

所謂的「山門燒討」事件，其實真正遭到大規模報復、屠殺的地點並不在比叡山，而是在坂本町和日吉神社。當在比叡山留守的僧人們望見山下的大火和慘狀時，織田軍的軍旗已經直奔著山上而來。

織田信長當初曾經警告過延曆寺，如果與織田家敵對的話，自己必將延曆寺內的根本中堂、山王二十一社等代表性建築從歷史古蹟變成歷史遺跡。不過，延曆寺沒有把信長的話當一回事，他們認為織田信長並不敢攻打山門。畢竟上一個攻打山門的，是一百多年前的幕府將軍足利義教。足利義教後來在壯年遇刺，也被人們視為是攻打延曆寺的報應。

織田信長確實會比較忌憚宗教勢力，但那是在大家互相坐下來好好說話的情況下。延曆寺既然已經表明要與信長敵對，自然就不在被信長尊敬的行列內。當然，由於延曆寺自平安京誕生以來就被視為是京都的守護者，信長在山上的燒討收斂了許多，僅僅是將先前判過死刑的根本中堂、山王二十一社等建築燒毀，而延曆寺的大部分建築都在戰火中儲存了下來。

作為替代的報復對象，遭殃的還是坂本町的百姓，畢竟以天皇為首的貴族只在乎守護京都的延曆寺，並不在乎生如螻蟻

的平民百姓。令人意外的，延曆寺燒討事件在當時其實沒有引起軒然大波，朝廷並未因為織田信長攻打延曆寺而譴責信長。信長的家臣太田牛一後來在《信長公記》中提到，延曆寺的僧人們沉迷酒色、荒廢修行不說，還妄想插手世俗政治，簡直是天下之恥。儒醫小瀨甫庵在《甫庵信長記》裡也坦言說，滅亡山門的並不是織田信長，而是山門自己。

確實，在信長攻打延曆寺的前一年，南都興福寺的僧人多聞院英俊曾拜訪過延曆寺，結果發現延曆寺的許多僧人居然離開了比叡山，整日廝混在坂本町的市井之中。當時英俊哥就在日記裡指責延曆寺的僧人們荒唐墮落。

只有為數不多的人對信長攻打延曆寺表達了一些異樣的看法。其中一個是山科言繼，雖然沒有明說，但是他在日記裡感慨如今的世道已經是「佛法破滅」了。另外一個是即將登場的武田信玄，延曆寺是天台宗的本山，所以武田信玄在對信長宣戰時，曾自稱「天台座主」，揚言要為延曆寺報仇。

這兩個人，一個假裝不在乎，實際上很在乎；一個假裝很在乎，實際上卻並不在乎。

延曆寺燒討之後，最為開心的就屬明智光秀了。因為在攻打延曆寺期間立下許多戰功，明智光秀在戰後受封包括坂本在內的近江國滋賀郡為領地，同時還被足利義昭任命為山城國南部的總代管，一時風光無兩。頭回當上領主的明智光秀非常激動，他先是給自己剃了頭，然後前往幕府向足利義昭表示自己

已經準備出家入道,不問世事,想辭去自己在幕府的官職。光秀這麼做其實並不是自己真的看破紅塵,而是想辭去幕府的職務,將工作重心放在治理領地上。當年的幕府公務員伊勢宗瑞（北條早雲）在前往駿河國之後,也是這麼做的。

通俗點說就是,光秀覺得跟著幕府混沒有前途,不想做足利義昭的家臣了,想只做織田信長的家臣。不過足利義昭並未答應,而是將其挽留在了幕府內。

成為領主後的明智光秀一下子便暴露出了室町時代武士們的通病。比如,他藉著整頓延曆寺舊領的名義,學習以往的室町大名的做法,肆意侵占領內的寺社莊園,結果被寺院和神社給聯合告到了天皇那裡去。天皇得知此事後下令讓足利義昭處理光秀,但是此時的義昭正要拉攏光秀,怎麼可能去處分他。最終,天皇只得自己派遣山科言繼前往美濃國岐阜城,請求織田信長介入此事,處分光秀。由於織田信長外出的緣故,山科言繼在岐阜城裡並未見到信長,便住了下來,等待信長歸來。

山科言繼在岐阜城的消息傳到了明智光秀那,他深知信長素來為了聯合寺社勢力都盡量不招惹他們,再加上信長和天皇的關係也不錯,光秀生怕信長一生氣又把他的領地給沒收了,便連夜帶著幾個隨從前往岐阜城拜訪山科言繼。最後在光秀的賄賂之下,山科言繼才答應會在信長面前替他美言幾句。

武田信玄來襲

在「姊川之戰」以後，淺井家、朝倉家元氣大傷，信長確保了岐阜城至京都的道路安全。此時對信長來說最大的威脅並不是淺井家、朝倉家或是阿波三好家，而是昔日的盟友武田信玄。當然，織田信長畏懼的並不是正面襲來的武田家，而是背後捅刀的武田家。武田信玄與織田家的關係歷來交好，雙方還曾有過聯姻，因此武田家的背盟讓毫無防備的信長猝不及防，根本來不及布置防禦。

舊說中事件起因是武田信玄想要上洛。因為在一份年分不明的五月分發出的書信中，武田信玄曾聲稱自己會舉兵上洛。這封信在以往被認為是武田信玄在三方原戰役前寫的，但是近年來的研究卻認為這封信其實是武田勝賴在信玄死後，假借信玄名義寫的。根據武田信玄自己的說法，出兵攻打德川家是為了「發洩三年以來的積怨」，所以我們對武田家的這次舉兵，通常不稱為「武田上洛」，而是稱為「武田西進」。

真實情況來看，兩人的衝突還是因為前幾年瓜分今川家舊領之事。據說德川家康和武田信玄約定以河川為界瓜分今川家，但是德川家康認為這個河川應該是遠江國、駿河國邊境上的大井川，但是武田信玄卻認為這個河川應該是遠江國中部的天龍川。所以，當兩家一起揍今川家時，因為武田軍比較能打，一不小心就越過大井川進入了遠江國，招到德川家康的抗議，兩家也因此結仇。可是，既然都一起密謀瓜分今川家領地了，能

織田家

不好好聊聊邊境在哪就開打嗎？

實際上，武田信玄在出兵以前就表示過自己會出兵遠江國，當時德川家康也沒有對此提出異議，這大概是因為德川家康沒有料到武田軍的進軍會如此迅速吧。等到秋山虎繁率領的武田軍進入遠江國以後，投降德川家的遠江國人便又都躍躍欲試，想背叛德川投靠武田，動搖了德川家康在遠江國的統治，這才使得家康向武田信玄抗議。當時武田信玄因為和東邊的北條家開戰的原因，為了避免與家康背後的織田信長起衝突，便主動讓武田軍撤走了。這對向來秉承著有便宜不占王八蛋觀念的武田信玄來說，是非常痛苦的。

同時，武田軍進入遠江國後，德川家康也感覺到了危機，便沒有按照先前的盟約攻滅今川家，而是與今川氏真和談，讓他前往北條家接受庇護。雙方的衝突因此爆發，武田信玄開始調略德川家麾下的遠三國人，而德川家則反手和武田信玄的敵人上杉謙信結盟，還試圖遊說織田信長背叛武田家，與上杉家結盟，織田信長當然沒有答應。不僅如此，織田信長還一直在幕府那邊幫武田信玄運作，希望足利義昭能夠幫助武田家調解與宿敵上杉家的關係。

不過信長的行為在武田信玄看來卻不是這麼一回事，信玄認為德川家只是織田家麾下的一介國眾而已，但是信長卻放任家康破壞兩家盟約，所以家康的行為很可能是信長授意的。如果兩家能坐下來好好談談的話，武田信玄或許就會理解信長

了。因為當時的德川家康和織田信長雖然有可能是不那麼對等的盟友關係，但是絕對不至於淪落為信長小弟的地步，織田信長並不能夠控制德川家康想做什麼，要做什麼，正在做什麼。

於是，武田信玄便對德川家的領地發起了攻擊。為了保證自己在打德川家的同時不會遭到北面的上杉謙信的攻擊，武田信玄與本願寺、越前朝倉家結成了同盟，而這兩家正是織田信長的死敵。恰好這個時候，位於武田家、織田家邊境上的「兩屬」（既是織田家家臣又是武田家家臣）國人遠山景任病逝，織田信長便派遣織田軍進入遠山家的根據地岩村城，控制了遠山家。位於邊境上的遠山家具有相當程度的獨立性，在信長介入遠山家內務以後，家臣們紛紛對織田家感到不滿，便驅逐了織田軍，反過來投靠了武田家，還迎接了武田家重臣下條信氏進入城中。

元龜三年（1572年）十二月，武田信玄率軍來到了德川家康的根據地濱松城外。此時織田信長雖然自己抽不出身，但是也派遣了首席家老佐久間信盛率領三千餘援軍抵達了濱松城協助守城。

武田信玄率兵打仗多年，經驗老到，一眼就看出織田信長、德川家康的意思是想據守濱松城待援，便在濱松城外的一處名為「大菩薩」的地方掉頭西去，丟下濱松城不管，直接奔著控制三河國、遠江國水路要道的據點堀江城而去。這下德川家康不得不吹法螺出兵迎戰了，一旦堀江城陷落，濱松城就將變成

孤城，到時候陷落只是時間問題。德川軍出城以後，兩軍在三方原臺地意外遭遇。當時武田軍人數約兩萬餘，德川軍人數約八千餘，織田家的援軍則有三千餘。

武田信玄先是派出一群由下級賤民組成的輔助部隊，他們遠遠地朝著德川軍投擲石子，挑釁德川軍出戰。見德川軍沒有應戰，便派遣上野國國人小幡信真作為前鋒對德川軍發起攻擊。武田信玄認為，德川家康不敢應戰是害怕，然而德川軍的反擊出乎了武田信玄的預料。在德川家康的指揮下，德川軍一路殺到了武田信玄的本陣前，武田信玄不得不投入旗本武士與德川軍作戰。遺憾的是，衝到本陣前的德川軍也已經是強弩之末了，在武田勝賴、馬場信春的奮戰下，武田軍逐漸逆轉戰局，最終擊敗了德川軍。

順便一說，三方原戰役時武田軍的赤備由武田信玄的姪子武田信豐統率，沒有什麼亮眼的表現。武田信玄死後，武田信豐把部隊改成了黑備，而使用赤備旗號的許可則被賜給了小幡信真。說白了，赤備壓根就不是什麼精銳部隊，只是指鎧甲、旗幟的顏色而已。

除了德川家康的家臣夏目信吉、本多忠真、鳥居忠廣、中根正照等人戰死以外，織田家援軍中的大將平手汎秀也在戰場上被武田軍殺死。德川家康邊戰邊逃，親手射殺了幾員武田軍的追兵以後，逃回了濱松城內。

令人沒有想到的是，武田軍並未趁著三方原戰役的大勝大

舉進攻，而是暫緩了攻勢。元龜四年（1573年，是年改元「天正」）二月，武田信玄舊疾復發，在返回甲斐國的途中於信濃國的駒場病逝，織田家的東線壓力瞬間得到了緩解。

少了玩背刺的武田家的威脅，解放了兵力的織田信長再次將作戰重心擺在了京畿，同時「義昭・信長包圍網」也因為武田信玄之死而崩壞。不過，由於當時武田家對外宣稱信玄只是因病隱居，因而在大多數時人眼中，織田家的處境依舊非常不樂觀。在這樣的情況下，幕府將軍足利義昭決定放棄織田信長，跳反加入了包圍網之中，他也從被包圍的對象，搖身一變成為了組成包圍網的諸勢力之主。

武田信玄去世的當月，足利義昭暗地裡向淺井家、朝倉家表明了自己與織田信長敵對的意願，與對方結成同盟。由於加入了包圍網的緣故，足利義昭還赦免了松永久秀。僅僅兩天之後，足利義昭正式宣布起兵討伐信長。

得知將軍叛變以後，織田信長連忙派遣家臣前往幕府交涉，表示自己將會向將軍交納表示效忠的起請文，同時給幕府送去人質，希望足利義昭能夠三思。織田信長這麼做並非是因為他對付不了幕府，而是因為信長也是個室町時代的大名，雖然戰國時代經常出現「下克上」的情況，但是武家內部卻不鼓勵這種容易招致「惡名」的行為，所以信長也不想與武士的共主幕府將軍敵對。不過，足利義昭卻把信長的好心當做了驢肝肺，他一口回絕了信長的建議，還堅定地表示自己會站在織田家的對立面。

足利義昭敢如此強硬也是因為他有著自己的信心。除了在近江國作戰的淺井家、朝倉家以外，松永久秀、三好義繼（宗家）、阿波三好家、一向一揆已經在堺港組建起了一支兩萬人的大軍。另外，甲斐國的武田家也在織田信長的背後不斷地襲擾織田家。可是，從四月二日開始，織田軍就抵達了京都，還在京郊縱火，根本無人救援將軍。四日，織田軍包圍了二條御所，不過織田信長還是留了一絲底線，請求朝廷介入調解，外無援軍的足利義昭決定採用緩兵之計，同意了和談的請求。

由於武田家在五月給松永家送去了一封書信，表示武田軍不日就將上洛輔佐將軍討伐信長，因此足利義昭在七月三日再次舉兵與織田信長敵對。不過，讓足利義昭沒有想到的是，武田家表示不日就將上洛的書信雖然末尾的署名是「武田信玄」，但是卻是武田勝賴代勞寫的。這並非是因為武田勝賴有什麼壞心眼，而是因為武田信玄急病去世，武田勝賴剛繼承家督，這封書信是為了穩固家內的局勢放出的一顆煙霧彈，以製造武田信玄尚在人世的假象。足利義昭信了，所以他覺得被四面包圍的織田信長已經是秋後的螞蟻，高興不了幾天了。

幻想雖然豐滿，但現實畢竟是很骨感的。在反信長的勢力之中，松永家、畠山家、三好宗家、一向一揆等勢力看似人多勢眾，卻只是烏合之眾而已。由於三好三人眾的筆頭三好長逸在這年二月去世，阿波三好家也開始嘗試與織田信長接觸和談。朝倉家、淺井家被織田信長包圍，自己也是泥菩薩過江，

遑論救援將軍了。而織田家背後的武田家就更不用提了，武田勝賴一心想穩固家中局勢，消化侵占的德川家領地，根本不會在局勢這麼動盪的時候出兵上洛。

七月十八日，足利義昭所在的槙島城被織田軍攻陷，面對這個昔日的主君，織田信長也只能嘆氣道：「雖然你這麼對我，但是我還是會以德報怨。」隨後，信長命令秀吉將足利義昭護送至反信長勢力麾下的若江城，自己則將足利義昭之子足利義尋留在軍中，表示織田家將擁戴足利義尋為主。

幾天之後，織田信長上書給朝廷建議改元，朝廷隨後下令改元「天正」，出自《老子》中的：「清靜者為天下正」。

早先在改元「元龜」以後，京畿地區陷入戰亂，朝廷便認為「元龜」年號不吉，希望足利義昭申請改元。然而足利義昭卻認為「元龜」是屬於自己的時代，一直拖延改元，使得朝廷十分無奈。等到足利義昭被流放以後，朝廷立即指示信長申請改元，隨即便以閃電般的速度擬定了幾個年號，再從中選擇了「天正」。

朝倉、淺井家滅亡

流放足利義昭以後，織田信長宣布將親征淺井、朝倉兩家。朝廷對信長的決定大為支持，下令在各地舉辦法會，祈禱信長的出兵順利。

由於武田軍停止了西進，淺井長政十分著急，無奈之下只得請求朝倉軍出陣支援自己。朝倉義景雖然不太情願，但是依

舊率軍前來救援。沒曾想作為朝倉軍援軍出陣的若狹武田軍在出兵途中折返回國，讓朝倉軍的士氣大受打擊。

隨著織田軍的到來，小谷城周邊的支城不是開城投降，就是被織田軍攻陷，最後僅剩下由朝倉軍、淺井軍共同防守的大嶽城一地。織田信長並沒有急著攻取小谷城，而是下令對大嶽城發起攻擊。在織田家的調略下，在大嶽城三之丸守備的淺井軍臨陣倒戈，開啟城門將織田軍放了進來，在二之丸守備的淺井軍見到三之丸淪陷，便一槍不發棄城逃走。守備本丸的朝倉軍沒有料到三之丸、二之丸的防禦如此脆弱，一覺醒來成了織田軍的俘虜。

大嶽城陷落後，小谷城已陷入重圍，成為了一座孤城。家臣們建議處決俘虜的朝倉軍士兵，以此來恐嚇小谷城守軍。織田信長搖了搖頭，下令將這些士兵放回朝倉軍陣中。這依舊是信長的計策，當這些俘虜逃回朝倉軍之後，四處散播織田軍強大的消息，搞得朝倉軍內部人心惶惶。朝倉義景得知大嶽城陷落後，自認為無法突破織田軍重圍支援小谷城，便決定撤軍回國。

得知朝倉軍後撤，織田信長親自率軍追擊，攻取了朝倉軍在戰場最前線的據點丁野城，而後信長下令不得就此放朝倉軍回國，自己則趁著夜色迫不及待地帶著馬迴眾出擊。接連丟失大嶽、丁野兩地，朝倉軍早已戰意全無，面對織田軍的追擊，許多士兵幾乎沒有做抵抗便逃走了。

與信長不同的是，織田軍諸將沒有及時跟上信長的腳步，帶著軍隊姍姍來遲，導致許多朝倉軍士兵還是逃走了。信長氣得對幾人破口大罵：「我三番五次提醒你們不要大意，你們卻延誤戰機，真是一群庸才。」

　　包括瀧川一益、柴田勝家、丹羽長秀等人頭一回見到信長如此生氣，跪在信長前瑟瑟發抖地請罪，只有信長的首席家老佐久間信盛一人覺得委屈，哭著對信長說：「您說這樣的話會失去我們這些家臣的。」

　　信長絲毫沒有準備給這個首席家老面子，見他敢頂嘴，愈加大聲地斥責道：「你難道覺得自己很有才嗎？不知道你哪來的勇氣能說出如此荒唐可笑、不自量力的話。」佐久間信盛雖然從信長繼承家督開始就一直追隨信長，從未背叛過信長，但是他的能力的確已經不適合出任如今這個強大的織田家的首席家老了。

　　隨著主力部隊的到來，織田信長判斷朝倉義景會往刀根坂撤軍，便派兵緊隨其後。朝倉家的許多家臣為了掩護主公撤退，紛紛率軍迎戰，包括朝倉景氏、朝倉景行等朝倉一族、重臣，以及自丟失美濃國後四處流浪的齋藤龍興在內，紛紛戰死在這場刀根坂戰役中。

　　朝倉軍的潰敗可以稱得上是兵敗如山倒，織田信長進入越前國後休整了三天，命令越前國國人向自己交納人質投降，而後便一路高歌猛進，幾乎沒有遇到什麼抵抗，朝著朝倉家的根據地一乘谷朝倉館出發。

織田家

　朝倉館既然被稱為「館」，就知道這裡其實是一處別墅，適合居住但是根本不適合防守。在朝倉景鏡的建議下，朝倉義景燒毀了朝倉館倉皇出逃。由於走得比較急，朝倉家的女眷們也是光著腳跟著朝倉義景徒步離開。

　織田信長進入一乘谷後，許多朝倉家家臣被織田軍搜出殺死。此時，越前國平泉寺的僧人派出使者表示向信長投降。出逃的朝倉義景也無路可走，最後在同族朝倉景鏡的逼迫下切腹自盡。朝倉景鏡隨後帶著主君的首級前來投降，信長赦免了他的罪過，命人將朝倉義景的首級送到京都示眾。不久後，朝倉義景的母親和嫡子也被織田軍士兵搜出，遭到丹羽長秀的處決。稱霸越前國近百年的朝倉家，在半個月不到的時間裡便煙消雲散了。

　朝倉家滅亡後，織田信長任命朝倉家舊臣前波吉繼為越前國守護代，而後帶著織田軍主力回到了近江國小谷城下。返回小谷城的第二天夜裡，織田軍就對小谷城發起了總攻。小谷城是一座狹長的山城，南邊的本丸由淺井長政防守，北邊的小丸則由淺井長政的父親淺井久政防守，本丸和小丸由中央的京極丸相連線。

　織田軍攻城的主力是木下秀吉，在秀吉的指揮下，木下軍很快就攻陷了京極丸，切斷了小谷城本丸和小丸的聯繫。淺井久政在京極丸淪陷後，在小丸裡用過最後的晚餐便切腹自盡了。本丸的淺井長政卻依舊堅持抵抗到了天明。

天亮以後，織田信長親自來到了京極丸督戰，淺井長政自知難逃一死，便將妻子阿市和三個女兒送到織田軍陣中，隨後在本丸內自盡而死，年僅二十九歲。自大永三年（1523年）淺井亮政崛起以來的淺井家，歷經五十一年三代人後也滅亡了。信長命令家臣將淺井久政、淺井長政的首級也送到京都示眾。

　　因為木下秀吉在這一戰中立下了不小的戰功，織田信長便將淺井家舊領大部賜給了木下秀吉為領地，將居城選在了長浜城。雖然秀吉此前一直駐守橫山城，但是那時候只是城將而已，從淺井家滅亡後，秀吉才正式成為了城主，一躍成為了大名階級。

　　消滅淺井、朝倉兩家後，織田信長馬不停蹄地對北伊勢發起攻擊，北伊勢的許多豪強對織田家素來是面服心不服，一直都是長島一向一揆的幕後支持者。在被織田軍暴揍一頓後，北伊勢的豪強們也紛紛向織田信長送來人質，表達了自己的忠心。

　　另外在畿內這邊，三好義繼的河內若江城被織田軍攻陷，三好義繼不願投降，在殺死女眷與子嗣之後自盡而死，曾經的「天下人」三好家也滅亡了。三好義繼死後，大和國的松永久秀提出投降請求，因為久秀一開始的謀反是因為將軍足利義昭的騷操作所致，所以信長並未追究他太多的責任，宣布赦免久秀，但是卻要求拆除松永家的根據地多聞山城。

　　似乎「元龜」這個年號確實和織田信長不太對付，換成「天正」以後，信長的作戰就順利了許多。

　　天正二年（1574年）元旦，大家前往岐阜城向信長拜年，

織田家

寒暄完之後，信長命令重臣和馬迴眾留下用餐。隨著幾壺酒端上餐桌，織田信長神祕兮兮地對大家表示想給眾家臣展示一下自己新收藏的寶貝。大家早對信長的獵奇感到見怪不怪了，紛紛猜測信長是不是又弄到了什麼寶貝。可是下人把東西端出來後，大家又突然止住了聲音。

盤子裡放的哪裡是什麼寶貝，分明是朝倉義景、淺井久政、淺井長政的首級。由於時間過久、保藏不當的緣故，三人的首級已經有些白骨化了，信長特意命人將白骨化的地方用金漆掩蓋。

這個故事到江戶時代、近現代越傳越離譜，甚至出現宴會上端出來的不是未完全腐爛的首級，而是三個骷髏頭。更有甚者，在骷髏頭的基礎上發展出了信長用頭蓋骨做酒杯喝酒的故事，比如現在網上流傳的骷髏頭酒杯的圖片，其實只是大河劇劇組拍電視劇時做的道具。

從《信長公記》來看，信長只是命人把首級端了上來，壓根就沒碰過這三個首級，更別提用頭蓋骨喝酒了。

剿滅長島一向一揆

天正初年，織田信長最強大的敵人從曾經的三好三人眾、朝倉家、淺井家，變成了以甲斐國為根據地的武田家。在織田信長展示了朝倉義景等人的首級後不久，越前國的一向一揆就在本願寺的煽動下，發動了大規模的動亂，還殺死了織田信長任命的守護代前波吉繼。為了配合一向一揆的作戰，武田家

的新任武田勝賴率領軍隊侵入了美濃國,在可兒郡與織田軍交戰,奪取了織田家方面的明智城。

這場戰爭逐漸變成了一場大規模的戰亂,武田勝賴的主力部隊在美濃國與織田信長對峙,信長的盟友德川家康便趁機對遠江國、駿河國的武田領發起了攻擊。武田勝賴為了對付德川家康,抽調了信濃眾、上野眾前往東海道作戰,結果上杉謙信又在德川家康的邀請下向武田家領地進軍,之後北條家又為了策應盟友武田勝賴出兵與上杉家作戰。總之,東日本的局勢是牽一髮而動全身,本願寺只是想在越前國搞點麻煩,結果造成了如此大規模的戰爭。

等到武田軍奪取明智城後撤以後,被一向一揆牽制的織田信長也率軍撤退,而上杉謙信則避開了武田家轉而與北條家交戰,留在與武田家對抗前線的只剩下德川家康一人。為了報復德川家康的侵略,武田勝賴率軍侵入遠江國,對德川家在東遠江最大的據點高天神城發起攻擊。高天神城在武田信玄西進時曾被武田家攻取,後來在信玄死後德川家的大反攻中又落入德川家的手中。

有的人認為,武田勝賴攻打高天神城是為了證明自己是不輸給父親信玄的家督,但是實際上武田勝賴並沒有參加高天神城的攻擊,他自己一直率軍駐紮在遠處的鹽買坂。鹽買坂是濱松城到高天神城的必經之路,武田勝賴想透過攻擊高天神城誘出德川家康出城交戰,這其實是武田勝賴的圍點打援戰法。

可是，面對武田勝賴的攻擊，織田信長卻姍姍來遲，最終等信長抵達遠江國時，高天神城已經開城投降了。不是信長犯了拖延症，實在是因為畿內的反信長勢力以及一向一揆搞的信長已經抽不出手來了。但是面對家康的請求，信長不得不派出軍隊，只好在岐阜城集結軍隊、徵集兵糧，而後才慢吞吞地朝著遠江國而來。

高天神城丟了以後，織田信長只好率軍退回了德川家在東三河的據點吉田城。德川家康為了感謝信長的來援，也親自從濱松城趕到了吉田城。信長看出了除了德川家康以外，德川家的家臣們似乎都有點不太高興，便命人牽來一匹馱著兩個裝滿黃金的大袋子的馱馬，對家康表示這是自己的一點歉意，贊助德川家一些軍費。

說實話，如果武田勝賴的腳步再慢一些，耐心等待織田信長抵達戰場的話，那麼「長篠之戰」在這年就會發生，而這年織田軍的許多軍隊被牽制在了越前國、伊勢國長島與一向一揆交戰，支援德川家的軍隊並不算多。也就是說，如果這一年織田、德川兩家就與武田家展開對決的話，武田勝賴是有很大的贏面的。

從遠江國撤軍的織田信長並沒有浪費這次的動員，而是將軍隊、糧草都投入了征伐長島一向一揆的戰爭之中。長島的地形、水路十分複雜，因此織田信長特意調遣了由九鬼嘉隆率領的志摩國水軍來到長島作戰。長島一向一揆見織田軍來勢洶

淘，便帶著妻兒老小躲進了筱橋、大鳥居、屋長島、中江、長島五處據點中防守。

織田信長對家臣們說道：「攻陷城池對我來說不過是轉瞬之間的事情，但是我不想就這麼放過他們，我們要以圍攻的方式讓他們在城中餓死，如此才能抒發我多年因一向一揆作惡的怨念。」

在織田軍的鐵炮、大鐵炮的攻擊下，筱橋、大鳥居兩地的城牆、箭櫓均遭到毀滅性的打擊，兩城的一揆眾向信長提出和談請求，但是被信長拒絕了。於是，大鳥居內的一向一揆趁著雨夜想要趁夜突圍，結果被早有準備的織田軍伏擊，包括老弱婦孺在內共千餘人被織田軍殺死。次日，大鳥居被織田軍攻陷，筱橋也開城投降。織田信長並未立即殺死一向一揆，而是將他們全放入一向一揆據守的剩餘三座城池之中。

家臣們的戰術思維已經和織田信長不在一個維度上了，不理解信長為何不殺死一向一揆，反過來還增強剩餘三個城池的兵力。信長自然有他的打算，站在上帝視角的我們當然也能夠理解信長的做法。他並不想直接強攻一向一揆的城池，而是要採用圍攻的手段，那麼被圍攻的一向一揆何時才會投降呢？當然是在兵糧耗盡的那一刻。既然不想強攻城池，那麼守軍有多少對信長來說都沒有區別，而這些增加的守軍卻會大大增加城中的糧草壓力。

歷經三個月的圍城，長島、屋長島、中江三城的兵糧終於耗盡，大量的一向一揆餓死在了城內。最先受不了的長島內的

一向一揆，因為他們接收的百姓是最多的，於是他們便向織田信長提出投降的請求。織田信長答應了，可是當一向一揆乘船準備離開長島時，織田信長卻突然下令讓鐵炮隊對一向一揆們開火，一時間大量的一向一揆中槍落水，其餘的一揆眾也遭到了織田軍的追擊。

縱觀織田信長的一生，他鮮有說話不算數的時候。即便縱覽整個戰國時代，屠殺投降之人的事情也非常之少。信長卻這麼做了，因為他非常痛恨長島一向一揆。並且在織田信長看來，前幾年攻擊長島一向一揆時，一向一揆就有曾假意投降，後來突然攻擊織田軍的先例，因此自己這麼做一方面是以其人之道還治其人之身，另一方面也是為了避免再出現這樣的情況。

可是織田信長依舊低估了一向一揆的戰力，當一向一揆意識到自己已經沒有生路的時候，他們爆發出的驚人的戰鬥力。約有八百名左右的一向一揆脫去鎧甲、光著膀子朝著織田信長的本陣衝來。織田軍沒有料到奄奄一息的一向一揆還敢反擊，被打了個措手不及，織田信長的叔父信次、庶兄信廣、弟弟秀成、堂弟信成、妹夫佐治信方等人均在保護信長本戰的戰鬥中被一向一揆殺死。織田家一門眾的凋零，也是後來織田信長死後織田家走向衰弱的原因之一。

等到織田軍反應過來時，這支強弩之末的一向一揆也被淹沒在了人海之中，隨後長島的一向一揆遭到了織田軍的無差別屠殺。守衛屋長島、中江的一向一揆見到長島的慘狀不知所

措，此時已經陷入了戰也不是、和也不是的境地。兩城的一向一揆還有約兩萬人左右，織田信長命令織田軍在兩城外修築柵欄，防止守軍出逃，而後命人在四處點火，將兩座城內的一向一揆不分男女老幼悉數燒死。長島一向一揆就此覆滅。

信長對百姓一直挺好，這一次卻大為失態。在下達燒死一向一揆的命令之後，織田信長沒有在戰場久留，而是帶著馬廻眾丟下大部隊灰溜溜地逃回了岐阜城。此戰雖如信長所願那般取勝，抒發了自己多年的怨念，但是大量一揆門眾的戰死卻給織田信長造成了巨大的打擊。信長每次打勝仗後都會四處炫耀，高調地宣傳織田軍取得的巨大戰果。但是在殲滅長島一向一揆之後，信長沒有在任何場合或者任何一封書信中提起過這場勝利。

長篠之戰

大概是因為在鎮壓長島一向一揆時殺生太多，織田信長在天正三年（1575 年）的四月時頒布了一道「德政令」。這道德政令的對象主要是公卿貴族們，在戰國時代，許多公卿因為生活貧困，把祖上傳下來的土地賣給了大地主，織田信長的德政令便是命令這些地主（地方土豪）將買來的領地通通無償歸還給公卿。

頒布德政令後，織田信長便率軍出陣，前往河內國、攝津國攻打阿波三好家為首的反信長勢力。信長這次徵召的軍隊號稱

織田家

有十萬人,在河內國、攝津國四處開花,連阿波三好家的重臣三好康長都向信長投降了。收拾完畿內的亂局,織田信長又馬不停蹄地趕回了岐阜城。信長之所以這麼緊張,主要還是因為武田勝賴又來了。

這次戰爭的起因,是德川家的內亂。話說自前一年的高天神城戰役以來,德川家內部對織田信長不滿的聲音越來越多。確實,當初締結清州同盟的目的不正是為了保證德川家的存續,後來在信長上洛、姊川之戰中,德川家也履行盟約派出軍隊作戰,不少三河武士都死在了與自己不相干的戰爭之中(雖然家康出兵一部分是因為足利義昭的命令)。家康在三河國的不少家臣都是德川家還是「安城松平氏」的那個年代就開始侍奉德川家了,這些人後來又相繼跟著松平清康、松平廣忠、今川義元和織田家打過仗,對織田家的好感本來就不高。如今在武田家的多次進攻下,織田信長對德川家的支援卻非常有限,去年信長雖然送了兩袋金子表達歉意,但是和失去的領地相比,金子似乎又沒有那麼重要。

儘管如此,德川家康卻依舊是信長的堅定支持者,寧可不斷地犧牲德川家的領地,也要維持與信長的同盟關係。這是內亂原因的其一。

其二,就和德川家的擴大有關了。德川家原本只是西三河的一個小土豪而已,在家康祖先的時候,他們家的領地比一個村子大不了多少。後來到了家康爺爺松平清康的時代,家康這

一支才在西三河立足，吸納了許多國人為自己的家臣，這些家臣後來都成為了家康在三河時代的肱骨重臣。可是，隨著德川家的領地不斷地擴大，東三河、遠江國等地的國人都被德川家康給收為自己的家臣，家臣團就這麼擴大了，衝突也就這麼埋下了。尤其是家康遷居濱松城以後，身邊的重臣多是新晉提拔的家臣。這些隨家康一同遷居濱松城的老臣與新晉家臣被稱為「濱松派」，而被冷落的那些家臣則被稱為「安城派」。

第三個原因，就是家庭內部的衝突了。德川家康的大老婆築山殿是今川義元的養女出身，從小的養尊處優讓她和德川家康的關係一直都不怎麼樣。比如德川家康的次子秀康出生以後，築山殿行使自己的正室權利，拒絕承認秀康的身分，這導致所有人都知道這小子是家康的兒子，但是又不是家康的兒子。因為只有血緣關係，但是沒有繼承權，德川家的一切都與他無關。後來德川家康越過了次子秀康，將家督傳給了三子秀忠也是這個原因。因為嚴格來說，秀忠才算是正經八百的次子。

幾個衝突聚焦在一起，最終來到了爆發的那一天。德川家的一部分家臣認為家康不願意轉換外交政策，是個昏君。於是這些人就聚在了當時和長子信康一起居住在岡崎城的築山殿身邊，結成了一個謀反的「一揆」團體。武田勝賴在邀請家臣派兵出陣時也提到，這次出兵是為了某個「計策」，指的大概就是這次謀反了。武田軍的前鋒在武田勝賴的命令下侵入三河國，一路朝著岡崎城而去。結果在半路上傳來消息說，岡崎城的政變

已經被德川家康粉碎了。

原來,參加謀反的人中有一個叫山田八藏的傢伙,這傢伙在誓師的時候慷慨激昂的,結果回家以後就慫了,轉手就把築山殿這夥人給賣了。除了身為三個町奉行之一的大岡彌四郎被處斬以外,另一個町奉行松平新右衛門、信康的老師石川春重、春久父子被勒令自盡。最後一個町奉行江戶右衛門七雖然沒有參與謀反,但是因為疏忽大意的關係也被家康逼迫自盡而死。岡崎城的德川家臣團因為這次謀反事件被大換血。

不過因為武田家來襲、大戰在即的緣故,德川家康並未將此事擴大化處理,只是當做是一般家臣的謀反,並未波及到築山殿與信康。可是破鏡終難重圓,家康並不是不處理這對母子倆,只是暫時不方便處理而已。一旦武田家的威脅消失,母子倆的生命也將迎來終點。

岡崎城的政變失敗以後,武田軍的前鋒繼續朝著岡崎城進軍已然沒了意義,只得在三河國固守待援。武田勝賴在召集大軍以後,便侵入了遠江國,再從遠江國進入三河國,與武田軍的前鋒會合。原本勝賴的計畫是奪取岡崎城,切斷西三河與濱松城的聯繫,計劃失敗以後,勝賴的計畫便改成了奪取東三河的吉田城,以此切斷三河國與濱松城的聯繫。總之一句話,非得把德川家的領地攔腰截斷不可。

德川家康對武田勝賴的來襲也早有準備,親自帶著兩千兵馬進入吉田城防守,不管武田勝賴如何挑釁,德川家康就是不

出城迎戰。於是，武田勝賴將目光盯向了吉田城北面的一座小城長篠城上。長篠城是武田信玄生前在三河國著陣的最後一座城池，後來被德川家奪回。在武田軍來襲前夕，德川家康把這座城交給了女婿奧平信昌防守，守軍大約只有五百人左右。

武田勝賴對長篠城的攻擊並不上心，他的作戰計劃依舊是靠攻打長篠城來引出吉田城的德川軍。即便德川家康不動如山，奪取長篠城以後，長篠城依舊可以隨時威脅吉田城。

面對武田勝賴的進攻，德川家康不得不尋求織田信長的幫助，可是這次織田信長的出兵依舊緩慢，似乎還是不太把德川家的戰爭當一回事。其實，身在岐阜城的信長沒有閒著，而是下令從各地的家臣裡抽調一項重要武器——鐵炮。當然，鐵炮的籌集其實並不算難，信長真正在等的，是難以收集到的鐵砲彈丸和火藥。比如，武田家就有為數不少的鐵炮，武田家的軍役要求中，鐵炮占比竟然高達 10%，和織田家相差無幾。但是卻沒什麼用，因為不管是日本的鉛礦，還是銷售進口鉛（彈丸原料）、火藥的港口都控制在織田家的手中，導致武田家不得不把銅錢融了做彈丸，而銅鑄的彈丸非常劣質，難以發揮鐵炮的威力。

這不能怪武田家，所有東日本的戰國大名都是這樣。現如今的考古學者們在西日本挖出的鐵砲彈丸幾乎全是鉛製作的，而東日本挖出的既有鉛，又有銅、鐵等五花八門的金屬彈丸。與同世界往來的西日本相比，當時的東日本就是一個技術、戰

術的窪地。值得一提的是，長篠城附近就有一個德川家的鉛礦場。武田勝賴之所以選擇這個地方做誘餌，恐怕也與鉛礦有一定的原因吧。

隨著長篠城被包圍，德川家康的壓力越來越大，只得派遣使者前往織田信長處，通知信長說要是織田家再不來救自己，自己就投降武田家，然後充當武田家的前鋒攻打織田家的尾張國了。這下織田信長不得不出發了。信長先是和信忠一起前往尾張國的熱田神宮，祈求戰事的順利，而後又與織田軍主力一同進入三河國。

長篠城這邊，雖然武田軍沒有全力攻城，但是城小人少的長篠城依然難以抵擋武田軍的攻擊，即將破城。武田勝賴在長篠城東南邊的鳶巢山上修築了五座城砦，用來圍城。守將奧平信昌無奈，只得派遣手下鳥居強右衛門前往岡崎城求援。鳥居強右衛門趁著夜色偷偷出城，抵達岡崎城後拜見了織田信長。信長見到鳥居強右衛門後十分高興，讓他回城傳達援軍即將到來的消息。鳥居強右衛門走後，織田信長又顯得十分無奈，其實信長壓根就沒有打算直接救援長篠城，但為了牽制武田軍，又不得不這麼說。

在《三河物語》的記載中，鳥居強右衛門回到長篠城後，喬裝打扮成了攻城的武田軍士兵，結果在進入長篠城前，被武田勝賴的叔叔武田信綱（信廉）給發現了，給綁了送到了武田勝賴的本陣中。勝賴知道鳥居強右衛門是去幹什麼的，他也根本不

在乎鳥居強右衛門帶回了什麼情報。他對鳥居強右衛門只有一個要求：想要活命，就必須去城下告訴城內的守軍援軍不會來了，讓他們馬上開城投降。

鳥居強右衛門十分害怕，答應武田勝賴只要能放了自己，自己什麼都肯做。武田勝賴非常滿意，命令手下士兵將鳥居強右衛門綁在木椿上，然後抬到長篠城下。

鳥居強右衛門大聲地對城裡喊道：「城裡的人快出來，我是鳥居強右衛門，我進城時被武田軍抓住了，變成現在這個樣子了。」城牆上的守軍聽到鳥居強右衛門的呼喊，十分詫異，便探出頭來檢視，一看城下果然是鳥居強右衛門。眾人面面相覷，求援的使者被武田軍抓住了，這下恐怕凶多吉少了。

見城牆上人到的差不多了，鳥居強右衛門深吸了一口氣，對著城裡大聲喊道：「信長公讓我們再堅持一下，他已經抵達岡崎城了，信忠殿下也到了八幡，主公和少主正在向野田進軍，三天之內援軍必到！請轉告奧平定能（此處為《三河物語》誤記，實際上奧平定能在家康陣中）、信昌大人！」

「快快殺死此人！」武田勝賴發現自己被鳥居強右衛門給耍了，急得大叫。頓時，幾支長槍一齊捅向了鳥居強右衛門，瞬間斃命。城內的守軍見到鳥居強右衛門寧願犧牲自己也要考慮長篠城，更是悲憤交加士氣大振，個個擼起袖子要和武田軍決一死戰。

雖然鳥居強右衛門打亂了武田勝賴的計畫，但是他卻十分

織田家

冷靜地做出了一個十分不冷靜的判斷——還有機會，還可以贏。在武田勝賴寫給留守後方的家臣的書信中，武田勝賴是這麼說的：「敵方已經方寸大亂，不顧一切地向我攻來，我決定直接向敵軍進攻，這是擊敗信長和家康的好機會。」

在武田勝賴的判斷中，德川軍雖然和武田軍打得有來有回，但是德川軍就是廢物點心。而織田信長呢，本願寺等反信長勢力讓他首尾難顧，即便信長前來支援，也帶不了多少人來。這不是沒有依據的，此前的三方原戰役、高天神城戰役，織田家派來的援軍都十分有限。

可是，這次織田信長帶來的不是之前非常有限的援軍，而是十分強大的主力軍，其中包括了從和越前一向一揆作戰前線調回來的羽柴秀吉、前田利家等人，總共三萬人，不包括早已作為援軍出陣的佐久間信盛的數千人。這三萬人裡，帶著三千餘鐵炮。武田勝賴當然不知道這事，因為織田信長在進軍的時候，故意走的山路，還將軍隊隱藏在了深山裡，營造出一種織田軍兵力不足的表現，這是信長計策的第一步。

信長為何要示弱呢？這就是信長為計策的下一步做的鋪陳。等到進軍的織田軍抵達了設樂原邊的連吾川。連吾川是一條南北走向的小河，織田信長下令在河的西岸布陣，隨後命令手下軍隊在河岸修築柵欄，這是信長計策的第二步。柵欄，是防禦用的工事。也就是說，面對武田軍的攻擊和長筱城的危急狀況，信長並沒有想主動去尋找武田軍作戰，而是選擇了防守。

與野戰相比，防禦戰的傷亡將會小許多，也更容易取勝。織田信長此時還有很多敵人，武田軍的善戰信長早有耳聞，他並不想在野外與武田軍硬碰硬，徒增己方的傷亡。可是修築柵欄的話，就有一個致命的缺點，那就是如果武田軍不主動朝著信長的陣地進攻的話，這個柵欄就一點用都沒有，還會阻撓己方軍隊行動。

這時就到了計策非常關鍵的第三步，那就是在信長的計策下，武田勝賴是否會如信長所願朝著織田軍的陣地進軍。年輕氣盛的武田勝賴給了信長這個機會，武田軍除了在鳶巢山五砦、長篠城下分別留了兩千守軍以外，剩下的萬餘軍隊都在武田勝賴的率領下朝著連吾川而來，不久後就抵達了東岸，與西岸的織田、德川聯軍隔河對峙。

武田勝賴進軍以前，武田家的重臣的確有察覺到異樣，便勸說武田勝賴不要進軍。重臣馬場信春向武田勝賴提出了三個建議：其一，全軍後撤，如果敵軍追擊，就利用信濃國的地利擊敗敵人。其二，強攻長篠城，展示武田軍的威猛，無論勝敗都撤退，敵軍定然會畏懼武田軍的善戰不敢追擊。其三，強攻長篠城，奪下城池後，以長篠城為根據地與敵軍對峙，等到織田軍糧草耗盡必然要回國，到時候再找德川家康算帳。

武田勝賴確實是輕敵了，這次攻打德川家，最早的目的僅僅是想裡應外合奪取岡崎城而已，所以武田軍並沒有出全力。比如，春日虎綱（高坂昌信）麾下的川中島眾就留守在信濃國

沒有出戰，這支軍隊就是與上杉謙信多次在信濃國展開激戰的主力。

在武田勝賴看來，敵軍龜縮在連吾川西岸的柵欄後頭，這是害怕自己的表現。況且即便自己是輕敵進軍，也可以隨時撤退，而敵軍則因為柵欄、連吾川阻擋的緣故，根本沒有辦法及時追擊自己。無論怎麼看，戰局都是對武田軍有利。嚴格來說，武田勝賴的判斷沒有錯，戰局的確對武田軍有利，此時的主動權仍然掌握在勝賴的手裡。織田信長在寫給細川藤孝的書信中也提到，武田軍的陣地易守難攻十分麻煩。

那麼，就來到了信長計策的最後一步，也就是事關成敗的一步。戰前的軍議上，德川家的吉田城城代酒井忠次向信長提議奇襲長筱城下的武田軍守軍，這與信長的想法不謀而合。酒井忠次麾下的軍隊大都是熟知當地地形的東三河眾，這個作戰計劃的確由他們來實行比較可靠。為了增強酒井隊的戰力，織田信長下令將自己馬廻眾裡的五百挺鐵炮全都交給酒井忠次，讓他選擇小路繞過戰場偷襲長筱城。

天正三年（1575年）五月二十一日上午八時左右，「長筱・設樂原戰役」正式開打。當酒井忠次的隊伍出現在鳶巢山時，留守的武田軍一點防備都沒有，被德川軍打了個措手不及。留守鳶巢山的是武田勝賴的叔叔武田信實以及三枝昌貞等人，在他們的組織下，武田軍三度奪回城砦。然而鳶巢山的守軍中有不少是臨時招募來的浪人，浪人打仗只為錢，不玩命，見陣地遭

到奇襲便立刻逃跑，使得諸將的努力化為泡影，武田信實、三枝昌貞等人戰死在了戰場上。鳶巢山的潰敗影響到了長筱城下的武田軍，長筱城內的守軍趁機傾巢而出，與酒井忠次裡應外合，一舉擊敗了城下的武田軍，殺死大將之一春日源五郎（春日虎綱之子）。

此時的武田勝賴還在連吾川和織田信長對峙，根本不知道自己的後路被斷了。在鳶巢山、長筱城遭到奇襲以前的上午六時，武田軍就派出三名武士前往戰場挑釁，隨後德川軍也派出了內藤甚五左衛門、內藤彌次右衛門迎戰，幾名武士隔著連吾川對射了幾箭就回營了。

然而，上午十一時左右，長筱城的陣地遭到奇襲、後路被斷的消息傳到了武田軍的本陣，武田勝賴陷入了被兩面夾擊的危險境地之中。此時武田勝賴只剩下了三個選擇：1、撤退，但是風險很大。之前武田軍隨時都可以進退自如的條件之一就是長筱城的後路保障，如今後路被斷，在兩面夾擊之下，武田軍的撤退很可能就是一場艱苦卓絕的突圍戰。即便成功撤走，那也是慘敗。2、投降。這個更不可能。3、主動出擊，先擊敗面前的織田、德川軍主力，再回頭收拾長筱城的奇襲部隊。

武田勝賴選擇了第三個選項，原因正如前文所述，他誤判了當時戰場的局勢，認為織田、德川軍的主力部隊人數有限，且不敢與武田軍交戰，於是位於連吾川的決戰就這麼打響了。

織田信長將己方部隊中的三千餘鐵炮全部集中在了一起，

織田家

任命佐佐成政、前田利家、塙直政、野野村正成、福富秀勝五人作為指揮，部署在了柵欄前。這裡面還不包含德川軍持有的鐵炮，以及酒井忠次麾下的五百挺鐵炮。

武田勝賴派出重臣山縣昌景向連吾川對岸的織田、德川軍發起了第一波攻勢。山縣昌景麾下的武士大多是駿河、三河出身，熟悉當地地形。山縣昌景的軍隊一邊敲著太鼓一邊進軍，結果才走到半道上，就遭到了織田、德川聯軍的鐵炮攻擊。武田軍的前鋒本來戰意就不高，一陣槍響過後，遭到迎頭痛擊的山縣隊就這麼退卻了。

山縣昌景敗退以後，武田勝賴命令叔叔武田信綱率軍接替山縣隊發起進攻。他們的命運比山縣隊還慘，因為這是武田家的正牌部隊了，戰意很高。所以在一陣槍響之後，武田信綱麾下的軍隊傷亡過半，不得不退卻。

兩波攻擊都慘遭失利，武田勝賴不得不祭出手中的王牌，那就是西上野的「小幡赤備」。上野國的坂東武士自平安時代以來就以善騎射著稱，小幡一黨很早就投靠了武田家，深受武田家器重，因而被勝賴授予了使用「赤備」的許可。此時的小幡信真因為感冒沒來參陣，他的弟弟小幡昌定作為陣代領軍出征。於是，武田勝賴一聲令下，身著赤色鎧甲、揹著赤色旗幟的小幡隊騎著戰馬朝著織田、德川軍的陣地攻來。小幡赤備的威懾力還是有的，先前武田信綱進攻時，德川軍有不少士兵跑出柵欄應戰，見到小幡赤備來了，立刻又躲回了柵欄裡。大概是由

105

於騎在馬上目標太大，一陣槍響過後，小幡赤備幾乎全滅潰退。

武田勝賴已經幾近瘋狂，他將希望寄託在了最後的一支精銳部隊上，由武田信豐指揮的「黑備」，這支軍隊算是武田家的嫡系部隊，戰鬥力、戰意都十分之高。可是，「黑備」依舊沒能逃脫槍下遊魂的命運，一樣被織田、德川軍的鐵炮擊退。

武田軍的最後一波攻勢是由馬場信春發起的，馬場信春下令敲響戰鼓進軍，但是因為前面幾支精銳部隊的潰滅，此時的馬場隊已經毫無士氣。織田、德川軍依葫蘆畫瓢，拒絕出戰，躲在柵欄之後射擊，將其擊退。

從武田軍的布陣來看，武田勝賴的攻勢分別是山縣昌景（左）、武田信綱（中）、小幡黨（中，另說左）、武田信豐（左）、馬場信春（右），武田軍中部、左翼面對的正是戰鬥力比較弱的德川軍和佐久間信盛率領的織田軍。武田勝賴的目的是為了先以精銳部隊擊潰左翼的德川軍，再迂迴配合主力殲滅右翼的織田軍。不過，大概是由於有織田軍的後援，德川軍在此戰中異常驍勇，儘管信長下令諸隊不得出柵欄作戰，德川軍中依舊有數千人衝出柵欄同武田軍交戰。

在《三河物語》的記載中，織田信長遠遠望到德川軍柵欄前有一支軍隊，以為武田軍已經攻到眼前，連忙派遣使者前往德川軍本陣，詢問家康道：「德川軍陣前的金色翅膀揚羽蝶旗幟和淺黃色石餅旗幟的軍隊是敵是我？」過一會兒，德川家康的使者前來傳達家康的回覆：「那不是敵人，是我的譜代家臣。金色翅

膀旗幟的是大久保七郎左衛門尉，是石餅的哥哥；石餅是大久保治右衛門尉，揚羽蝶翅膀的弟弟。」

大久保七郎左衛門尉就是大久保忠世，大久保治右衛門尉是大久保忠佐，兩人都是《三河物語》的作者大久保忠教的哥哥。

武田軍在連吾川畔的傷亡雖然只有兩千餘，並且除了土屋昌續一人戰死在柵欄外以外，其餘諸將其實並沒有倒在衝鋒路上，但是依舊給剩餘軍隊造成了很大的心理震撼。內藤昌秀麾下的一部分軍隊在鐵炮的攻擊下僥倖攻入了柵欄裡，但是強弩之末的武田軍根本沒有能力擴大戰果。五波攻勢全部失利以後，武田勝賴已經失去了信心。武田軍的諸隊擔心本陣動搖，紛紛向本陣靠攏。武田勝賴在側近土屋昌恆、初鹿野傳右衛門尉的保護下丟下了武田軍的大部隊撤退，不久後武田信豐也帶著自己的衛隊前來護衛。此時，穴山信君脫離了自己的部隊，來到武田勝賴的本陣中，質問勝賴是否是想將信玄時代以來的老臣全部殺死。勝賴無言，只顧自己逃竄。

眼見武田軍後撤，織田、德川軍在信長的命令下全軍出擊。為了掩護武田勝賴的撤退，武田家的家臣們進行了慘絕人寰的、無異於自殺的殿後作戰。諸如山縣昌景、馬場信春、內藤昌秀還有我們熟悉的真田信綱、昌輝兄弟，都是死在這場追擊戰中，而不是倒在進攻的路上。除了將領以外，武田軍士兵的傷亡也達到了萬餘，幾近全軍覆沒。

長篠之戰中，武田家大量城代級別的上級家臣的戰死，給

了武田家巨大打擊。武田家在各地任命的城代，相當於織田家的軍團長，他們的戰死導致武田家領內瞬間出現了大規模的權力真空。雖然武田信玄死前就培養了許多年輕家臣作為後繼者，但是武田家仍然出現了城代不足的情況。例如武田信玄的近臣武藤喜兵衛（真田昌幸），他本是武田信玄培養的下一代家老，結果因為大量城代以及自己的兩個哥哥都戰死在戰場上，被武田勝賴命令回歸真田家繼承家督，並且真田家的地位也隨著真田昌幸的地位水漲船高，從「城將」晉升為「城代」。

打贏了武田勝賴以後，織田信長十分高興，在給細川藤孝的書信裡信長興奮地表示：「敵軍瞬間崩潰，數萬人被殺，川中漂浮著許多屍體，說不定武田勝賴的屍體也在其中。」

安土城築城

長篠之戰取勝以後，織田信長一時間風頭無兩，反信長勢力基本上都被他給揍得七零八落了。此時，天皇向織田家派來使者，表示想給信長加官進爵，問信長想要什麼官職。織田信長像往日拒絕幕府任命一樣，拒絕了任命，但是卻請求朝廷給自己的家臣升官、賜姓。例如明智光秀在這期間受賜「唯任」氏，敘任日向守，築田廣正受賜「別喜」氏，敘任右近大夫，丹羽長秀受賜「唯住」氏，羽柴秀吉敘任築前守、塙直政敘任備中守、村井貞勝敘任長門守等等。

實際上，織田信長此次拒絕封賞，其實是在演戲。信長故

織田家

意謙讓一下，表示很慚愧，自己只為日本的和平做了一點點微小的貢獻，還不足以被封官。朝廷自然對織田信長的意思心領神會，表示那麼多家臣都加官進爵了，你這個織田家家督不當官豈不是上下顛倒、君臣不分了？於是，在朝廷的「強硬」命令下，織田信長敘任從三位大納言，兼任右近衛大將，獲得開設「陣儀」許可。除了沒有成為「征夷大將軍」外，織田信長的位階、官職都已經高過出任將軍時的各個足利了。

這次「陣宣下」的意義非常不一般。我們現在一般把日本的鎌倉幕府、室町幕府、江戶幕府一同並稱為「幕府時代」。但是實際上這只是後世史學界為了方便才冠名的，在鎌倉、室町時期，武士們幾乎不使用「幕府」來稱呼武家的政權，甚至也不稱呼政權首腦為「幕府將軍」。鎌倉時代稱呼幕府將軍為「鎌倉殿」，室町時代則是「室町殿」，有時也稱呼為「上樣」。室町時代的鎌倉府首腦也被稱為「鎌倉殿」，被視作是鎌倉時代「鎌倉殿」的繼任者。

也就是說，幕府將軍這個概念，其實是後世強加的。無論是源賴朝也好，足利尊氏也好，他們建立的政權，其實遠遠早於他們出任「征夷大將軍」的時間。在建立政權以後，鎌倉殿和室町殿（當然足利尊氏還不叫室町殿，這裡為了方便理解都稱呼室町時代的將軍為室町殿）才開始為自己的政權尋找合法性。

比如源賴朝想當官時，朝廷給了四個官職供其選擇，分別是征夷大將軍、征東大將軍、上將軍、總官。征東大將軍、總

官分別是被源賴朝幹掉的木曾義仲、平宗盛出任的官職，源賴朝認為這倆人都死於非命，不吉利，所以沒要。上將軍是中國的稱呼，日本沒有先例，當時日本人教育程度低，源賴朝擔心日本人不知道上將軍是什麼東西，所以也沒要。因此，征夷大將軍其實是源賴朝做排除法做出來的，武家政權的首腦出任的官職是什麼，其實並沒有那麼重要。

　　足利尊氏之所以也出任征夷大將軍，是因為他建立的室町幕府，名義上是鎌倉幕府的延續，自然得按照前例出任將軍，不然就沒有正當名分了。反過來，羽柴秀吉後來如果出任的不是關白而是征夷大將軍的話，說不定德川家康就出任關白了。因為德川政權並不是室町幕府的繼承者。

　　織田信長出任的官職「右近衛大將」，是相當於「征夷大將軍」的官職，因為足利義昭的官職沒有被撤，所以才折中選了這個旗鼓相當的官職。而「陣宣下」，其實就是許可織田信長建立武家政權。也就是說，織田信長此時已經獲得許可建立與室町幕府不在一個體制內的、實質上的新「幕府」了。不過，織田信長的政權對地方的控制力遠不如羽柴政權和德川政權，嚴格來說這畢竟只是一個戰時的臨時政府而已。所以說織田信長奉行秦制的也可以右上角叉叉或者右滑出去了。至於擁戴足利義尋出任將軍什麼的，早就被信長拋到九霄雲外了。最可怕的事其實並不是幕府裡沒有足利將軍，而是有人發現即便沒有足利將軍，也可以建立幕府。

織田家

　　俗話說新官上任三把火，織田將軍的第一把火，就是剿滅越前一向一揆。開戰以後，一向一揆驚訝地發現織田軍裡也有不少和尚，其中甚至還有一向宗「高田派」、「三門徒派」組織的一向一揆，剩餘的就是和一向宗「本願寺派」不和的法華宗等等。

　　由於羽柴秀吉、明智光秀率領的別動隊的迂迴作戰取得成效，越前一向一揆面對織田軍主力幾乎是一戰即潰。在朝倉家滅亡時投降信長的朝倉景健，在一向一揆起兵時背叛了信長，此時又因為畏懼織田軍，誘殺了一向一揆的大將下間築後、下間和泉、專修寺三人，用其人頭向信長納投名狀，更是加速了一向一揆的滅亡。信長當然不會原諒二次背叛自己的人，直接下令將朝倉景健處死。

　　大概由於信長憎恨本願寺派一向一揆的緣故，許多一向一揆戰敗後雖然逃入深山，也被信長下令搜出處死。僅在八月十五日至十九日這幾天時間裡，信長直接下令的被俘後遭處死的一向一揆就有一萬兩千二百五十餘，加上其餘織田軍的俘虜，共有三、四萬人遇害或成為奴隸。僅十天左右，越前一向一揆就被織田信長平定，羽柴秀吉等人殺得興起，還追到了隔壁的加賀國，這才帶著大量俘虜回來。

　　織田信長隨後任命柴田勝家為越前國主，將越前國的大部分賜給了他作為領地。但是織田信長又給柴田勝家派遣了許多與力家臣（信長直臣，和柴田勝家只有上下級關係，沒有主從關

係），尤其是被稱為「府中三人眾」的不破光治、前田利家和佐佐成政。信長在命令中提到：「越前委任於柴田，命你三人出任柴田的目付，下賜二郡。爾等的善惡也由柴田彙報，務必互相監督（劃重點），如有怠慢嚴懲不貸。」說白了，這三個人其實是去監視柴田勝家的。

信長的第二把火，是東美濃的岩村城。岩村城在三方原戰役前後被武田家奪取，原本由下條信氏駐守，在武田信玄死後守將更換為秋山虎繁。為了更好地控制岩村城，秋山虎繁迎娶了原岩村城城主遠山景任的遺孀為妻，也就是織田信長的姑姑岩村殿，此舉惹得織田信長大怒，自然上了信長的黑名單。

出兵以前，織田信長將家督之位讓給了剛剛出任秋田城介的兒子織田信忠，隨後信長並未親自出陣，而是讓信忠自己率領一支軍隊去奪城。武田勝賴雖然向岩村城派出了援軍，但是卻被織田信忠挫敗，秋山虎繁見援軍無望，便只得開城投降。而後，秋山虎繁與岩村殿都被信長下令在長良川以最殘忍的「逆磔刑」處死。

織田信長的第三把火，不是對外，而是對內。自從讓出家督之位以後，織田信長就搬出了岐阜城，僅帶著自己最喜歡的茶碗搬到了佐久間信盛的家中居住。可是長期借住在別人家畢竟不方便，於是信長便決定給自己造一座城，用來「隱居」。

信長選定的造城地址，是近江國的安土山，擔當築城奉行的是家臣丹羽長秀。僅僅一個月後，安土城的雛形就已經蓋完，

信長立即搬到了城中居住。說是城，其實就是個工地，明眼人都能看出，信長的包工頭癮又犯了。

兩個月後，安土城開始修築本丸和石垣，信長下令從六角家原本的根據地觀音寺山等地運來巨石築城。由於巨石過於沉重，搬運不便，徵召來的工人們搬了三天三夜方才搬完。織田信長為了鼓舞士氣，下令讓手下敲著太鼓吹著笛子，自己則光著膀子揮著作戰時用來指揮軍隊的採配，親自指揮著工人們搬運石頭。

安土城雖然是一座山城，但是織田信長卻完全沒有把安土城當做戰國時代的城池來修。稍微了解城池的朋友都知道，當時的山城就宛如南方的梯田一樣，最高的是本丸，其下一層接一層分別是二之丸、三之丸等等。為了便於防守，從城外進入本丸的路線，通常都設計得十分複雜。但是織田信長的安土城卻不是這麼設計的，如果看過安土城的復原圖就會發現，信長從山下直接修築了一道長長的階梯，透過這個階梯所有人都可以直接進入本丸。

這也是為什麼後來沒人守得住安土城的原因，因為這城池的防禦力幾乎為零。信長壓根就沒考慮過安土城有一天會遭到攻擊。而有了安土城的前車之鑑，秀吉後來修築大坂城時就特別用心。不僅如此，織田信長還下令在京都修築自己的住所。信長選中的位置是已經荒廢的二條家的舊宅「小池御所」，這座住宅建成以後，被稱為「二條御新造」，也就是織田信長時代的

「二條御所」。據說二條御新造裡的許多建材都是從松永久秀的多聞山城拆下來的。

三把火燒完,便意味著織田信長作為天下人的「安土時代」正式到來了。

木津川海戰

本願寺自從舉兵反對織田信長以後,雙方其實一直是打打停停,直到天正年間才開始長期對峙。織田家平定越前一向一揆時,因為一向一揆裡的許多指揮官都是本願寺空降過去的,所以本願寺顯如擔心事後遭到信長的報復,便委託松井友閒和三好康長為仲介向信長表忠心,同時獻上了三個著名的茶碗,這才被赦免。然而,天正四年(1576年)二月,隨著幕府將軍足利義昭前往毛利家麾下的備後國「鞆」地區居住,在足利義昭的策劃下,組建起了「信長包圍網」。

嚴格來說,這一次才是真正的「信長包圍網」,早先淺井、朝倉、三好等家族組建的應該叫做「義昭・信長包圍網」,只是那時候的足利義昭是被包圍的對象,而這一次卻是組織者。

毛利家本來是信長的盟友,但是隨著毛利家平定備中國以後,毛利家開啟了上洛的通道,與織田家便有了利益衝突。在足利義昭的撮合下,便加入了反信長的一方。而後,本願寺也在足利義昭、毛利家的邀請下舉兵作亂,在大坂的樓岸、木津修築城砦。

織田家

　織田信長決心拔除本願寺這個釘子，下令命荒木村重、明智光秀、細川藤孝、原田直政（塙直政）四人領軍攻打本願寺。明智光秀、細川藤孝在本願寺的東北、東南修築城砦，而荒木村重封鎖了本願寺北面的野田一帶，本願寺南面的天王寺則由原田直政駐守。此時，本願寺與外界的唯一聯繫便只剩下了入海口木津口，而守衛木津口的便是先前修築的木津砦。

　織田信長攻打本願寺的計畫和攻打長島一向一揆時相同，想以圍困的方式逼迫本願寺投降。為了徹底封鎖本願寺，信長下令讓明智光秀、佐久間信榮率軍接替原田直政進駐天王寺，原田直政則與三好康長等人率領自己的部下朝著木津砦進攻。

　本願寺新築的木津砦與樓岸砦互成犄角之勢，易守難攻。為了切斷兩砦聯繫，織田軍決定先攻打兩砦的中繼點三津寺砦。攻打三津寺砦的前鋒是三好康長與紀伊國根來眾、和泉國堺眾，第二陣則是原田直政率領的山城、大和國眾。然而，就在織田軍對三津寺砦發起攻擊以後，一向一揆發覺了織田軍的計畫，樓岸砦、木津砦的守軍傾巢而出，對織田軍發起了突然襲擊。

　當時在本願寺內的一向一揆裡，有許多紀伊國雜賀出身的國眾，這些國眾手中有著數千挺鐵炮。在一向一揆的攻擊之下，織田軍先陣享受到了長篠之戰時武田軍的待遇，被射殺無數，大將原田直政身中鐵炮而亡，一族、家臣也傷亡慘重。

　攻打木津砦的織田軍潰敗以後，一向一揆乘勝追擊，向駐

守天王寺的明智光秀、佐久間信榮部進軍。由於事先沒有想到原田直政會慘敗，天王寺內其實沒有多少守軍，明智光秀只好向信長緊急求援。

收到原田直政戰死、天王寺砦告急的消息後，織田信長連忙從京都出陣，進入了河內國的若江城。這次信長的出陣十分匆忙，信長連鎧甲都沒來得及穿，隻身著單衣，身邊的馬廻眾也不過百餘人而已。此時明智光秀又向若江城派出使者，表示一向一揆人多勢眾，自己這次猜想得交代在這了。

雖然羽柴秀吉、丹羽長秀、瀧川一益等織田家臣帶著各自的近侍部隊前來參陣，但是主力部隊仍然在集結中，信長手中的兵力並不算多。如果信長繼續等待軍隊集結，明智光秀很有可能會兵敗身死。織田信長不願意拋棄明智光秀和天王寺的守軍，僅帶著家臣和家臣們的近衛部隊朝著天王寺出發。一向一揆得知織田信長的動向以後，也派出大軍前來迎戰。

一向一揆的人數有一萬五千人，而織田信長只有三千人。信長將軍隊分成三陣，第一陣由佐久間信盛、松永久秀、細川藤孝以及帶來的若江城守軍組成；第二陣由瀧川一益、蜂屋賴隆、羽柴秀吉、丹羽長秀、稻葉一鐵、氏家直通、安藤守就組成，這是信長手上的主力；第三陣則是由信長親自率領的馬廻眾。

這一戰，織田信長混在足輕部隊之中，揮舞著太刀指揮著足輕部隊朝著一向一揆發起衝鋒。不僅如此，信長還在前線戰場來回奔波督戰。在雜賀眾的鐵炮攻擊下，織田信長的腳被鐵

炮射傷，這才被馬廻眾們抬回了後方。

織田軍諸將見信長負傷，更是越戰越勇。此戰中的許多武將本就是織田家獨當一面的大將，再加上參戰的織田軍主力有許多是這些武將的側近和馬廻眾，乃是精銳中的精銳。而一向一揆只是臨時集結起的烏合之眾，哪裡是織田軍的對手。在織田軍的奮戰之下，五倍於織田軍的一向一揆竟然被擊退，織田信長順利地率領部隊進入天王寺之中，與明智光秀成功會合。

這時候一向一揆發現信長軍人數不過如此，便重整陣型，對天王寺發起攻擊。織田信長見狀，非但沒有感到慌亂，反而下令全軍出擊。家臣們被信長的命令嚇到，有人提議說敵眾我寡，反正現在守城兵力也夠，不如固守待援，援軍很快就會到來。信長卻駁斥道：「兩軍在這麼狹窄的地形近戰，這是天賜良機。」堅持決定出城迎戰。

信長將部隊分成兩陣，朝著一向一揆攻去。身為進攻方的一向一揆沒想到信長竟敢主動進攻，再加上在狹窄地形軍隊無法展開，人數優勢難以體現，竟再一次被信長軍擊敗。一向一揆朝著本願寺潰退，織田軍則是一路追擊，一直追到了本願寺的大門口，這才凱旋而歸。

天王寺戰役取勝後，織田信長下令將畿內七國軍勢編入佐久間信盛麾下，命信盛以天王寺為本陣，將本願寺包圍。而後信長又下令讓和泉國的海賊真鍋七五三兵衛率軍從木津口的海面上封鎖本願寺的海路。布置完一切，信長這才返回京都，之

後又回到了安土城。

本願寺這邊，雖然本願寺所在的地形易守難攻，但是本願寺的座主顯如原本並沒有打算和織田軍長久交戰，所以儲備的兵糧並不算多。戰前為了增加一向一揆的戰力，顯如又邀請了雜賀眾前來增援。因此，當信長完成對本願寺的包圍網以後，本願寺內的糧食便捉襟見肘，等到天王寺戰役的兩個月後，糧倉便已經空了。信長非常得意地對圍城的家臣們表示：「今年年內本願寺必然會開城投降，大家無需進攻，只要安心防禦，小心不要被鐵炮擊中即可。」

可是，就在這關鍵節點，一支打著一文字三星旗幟的船隊卻出現在了大坂灣的海面上，這是毛利家派來的援軍。毛利水軍由毛利家直轄的川內水軍眾、附屬的三島村上水軍眾、小早川水軍眾、宇喜多水軍眾（兒島水軍眾）、雜賀眾水軍眾等勢力組成，以熟悉水戰的能島元吉、來島通總和毛利家重臣乃美宗勝為大將，共有大小船隻七百餘艘。

負責封鎖木津口的真鍋七五三兵衛立即率領織田水軍與毛利水軍交戰，然而毛利軍的船隻數量、品質都優於織田水軍，毛利軍派出了大型戰船將織田軍的船隻分割開來，之後再以名為「炮烙玉」的火器攻擊，將船隻燒毀。包括真鍋七五三兵衛在內的許多織田水軍將領都戰死在了木津口。

陸地上的織田軍雖然實力強勁，奈何都是旱鴨子，只能眼睜睜地看著毛利軍將大量的兵糧運入本願寺之中，之後再當著

織田軍諸將的面從木津口揚長而去。正是由於有了毛利家的支援，織田信長年內讓本願寺投降的計畫失敗，織田軍只好繼續包圍著本願寺，開始了長達四年的石山戰爭。

手取川戰役

本願寺戰爭陷入僵局之後，織田信長決心打擊給本願寺提供巨大幫助的雜賀眾，便派出軍隊攻打雜賀眾。此時織田軍的人數約有十餘萬，兵分兩路進軍，而與織田家敵對的雜賀眾的人數並不多。

以鈴木孫一為首的雜賀眾明顯是經常看新聞報紙的，在鈴木孫一的指揮下，雜賀眾模仿長篠之戰時的織田軍在小雜賀川畔修築了柵欄，並部署了大量的鐵炮。織田軍在渡過小雜賀川時遭到了雜賀眾的迎頭痛擊，損失慘重。不過，由織田信忠率領的另一路軍隊卻順利擊敗了雜賀眾，最終雜賀眾只得向信長投降，承諾不再支援本願寺，信長便赦免了他們。

在此期間，前關白近衛前久的兒子明丸舉行了元服禮（成人禮），織田信長在歸陣京都後親自主持這次典禮，為明丸加冠，並下賜「信」字，取名為近衛信基。此前近衛家僅從足利家拜領過名字，信長的這個做法，說明他已經獲得了和曾經的足利家同等的地位了。

然而當下的局勢依舊不容小覷，在近衛信基元服禮的次月，信長便下令讓柴田勝家率領北陸織田軍進軍加賀國。為了增援

柴田軍，信長還加派了瀧川一益、羽柴秀吉、丹羽長秀、齋藤利治等將率軍前去，總兵力達到四萬八千人。

之所以進軍加賀國，是為了對抗在前一年入侵能登國的上杉謙信。上杉謙信是越後長尾家出身的武將，從小在寺院裡出家。父親長尾為景去世後，由於哥哥長尾晴景體弱多病，十五歲的上杉謙信為了保護哥哥，穿著鎧甲參加了父親的葬禮。後來上杉謙信先後繼承了越後長尾家、山內上杉家，因為他的法號為「謙信」，所以才稱其為上杉謙信。

在織田信長奪取美濃國以前，齋藤龍興曾與武田信玄結盟，所以上杉謙信便和織田信長搭上了線，謙信甚至表示自己沒有兒子，提出讓信長的兒子入嗣上杉家成為自己的繼承人。不過，信長卻沒有對上杉謙信的邀請做出回應。後來由於織田信長崛起，武田信玄便拋棄了齋藤龍興，轉而與織田信長交好，信長便同上杉家斷了聯繫。

三方原戰役以前，信長為了調停當時仍然是盟友的武田信玄與上杉謙信的戰爭，與將軍足利義昭一同介入此事。只是信長還在為武田家的和平盡心盡力時，武田信玄卻突然背盟來襲，信長氣得直接和謙信說即便是世界末日也不會原諒武田家。因為有共同的敵人武田信玄和一向一揆，織田家與上杉家又搭上了線。

隨著織田信長平定越前一向一揆，織田家與上杉家便圍繞著北陸展開了爭霸。本願寺為了對付信長，主動與上杉謙信和

談，而武田勝賴也在足利義昭的介入下同上杉家議和，這讓上杉謙信騰出手對付織田信長，開始了在北陸的擴張。

在平定越中國後，上杉謙信便進軍能登國，包圍了七尾城。七尾城是能登國守護畠山家的根據地，能登畠山家在戰國時代前中期還算具備一定實力，然而堅挺了幾十年，到這個時候也已經快不行了。天正二年（1574年）時，家督畠山義慶被家臣長續連毒殺，長續連擁立了畠山義慶年幼的兒子春王丸繼位，把控了大權。長續連是親織田家的一方，所以能登畠山家內反對長續連的人們便投靠了上杉謙信。當七尾城被上杉謙信包圍以後，城內爆發了大規模的瘟疫，包括家督春王丸在內的許多守軍都不幸染病身亡，擔心守軍被清零的反對派便趁機發動兵變，殺死長氏一族開城投降了上杉家。

此時的織田軍正停留在加賀國，猶豫著要不要救援七尾城。由於羽柴秀吉與柴田勝家不和，秀吉擅自率領軍隊離開加賀國返回了領地，此舉惹得信長大怒。秀吉不願意進軍是有道理的，織田家在北陸的根基太淺，情報收集能力較弱，停留在加賀國的織田軍根本不知道周邊到底發生了什麼情況。為了探清情報，柴田勝家命令斥候外出探察，結果當斥候返回時，帶回了一個重磅消息：七尾城已經陷落，上杉謙信正率軍朝著加賀國而來。

雖然柴田勝家早有心理準備，但是依然驚訝無比，下令全軍後撤。在織田軍撤退之時，上杉謙信在手取川（湊川）追上了正在渡河的織田軍殿後部隊，取得大勝。不過，在織田家相關

的史料裡，根本沒有記載過這次戰役。在《信長公記》裡也只是提到織田軍在加賀國燒殺一番就返回領地了，壓根就沒上杉謙信什麼事。

其實織田家進軍加賀國時的前鋒部隊，前文多次提到過，大都是由領地在邊境的國人派出的，這些人本來就是牆頭草兩邊倒，很多人都是在織田軍進軍途中半路投誠的，就算死再多也不心疼。所以手取川戰役時，織田軍的主力並沒有受損，損失的大部分都是當地的國眾。不過畢竟上杉謙信也算是個強大的敵人，所以柴田勝家不敢大意輕敵，在手取川戰役後，於加賀國南部加固了幾座城池的防禦，作為防禦敵人的橋頭堡。

然而上杉謙信在手取川戰役以後根本就沒有再向西邁進一步，而是專心消化新占領的越中國、能登國等地。在凱旋越後國的途中，上杉謙信以通敵的罪名處死了老臣兼猛將柿崎景家。從這可以看出，上杉家的內部其實並不穩定。

出陣播磨國

天正五年（1577 年）十月，織田信忠來到了京都，被賜予從三位左近衛中將的官位，其官位超過了繼承北畠家的弟弟信雄。不久後，織田信長也上洛進京，出任從二位右大臣。父子倆升官發財的同時，重臣羽柴秀吉也被信長派往了播磨國。

此時西國的毛利家與織田家進入了戰爭狀態，但是兩家的領地嚴格來說還算不上接壤。在山陰方面隔著因幡國、但馬

國，山陽方面則隔著備前國、播磨國作為緩衝。羽柴秀吉進入的播磨國，屬於備前浦上家的地盤。

備前浦上家本來是播磨、備前、美作三國守護赤松家的家臣，進入戰國時代後凌駕於主家之上。進入天正年後，浦上家家督浦上宗景早早就與織田信長交好，成為織田家承認的播磨、備前、美作國主。然而，浦上家的家臣宇喜多直家卻藉著毛利家的力量，將浦上宗景從備前國驅逐。流浪的浦上宗景前往播磨國依附當地國人小寺政職，因此信長才派遣羽柴秀吉前往支援浦上宗景等人。

秀吉進入播磨國後，小寺家派出家臣小寺孝高前來迎接，二人也因為這個機緣相識。小寺孝高的姓氏是小寺政職下賜的，他原本的姓氏乃是黑田，還有個比較著名的稱謂「官兵衛」。在播磨國眾的支持下，羽柴秀吉先拿比較弱的但馬山名家下手，一舉奪取了山名家的竹田城、鹽津城等地，並任命弟弟木下秀長進城防守。

但馬山名家的祖先正是「應仁之亂」時的西軍大將山名宗全，然而山名家自應仁之亂以後便四分五裂，此時早已是日薄西山，根本就不是秀吉率領的織田軍的對手。

隨後，秀吉又與官兵衛合計，決定掃除播磨國內的反對勢力。在竹中半兵衛、黑田官兵衛的攻勢下，播磨國福原城很快就被織田軍攻取，隨後眾人一路進軍抵達播磨國、美作國邊境上的上月城。上月城一旦失陷，美作國、備前國就將受到織田

家的威脅，因而宇喜多直家點齊兵馬朝著播磨國殺來，誓死保衛上月城。然而，宇喜多直家的援軍在進軍途中遭到羽柴秀吉的攻擊，被織田軍打得大敗，戰死六百餘人，連直家也在戰敗後倉皇逃走。

上月城見援軍無望，這才想起投降，可是秀吉卻拒絕了這個提議，還下令切斷上月城水源，並在城外修築鹿角，防止城中有人逃亡。幾日後，搖搖欲墜的上月城在織田軍的強攻下陷落，城中守軍悉數被秀吉就地處決，孩子、婦女則被秀吉帶到了播磨、備前、美作三國的邊境上。

儘管後世的藝術作品裡，將殘暴、刻薄、暴君等詞彙強加在織田信長頭上，而秀吉、家康往往都是仁厚、寬容、樸實的代言人，頂多也就加個狡猾形容。但是正如前文所述，信長反而才是最仁厚、樸實的那個人，家康是那個最狡猾的人，而殘暴、刻薄才是最符合秀吉這個「樸實」百姓出身的天下人的形容詞。

隨著秀吉的一聲令下，在上月城被俘的女子被公開處以磔刑，也就是綁在柱子上用長槍刺死。通常這樣行刑人不會立即死去，而是會痛苦掙扎，直到失血過多而死。小孩就更慘了，被秀吉處以「串刺」之刑，也就是用細細的尖銳的竹子從肛門插入，再從嘴巴刺出的殘忍刑罰。

無論是從屬織田家的播磨國人，還是敵對的備前、美作國人，都被秀吉在邊境上的處刑給震驚到了。大家的思緒不一，

織田家

再三思考著自己的站隊到底是不是正確的。而以刺殺手段聞名的「陰謀家」宇喜多直家，也被秀吉的操作給嚇得產生了恐懼心理。從這時開始，直家便下定決心，一定不可以與織田家敵對。

可是，既然有宇喜多直家這樣想法的人，那必然就會有同直家想法相反的人存在。在播磨國內有著最大勢力的別所家就是如此。別所家與浦上家一樣都是守護赤松家的家臣，號稱「播磨東八郡守護」，在當地有著不小的實力。當時別所家的家督乃是二十四歲的別所長治，但是因為家督年輕，家內的實權實際上掌握在長治的兩個叔叔別所吉親、別所重棟手中。

有人的地方就有江湖，有江湖就有爭端，別所家也是如此。別所重棟比較親近織田家，與秀吉有所往來，別所吉親則主張與毛利家、本願寺結盟，抵抗織田家對播磨國的侵略。上月城戰役以後，別所吉親整日在大姪子長治耳邊叨叨秀吉多殘忍多殘忍，簡直不是人。再加上播磨國人們本來就互相通婚，被秀吉捅死的人裡有不少說不定都是別所家的親戚，因而別所長治思慮再三，決定加入毛利家舉兵。

別所家的根據地三木城地勢險要，別所長治召集了四千餘軍隊防守，可以算是兵精糧足。再加上三木城周遭還有淡河城、神吉城、志方城等支城拱衛，形成了一道強大的防禦網路。別所長治舉兵以後，包括小寺政職在內的許多國人也都反了，羽柴秀吉的軍隊陷入被敵人包圍的危險境地之中。

天正六年（1578年）元旦，朝廷舉辦了久違的元旦節會。

本來元旦祭典的錢是由室町幕府來出的,但是自從進入戰國時代以後,幕府也沒有閒錢,因此元旦祭典就時斷時續,到了這年,朝廷已經有二十年左右沒有舉行過元旦祭典了。好在信長當政以後,不斷下令讓各地的土豪們把侵占的王家、公卿的莊園歸還,這才讓朝廷有了自己的私房錢,再加上織田家的贊助,這年的祭典辦得十分盛重。包括吉田兼見在內的公卿們,無不為此感到興奮,紛紛由心底感激信長。

幾天之後,安土城的城下町發生火災,經過調查以後,原來是信長家臣福田與一的家裡起火引起。信長將福田與一叫到安土城大罵了一頓,福田與一卻解釋說自己是單身搬到安土城居住的,老婆孩子都住在鄉下的領地上,所以才導致外出時家中起火沒人發現。

趁著這個機會,織田信長下令家臣們必須把妻兒從領地內接到安土城下居住,隨後還下令讓信忠帶人把馬迴眾在尾張國的屋子燒毀。

從這時開始,織田信長才完成了讓織田家施行「城下集住」的政策,這正是與「兵農分離」相輔相成的姊妹政策,也就是說在這年以前織田家壓根就沒施行過「兵農分離」政策。由於「城下集住」相當於把老婆孩子送到主公眼皮子底下做人質,雖然自己沒有反叛之心,但是多少也會讓人覺得不舒服,所以每次戰國大名推行「城下集住」政策時,往往都伴隨著叛亂進行的。比如武田信虎推行「城下集住」時,國人大井氏、今井氏久因為

拒絕搬到甲府而舉兵作亂。因此,信長假借因火災生氣之名下令,沒有人敢惹氣頭上的信長,說個不字。

在這之後,別所家叛變的消息就傳到了織田信長的耳朵裡。此外,信長還收到消息說,吉川元春率軍一萬五千人、小早川隆景率軍兩萬、宇喜多直家率軍一萬四千,正在朝著上月城進軍。當然除了壞消息外也有好消息,比如北陸方面就傳來消息說,去年在手取川揍了織田軍殿後部隊的上杉謙信突然在春日山城暴斃而死。

上杉謙信一輩子不接近女色,但是這卻戒不掉喝酒的習慣,年近五十了依然天天買醉,再加上長年的軍旅生涯讓謙信的身體十分疲憊,根本承受不了酗酒的壓力,所以這年便在家裡突發腦中風去世了。上杉謙信去世以後,由於沒有孩子繼承家業,導致兩個養子上杉景勝、景虎發生內訌,為了奪位大打出手。上杉家的家臣們也因為各自的衝突分別加入了兩人的派系對決,上杉家走向了分裂,從此開始衰弱。

沒了上杉家的威脅,織田信長便下令親自率軍出陣播磨國,救援被毛利家攻擊的上月城。上月城的守軍是不久前來投靠織田家的「尼子復興軍」,由尼子一族的尼子勝久及尼子家重臣山中鹿介幸盛率領。在信長的命令下,明智光秀、丹羽長秀、瀧川一益等人作為前鋒進入了播磨國,隨後織田信忠、信雄、信孝三兄弟以及佐久間信盛、細川藤孝也率軍抵達。然而,在信長準備親自出陣的前幾日,近江國突然下起了暴雨,各地都爆

發了不同程度的山洪與山體下滑。

織田信長向已經抵達播磨國的織田軍下令,表示因為雨太大,自己就不出兵了,讓眾人快點把秀吉從包圍網裡救出來就行。至於上月城,信長隻字未提,這充分說明了,他從一開始就沒打算救援上月城。播磨國的國人們紛紛叛亂,秀吉率領的織田軍陷入了重圍,非常危險。此時與毛利家在上月城對峙,或派兵前往救援上月城,也不過是往人家的包圍圈裡送人頭而已。與之相比,不如將秀吉從重圍中救出,重新整頓軍勢對叛亂之人逐個擊破才是最優選擇。

尼子復興軍?這只是一支與織田家沒什麼關係的軍隊而已,雖然也不能說他們是一個可有可無的棋子,但是當「大將」秀吉受到威脅時,「棄車保帥」才是對織田家利益最大化的選擇。尼子勝久、山中幸盛不知道自己早已成為棄子。在毛利軍的攻擊下,尼子勝久以保障城兵性命為條件自開城投降並自盡。可是毛利家卻沒有遵守和約,因為擔心山中幸盛逃跑再把尼子復興軍組織起來搗亂(已經有過先例),毛利家下令在押送山中幸盛回國途中將其殺死。

雖然是織田信長主動放棄的上月城,但是尼子復興軍好歹也是織田家麾下的勢力,信長吃了這麼個大虧,自然是不會放過播磨國的那些國人的。

有岡城之戰

織田家放棄上月城之後，攻擊的目標便轉向了三木城的支城神吉城。神吉城只是一座小城，守軍也不算多，但是別所軍占著有毛利軍作為後盾，士氣高漲，堅決抵抗織田軍的攻擊，因此織田軍的多次進攻都被守軍挫敗。值得一提的是，這一戰中信長的三子神戶信孝也參戰了，信孝還和天王寺戰役時的信長一樣，加入了足輕眾的隊伍之中作戰，所以人們都說信孝是最像信長的一個兒子。

織田軍的幾次進攻都失利以後，為了避免傷亡過大，便停止了進攻，改在城外修築壁壘、井樓（箭櫓）圍城。戰國時代攻城時，進攻方通常會派遣遠端部隊登上井樓，居高臨下地攻擊城牆上的守軍，因此別所軍也搬來了竹束、盾牌，用來防禦織田軍的鐵炮和弓箭。

正當守軍們以為高枕無憂時，幾聲震天巨響傳來，緊接著神吉城的城牆、箭櫓轟然倒塌，木屑飛濺得到處都是。這個比大鐵炮威力還要巨大的，就是佛郎機大砲。戰國時代傳入日本的第一門佛郎機大砲，是九州的大名大友宗麟從耶穌會那邊半買半騙來的。後來大友宗麟便嘗試在日本本土仿製佛郎機炮，雖然品質不優，但是總歸算是能用。和織田家交好後，大友宗麟特意送了幾門品質不錯的佛郎機給信長，信長一直存著這大殺器沒用，直到這次神吉城戰役為止。

神吉城的守軍都是鄉巴佬,哪里見過大砲這種東西,被轟得想要投降。可是織田軍壓根沒有接受投降的意思,端著大砲對著神吉城轟了好幾天。二十天之後,織田軍幾乎毫不費力就拿下了神吉城。

就當三木城的攻擊計劃十分順利的時候,意外又發生了。織田家在攝津國任命的國主荒木村重謀反了。《信長公記》中說荒木村重本來是個打雜的,後來遇上了信長,才不拘一格被提拔為國主,似乎又是一個羽柴秀吉式的人物。不過,荒木村重的出身可要比羽柴秀吉好多了,荒木家本來是丹波國波多野氏的一門眾,後來成為攝津國池田家的重臣,並被賜予「池田」苗字。後來,荒木村重透過下克上在攝津國成為實權人物,又在足利義昭與信長的對立中站在了信長的一方,這才被信長委以重任。

在攻打本願寺的戰爭中,荒木村重一直是北面包圍網的大將。據說村重的家臣在戰役的過程中為了賺錢偷偷賣糧食給本願寺,結果被織田家抓到,荒木村重擔心被信長處罰,所以才舉兵的,這種說法未免有些過於兒戲。

實際上,荒木村重的謀反是與本願寺、足利義昭、毛利家經過多次磋商的結果。原因有三:其一,荒木村重自己是一向宗的信徒,在他的領地內他只允許一向宗傳教;其二,因為信仰的原因,荒木村重娶了本願寺顯如家臣川那部左衛門尉的女兒,據說這個妹子是遠近聞名的大美人,所以村重被迷了眼;

其三，長年的戰爭讓荒木村重的家臣不堪重負，實在受不了信長的窮兵黷武，所以大家都勸說荒木村重謀反。

　　荒木村重的異動被信長察覺，但是信長沒有相信，而是派荒木村重的部下高山右近前往有岡城打探消息。荒木村重有些慌張，連忙解釋說自己對織田家忠心耿耿，沒有異心。高山右近便勸說荒木村重親自送母親去安土城當人質向信長謝罪，信長一定會原諒他的。為了表示自己一定會協助荒木村重認錯，高山右近把兒子和妹妹都送到了有岡城做人質。

　　荒木村重很高興，立刻帶著自己的母親上路，結果在路過表弟中川清秀的根據地茨木城時，中川清秀卻勸說村重：「要是在安土城被信長下令切腹怎麼辦？那不是像狗一樣死去，這也太蠢了。」荒木村重想了想，覺得表弟說得有道理，便又帶著老媽回到有岡城舉旗謀反。

　　荒木村重的領地位於攝津國，既是石山戰爭（本願寺之戰）的策略要地，也是織田家西國攻略的重要根據地，是身在播磨國的羽柴秀吉的後方。因此，織田信長有些擔心，親自上洛面見天皇，希望天皇能夠出面調解自己與本願寺的戰爭。因為攝津國離京都也很近，所以天皇的行政效率非常之高，立即派出敕使前往本願寺面見座主顯如。不過，本願寺沒打算給天皇面子，嚴詞拒絕了織田家的和談請求。

　　天皇吃了癟，只好派使者來通知信長，表示自己這幾天會再派敕使前往毛利家，讓毛利家居中協調。本願寺自從北包圍

以後，就一直靠毛利家輸血才撐到現在，只要毛利家給天皇面子，本願寺就不得不給毛利家面子。不過，信長卻樂樂呵呵地表示，即便天皇不找毛利家也無所謂了。原來，就在天皇的敕使前往本願寺的期間，織田軍在木津川又與毛利家爆發了一場大戰。

當毛利水軍的送糧隊浩浩蕩蕩地出現在大坂灣時，織田家的水軍依舊只有三三兩兩的船隻。毛利水軍沒有把織田水軍當一回事，自己有六百多艘大小船隻呢，準備按照慣例一鼓作氣衝破織田水軍的防線。結果，從織田水軍的船隊裡，開出了六艘樣式奇特的船隻。《多聞院日記》裡提到，這六艘船隻被稱為「鐵船」，長度約為 23 米左右，寬度為 12.6 米，可以容納五千人。至於是六艘船一共容納五千人，還是一艘船容納五千人，作者多聞院英俊沒說。這沒有什麼影響，因為不管是一共還是單艘，都不可能容納五千人，所以要麼是英俊哥寫錯了，要麼就是英俊哥被耍了，畢竟多聞院英俊沒有親眼見過這些「鐵船」。

這些鐵船由志摩國水軍頭子九鬼嘉隆奉命建造，早在半年前就下水了。鐵船到底是個什麼樣子沒有人知道，後來被人腦補成包裹著鐵甲的船，就多了個名字「鐵甲船」。考慮到上一次木津川海戰時，織田水軍被毛利水軍的炮烙玉攻擊陷入火海，在船身外設定防禦用的鐵板也不是沒有可能的。這並不算什麼先進船隻，和現代意義的鋼鐵船隻是不一樣的。除了鐵板

以外，織田水軍還在每艘船上裝備了三門佛郎機炮以及大量的鐵炮。

在信長將鐵船從伊勢灣調動到瀨戶內海時，雜賀眾水軍還曾想出兵阻撓，結果被鐵船的大砲給轟得七零八碎、屍骨無存。和神吉城守軍一樣，京畿的鄉巴佬也沒見過大砲，便沒有人再敢招惹織田水軍，連傳教士來圍觀鐵船後，都說這是除了在「豐後的王」的地盤外頭一回在日本見到大砲。傳教士們當然不知道，這些大砲正是「豐後的王」大友宗麟送來的。

毛利水軍不是本地人，不知道雜賀眾水軍的下場，便主動朝著鐵船進攻，雙方在木津川爆發了第二次海戰。九鬼嘉隆故意引誘毛利水軍的船隻靠近，隨後下令開火。不出所料的，在織田水軍的鐵炮、大砲的攻擊下，木製的船隻根本抵擋不住攻擊，幾艘負責指揮的將船也被擊沉。僅僅四個小時後，毛利水軍就因損失慘重撤退，大坂灣的制海權徹底落入了織田家的手中。本願寺的糧食也在運輸途中便被織田水軍的大砲給轟到海底餵魚去了。

趁著木津川海戰的大勝，織田信長親自率軍出陣攻打有岡城。高山右近因為兒子和妹妹在荒木家做人質，所以被迫和荒木一起反了。見信長來了，本就沒什麼謀反意願的高山右近便投降了。由於有岡城的城防非常堅固，而且有著花隈城、尼崎城等支城為後援。花隈城、尼崎城位於大坂灣沿岸，如果遇敵或許可以得到毛利家的支援，所以信長沒有選擇優先攻擊支城。

在織田軍的大砲攻擊下，有岡城的外牆被破壞，織田軍士兵紛紛攻進城中，不過因為守軍的頑抗，織田軍很快就敗下陣來。

面對這樣的情況，織田信長決定不再強攻，而是在有岡城周圍修築工事，切斷有岡城與其他城池的往來，將其包圍。到這時荒木村重才有些慌張，派使者前往毛利家，欺騙毛利家說武田勝賴、上杉景勝都已經出兵攻入織田領了，希望毛利家能夠出兵救救自己。毛利家一方面沒有那麼蠢，另一方面則是當時九州的大友宗麟和織田家是盟友，正等著毛利家出兵捅屁股來著，所以毛利家最終決定再議。

眼見沒有援軍，荒木村重丟下老婆孩子，自己帶著幾個家臣趁夜色偷偷逃出城，前往尼崎城躲避。有岡城糧食見底以後，城內相繼出現叛徒，有岡城的外圍也被織田軍攻陷，僅剩下本丸一處。荒木家的家臣想開城投降，信長表示投降可以，但是要求荒木家同時交出尼崎城、花隈城，並且荒木村重還得前往安土城接受審判，但是荒木村重卻拒絕了。

沒多久有岡城的本丸便被織田軍攻陷，荒木村重的妻子與族人共十六人被送往京都斬首，荒木家的重臣以及妻兒族人共一百二十二人，被信長下令關進各自的屋子裡燒死。只留下貪生怕死的荒木村重一人在尼崎城苟活。當然信長之所以這麼狠，主要是因為這些人還有另一個頭銜──他們都是一向宗信徒，也就是一向一揆。有岡城陷落以後，荒木村重在攝津國的最後據點花隈城、尼崎城也落入織田家的手中，前來支援荒木村重

的毛利家家臣乃美宗勝等人在城池失陷後乘船離開，而荒木村重則不知去向。

在有岡城戰役展開的同時，便是信長重臣明智光秀主導的丹波攻略行動。丹波國早在幾年前就曾歸降織田家，但是後來以波多野氏為首的國人叛變，導致丹波國再次陷入動亂中。

明智光秀攻打波多野家的根據地八上城時，採用的也是信長擅長的「兵糧攻」方式，經過一年多的圍城，八上城內彈盡糧絕，方才開城投降。在江戶時代的軍記小說中，明智光秀為了促使八上城投降，將母親送往八上城做人質，以換取城主波多野秀治、秀尚兄弟前往安土城歸降。然而信長卻將波多野兄弟處死，導致光秀的母親也死在八上城內。這當然是小說裡編出來的。實際上八上城最終開城的原因還是守軍沒糧食了，所以波多野家的家臣便將兄弟倆綁了開城投降的。八上城開城以後，明智光秀相繼又剿滅了盤踞丹波國多年的豪強赤井家，平定了丹波國。

織田信長得知光秀的戰績後非常高興，將丹波國賜給明智光秀為領地。而在光秀平定丹波國的過程中，由於位於丹後國的細川藤孝也十分積極，便被信長封為丹後國國主。

本願寺開城

話說回來，在有岡城戰役、丹波征服的同時，羽柴秀吉也正率領軍隊繼續包圍著別所家的三木城。三木城雖然是個

堅城，但是也耐不住織田家的「兵糧攻」戰法，糧食很快就見底了。

縱使堅城在手，餓著肚子的士兵也是無法作戰的。很快，三木城的外廓陸續被織田軍攻陷，支城鷹尾城、新城也均落入了織田家的手中。身在織田家一方的別所長治的叔叔別所重棟看到三木城的慘狀於心不忍，向秀吉請求以別所長治、別所友之（長治的弟弟）、別所吉親三人切腹，換取城兵的性命，但是卻被秀吉拒絕了。絕望之下，別所長治在城內切腹而死。別所友之在殺死妻女以後，也自盡而死。而煽動別所長治謀反的別所吉親，卻在妻女自盡後不願自殺，最終被城兵殺害。

據說別所長治切腹時採用的方式是十分殘酷的十文字切腹法，也就是在肚子上豁個「十」字，五臟六腑都從肚子裡流了一地。不過，別所一族之死並未拯救城兵的性命，三木城被織田軍攻陷以後，城內的守軍依然被悉數斬殺，以報復背叛之仇。如此，本願寺在京畿一帶的盟友幾乎全部滅亡。

雖然在與一向一揆的戰爭中損失了許多親戚，但是考慮到一向宗信徒太多，織田信長決定還是以招撫為主。在信長的邀請下，天皇派出近衛前久等人為使者前往本願寺，信長也派出了佐久間信盛等人陪同前往。信長承諾，只要本願寺開城投降，信長就赦免本願寺顯如的罪行，並且會保障顯如等頭頭的生命、財產的安全。本願寺顯如早就沒有了抵抗信長之意，便就坡下驢歸降，顯如也辭去法主之位，前往紀伊國雜賀隱居。

織田家

然而,本願寺顯如離開之後,繼任法主的本願寺教如卻不願意投降,帶著一向一揆繼續在本願寺內抵抗。

顯如一看,兒子這不是在害自己嗎?連忙宣布開除加入教如一方的坊官、信徒的教籍,並同教如斷絕父子關係。不過,隨著本願寺顯如的投降,一向宗信徒大都已經不願意再與織田家敵對,所以響應本願寺教如的人寥寥無幾,最終教如也只好宣布投降。教徒們離開以前,不願意將本願寺讓給織田家,便在寺內四處縱火,大火一直燒了三天三夜。

不管怎麼樣,織田信長與本願寺之間長達十年的拉鋸,在這年終於宣告結束了。信長在畿內已經沒有敵人了。那麼,完成了攘外的任務,接下去就要開始安內了。織田家早期的筆頭家老一直是由尾張時代的重臣林秀貞出任,後來又由佐久間信盛接任。可是這兩個尾張時代以來的重臣,卻有一個很大的問題,那就是二人在織田家的地位雖然都是一人之下萬人之上,但卻是靠資歷混上來的。比如佐久間信盛就擁有三河、尾張、近江、大和等等遍布七個分國的與力,實為織田家內第一人。除了才不配位以外,將來甚至有可能會影響到織田家的安定。因此,在本願寺教如投降僅僅十天之後,織田信長便下令流放佐久間信盛、信榮父子,流放的原因有很多,從越前征伐開始貽誤進軍時機,到三方原戰役對同僚平手汎秀的見死不救,再到石山戰役期間毫無建樹等等。最終,佐久間信盛父子在信長的命令下前往高野山出家隱居,順帶著老臣林秀貞也被信長以

曾經想要謀反的理由給一起流放了。而佐久間信盛原本負責的京畿地帶，則被交給了明智光秀負責。

　　信長這麼做並不是因為他刻薄寡恩，從更深一層的角度來看，信長為了織田家的安定，必須要將家臣團再編。織田政權自信長上洛之後，一度是以「義昭・信長聯合政權」的方式統治京畿的。而在足利義昭被流放以後，織田家需要與京畿、東國、西國、北陸、南海各處敵人作戰，所以這期間的織田政權更偏向於是一個戰時的軍政府，一切以戰爭為最優先。隨著本願寺的開城投降，信長真正實現了「天下靜謐」，日本各處的大名紛紛派出使者來向織田家臣服，此時的織田政權就必須從戰時的軍政府，轉變為和平時期的「天下人」政權。

　　室町幕府便是一個轉型失敗的典型例子，這才導致整個室町時代幾乎都在戰爭中度過。所以為了織田家的安泰，織田信長必須要對家臣團再編，將勢力過大的佐久間信盛流放，再將權力分割給幾個新晉家臣。再加上佐久間信盛除了對信長忠心耿耿以外，能力確實不咋地，自然就成為了信長流放他的藉口。

　　此時包括九州的大友家、島津家、以及關東的北條家、奧羽的伊達家都與信長有所往來，織田信長也以天下人的身分調停各地的戰事。可以看出，在信長構想的政權中，相當一部分戰國大名只要願意臣服織田家，其實是可以留存下來的，領地肯定也是需要進行再編的，佐久間信盛就是個例子。佐久間信盛在次年於失意中病逝，信長得知此事後傷心不已。自尾張時

代以來，佐久間信盛一直都是信長的堅定支持者，從來沒有背叛過信長，這是非常難能可貴的主從情誼。於是，織田信長下令赦免了佐久間信盛之子信榮，命其前往岐阜城出仕織田信忠。

鳥取城戰役

在織田信長原本的構想中，備前浦上家將會在織田家的西國攻略中扮演非常重要的角色。然而，隨著浦上宗景被家臣宇喜多直家放逐後，直家帶著浦上家的大部分地盤投靠了毛利家，開始與織田家對抗。不過，織田家重臣羽柴秀吉在播磨國的奮戰逐漸改變了宇喜多直家的看法。直家原本是想靠著毛利家的力量，將勢力擴張到浦上家曾經勢力範圍內的播磨國。可是毛利家背後的九州大友家是織田信長的盟友，大友家配合織田家的攻勢，不斷地在毛利家背後搞事情，使得毛利家首尾難顧。

宇喜多直家看出了毛利家根本就不可能是織田家的對手，羽柴秀吉也看出了宇喜多直家的搖擺不定，於是兩人一拍即合，結成了反毛利同盟。可是令人沒有想到的是，當秀吉興高采烈地將宇喜多直家加入己方的消息送到了安土城時，織田信長卻勃然大怒。

原來，織田家此時正在與毛利家商議和談，秀吉擅自策反了宇喜多家，是會影響到和談程式的。因此，織田信長大罵了秀吉一頓，拒絕承認宇喜多直家的歸降，這導致宇喜多直家失去了織田家這個後援，不得不以自身的力量對抗毛利家。羽柴

秀吉後來非常善待直家之子秀家，恐怕也與這時候對直家的虧欠有關。

隨著別所家、荒木家的滅亡，以及織田家同本願寺和談的開展，織田家與毛利家的和談對信長來說已經沒有那麼重要了。因為毛利家將大部分力量放在山陽方面與宇喜多家作戰，這導致毛利家在山陰方面的力量出現中空。在這樣的背景下，山陰方面的伯耆國豪強南條元續也背叛了毛利家，加入了織田家麾下。毛利家的領地在山陰、山陽兩個方面都失去了緩衝，直接暴露在了織田軍的鐵蹄之下。

天正八年（1580年）五月，羽柴秀吉率軍進入因幡國，隨後東面但馬國的羽柴秀長、西面伯耆國的南條元續也派出軍隊前來支援。織田軍的攻勢異常凶猛，僅僅一個月不到，就接連攻陷七座城池，直逼鳥取城而來。

鳥取城的守將是但馬山名家出身的山名豐國，山名豐國早就對秀吉「干殺三木」的事蹟有所耳聞。所以當織田軍抵達鳥取城下修築柵欄、壕溝時，山名豐國便早早派使者前往織田軍陣中，表示不用這麼麻煩了，自己願意投降。秀吉對此非常滿意，當即允諾安堵山名豐國在因幡國的領地，包括鳥取城在內，依舊交由山名豐國駐守。而後，完成了策略目標的秀吉在因幡國稍微滯留了一會兒，便率軍返回播磨國去了。

因幡國的國人們真就如此簡單地投入織田家麾下了嗎？當然不會，不管是毛利家也好，山名豐國也好，羽柴秀吉也好，

都知道因幡國的戰事不會就這麼簡單的。果然，羽柴秀吉撤軍之後，回過神來的毛利家立即派出吉川元春率軍出陣山陰，攻打背叛自己的國人。毛利軍先是包圍了南條元續的根據地羽衣石城，隨後又煽動因幡國的國人反抗織田家。在毛利家的煽風點火下，但馬國、因幡國內出現了大規模的反信長一揆，山名豐國也在親毛利家的家臣脅迫下，被迫丟棄鳥取城逃亡。

秀吉答應南條元續會在次年春季出兵，但是因為梅雨季節的緣故，直到夏天羽柴秀吉才率領著軍隊姍姍來遲。而在秀吉殺入因幡國以前，吉川元春也派出了吉川一族的吉川經家前往鳥取城防守，同時下令在城內囤積糧草，做好了將織田軍擋在鳥取城的打算。

因幡國是個豐饒的過度，沒有過多種植經濟作物，國內的主要作物就是稻穀，所以在當地徵調糧食應該是十分充足的。此外，日本戰國時代的軍隊的後勤能力其實非常薄弱，當時各個大名軍隊外出遠征時，通常不會攜帶太多兵糧，而是在戰場附近的田野裡收割糧食。如果是自己的地盤，那這些糧食本來就該屬於自己，如果在敵人的地盤，那這些糧食就更不能留給敵人了。

可是如果戰場附近沒有田地，或者已經被人收割了呢？那麼就出現了第二個情況，找商人購買。日本戰國時代的米商經常會出沒在戰場附近，向大名們兜售糧食，賺取錢財。所以大名們遠征時，不需要帶太多的糧草，只要帶夠錢就行了。即便

沒錢，也可以賒帳。這導致戰爭的後勤方面一直不被大名們重視，最後在秀吉侵略朝鮮時缺點暴露無遺。

吉川經家在前往鳥取城時，特意帶了非常多的金銀、銅錢。可是，當他抵達因幡國後，卻發現糧食的籌集，並沒有那麼容易。組成反信長一揆的國人們表示，織田軍進入因幡國時，秀吉就下令把沿途的稻穀全部割走了。並且在秀吉離開因幡國以前，又從國人們身上一共徵調走了四千俵糧食。所以，現在國人們自己也處於一個糧食不足的情況。沒有辦法，那就只能派家臣去找商人買糧吧。然而，當家臣們返回以後，卻帶回了一個晴天霹靂般的消息：商人們都說，去年有一個長得像猴子的人來把糧食全都買走了，所以現在他們自己的倉庫裡也沒有糧食了。

羽柴秀吉早就料到牆頭草國人們在織田軍撤離後必定會有不少背叛者，便提前把能收割的水稻都搶先割走了。在鳥取城投降以後，秀吉又在因幡國滯留了一會兒，把當地米商的倉庫也搬空了。秀吉沒辦法確定在毛利家的煽動下有多少人會叛變，所以乾脆就把因幡國搬空。於是，在反信長一揆舉兵以後，無論是反信長勢力還是親信長勢力，都出現了糧草不足的情況。當然，親信長勢力是不會餓太久肚子的，例如秀吉在局勢漸漸明朗後，便給鹿野城的龜井茲矩送去了一千石糧食。

因為無法籌集糧草的緣故，鳥取城在被包圍後僅一個月就斷糧了，大量的士兵餓死在了城內。而伯耆國這邊，南條元續

織田家

　　得知織田軍已經包圍鳥取城的消息，便籠城據守，將吉川元春給拖在城下，讓毛利軍無法及時增援因幡國。

　　圍城兩個月後，城內的士兵已經餓昏了頭。一些士兵偷偷摸摸地想溜出城去，結果被駐守在城外的織田軍用鐵炮射殺。沒曾想，城內的守軍見同僚戰死，竟然爭先恐後地從城內衝出。於是，令織田軍士兵驚愕的一幕出現了。倖存的士兵竟然對同袍屍首拔刀相向，然後開始分食死者屍體。最終，吉川經家以自己開城投降並切腹為條件換取了城兵的性命。不過，在吉川經家自盡以後，許多進入鳥取城的反信長領主也被秀吉勒令自盡，這些人認為秀吉言而無信，便躲入鳥取城北面的支城丸山城籠城。

　　羽柴秀吉有自己的考量，因幡國的領主許多都既是領主，又是日本海一帶的海賊，具有相當大的獨立性。這些人的生計必須依賴掌握著西國山陰、山陽兩道制海權的毛利家的臉色，因此才會對毛利家一呼百應。兩次鳥取城戰役，大部分因幡國人都站在了秀吉的對立面，如果這些潛在威脅不清除的話，恐怕還會有第三次、第四次鳥取城戰役。因此，秀吉才會異常堅定地想要除掉這些反信長一揆的頭頭。

　　當然，反信長勢力連堅固的鳥取城都守不住，一個小小的丸山城又怎麼能擋得住秀吉的攻擊呢？在織田軍的猛攻下，這些反信長領主要麼戰死、要麼自盡，因幡國自此被秀吉牢牢掌握在了手中。

甲州征伐

天正八年（1580年）三月，關東的超級大名北條氏政派遣使者上洛，向正在本能寺居住的信長獻上了十三隻鷹與五匹馬，以及許多土特產。在室町時代的武家習慣中，一方向另一方進獻鷹與馬，就意味著臣服。

接見北條家的負責人是瀧川一益和吉田兼見的叔叔吉田牧庵。吉田牧庵除了是公卿以外，還是個小有名氣的醫生，早年他曾經遊歷日本各地，在大友家的根據地豐後國住過一陣子，後來又前往關東的小田原城，當過一陣子北條家的私人醫生。

北條氏政向信長提出，希望能讓兒子北條氏直迎娶信長的女兒為妻，雙方締結成兒女親家，而後讓北條氏直以信長女婿的身分統領關東八州，為信長鎮守關東。信長對此滿口允諾，為了表示誠意，北條氏政將家督之位讓給了氏直。

與北條家相比，武田勝賴其實更早就認識到自己不是織田家的對手，派出使者與織田家接觸，希望能與織田家和談。因為武田勝賴事先沒有和盟友上杉景勝打一聲招呼，差點讓上杉景勝以為武田家又要背盟。為了表示誠意，武田勝賴親自給武田家曾經從岩村城俘虜的信長之子御坊丸舉行了元服禮，還將武田家的通字「信」字下賜給他，取名為織田信房。隨後，勝賴命人將織田信房送回了織田家，順便也送來了馬和名刀。而勝賴自己則退位隱居，將家督之位讓給了兒子，也是信長的外孫

織田家

武田信勝。

不過武田勝賴的示好，卻反而惹得信長更不高興了。首先，賜字這種行為本身就是上位賜給下位的。例如織田家與德川家是一個不那麼對等的同盟，所以織田信長可以給家康兒子信康賜「信」字，而家康卻不能給信長兒子賜「家」字。武田勝賴給織田信房賜字，明顯是沒有臣服織田家的打算，至少也是想與織田家平起平坐。其次，武田勝賴給信長的書信格式，仍然是對等盟友的格式，而信長給武田勝賴的暗示則非常充足。在信長的回信中，信長不光不認可勝賴繼承信玄的「大膳大夫」官位，粗暴地稱呼其為「武田四郎」，還用給下人寫信的格式署名和標註日期。不知道武田勝賴是真看不懂，還是假裝不明白信長的暗示，總之勝賴就是不願意低下那顆高貴的頭顱。相比之下，北條氏政就聰明得多。

除了在外交場上失敗，武田勝賴在戰場上也是節節敗退。自武田家在遠江國的據點高天神城被德川家康包圍以來，勝賴沒有給高天神城派去一兵一卒。高天神城是武田家在東遠江的最大據點，為了防守此地，武田勝賴從領地內抽調了許多軍隊進入城中支援。可是，德川家康的戰法也是從信長那邊學到的「兵糧攻」戰法，將高天神城包圍，就是不攻城。

高天神城守將岡部元信向武田勝賴求援，勝賴只回覆說希望高天神城挺住，卻只口不提援軍之事。為此，岡部元信只得自救，他向城外的德川家康表示，希望能以高天神城以及岡部家

麾下的小山城、瀧堺城開城為條件投降。家康沒有擅自做主，而是派使者前往安土城詢問信長的意見，信長的回覆則是拒絕接受投降。此時，一個惡毒的計畫已經在信長的心裡形成。

在高天神城糧草耗盡以後，岡部元信率軍對城外的德川軍發起決死突擊。這支守備高天神城的武田軍幾乎全軍覆沒，僅有少數人逃出生天。比如武田家名臣原虎胤之子、橫田高松養子橫田尹松，比如信濃依田一族的相木市兵衛，還有一個叫西尾久作的遠江國人。西尾久作在武田家滅亡以後成為了家康次子結城秀康的家臣，改名為西尾仁左衛門宗次，後來在大坂夏之陣時，正是他砍下了羽柴軍主將之一的真田信繁首級。

這些逃出生天的倖存者將高天神城的慘狀以及武田勝賴的見死不救傳遍了整個武田領國，國人們自此對武田家離心離德，這正是信長想要的效果。面對織田信長、德川家康的咄咄逼人，武田勝賴竟然開始寄希望於老天爺。在武田勝賴的命令下，武田家在領內四處橫徵暴斂，逼迫國人們出錢修繕諏訪大社，以祈禱武田家的太平。原本武田家的家臣們在長篠之戰以後，就被迫承擔了沉重的軍役，因而當奢侈華麗的諏訪大社落成時，與之形成鮮明對比的是民不聊生的中下級領主與百姓們。

為了應對將來有可能到來的攻擊，武田勝賴決定放棄父祖時代苦心經營的根據地躑躅崎館，下令在甲斐國修築新的居城新府城。無論是武田家一門也好，重臣也好，都對修築新府城持反對態度。然而武田勝賴卻聽不進基層的聲音，一意孤行。

《甲陽軍鑑》裡將建議修築新府城的鍋甩給了武田信玄的女婿穴山信君，但是實際上穴山信君在武田家滅亡以後曾經大罵武田勝賴聽信奸臣讒言修築新府城，所以築城這件事應該與他沒有關係。

而在高天神城的慘狀被倖存者們廣而告之以後，穴山信君便開始私下與德川家康接洽，表達了自己跳槽的願望。德川家康也允諾，只要穴山信君願意換個老闆，自己一定保障穴山家歌照唱舞照跳，原本該怎麼樣，現在一樣怎麼樣。與穴山信君一同和德川家接洽的，還有被信玄稱為「吾之雙眼」之一的曾禰昌世，信玄的另一隻眼睛真田昌幸倒是沒和德川家私通，他勾搭的是北條家。

倒不是武田信玄眼瞎，實在是武田勝賴太昏庸。眼見家臣們對武田家怨聲載道，織田信長意識到，時機差不多成熟了。很快機會便來了，信濃國木曾谷的領主、武田信玄的女婿木曾義昌實在受不了武田勝賴了，派出使者前來織田家投誠。

如果說在武田勝賴的領導下武田家在懸崖邊緣搖搖欲墜，那麼木曾義昌的反叛，讓偉大的武田家終於向前邁出了一大步。木曾義昌謀反以後，武田勝賴在甲府召集了一萬五千人，隨後進入信濃國。幾乎在武田勝賴出兵的同時，織田信忠也在信長的命令下在岐阜城召集軍隊，在四天之後開入了木曾谷支援。

就在這個檔口，淺間山的火山突然爆發了，據說大火染紅

了天際,連京都都可以望到遠處的紅色天空。在迷信的年代,天災通常都被認為是天罰,所以在火山爆發以後,武田家的家臣、百姓們紛紛認為這是上天降下的天罰,武田家馬上就要滅亡了。

織田軍的進軍幾乎是摧枯拉朽的,儘管武田家裡也有下條信氏、日向玄德齋等上級家臣想要抵抗,但是中下級的家臣、百姓卻集體造反,將這些持抵抗意見的主將流放,然後開啟城門簞食壺漿以迎王師。武田信玄對上級家臣還是很好的,所以他們願意以死報答武田家。而武田勝賴對中下級家臣和百姓卻像個魔鬼,所以他們主動揭竿而起投靠了織田家。

面對織田軍的高歌猛進,武田勝賴決定在信濃國與織田軍決戰。然而就在這個時候,又一個噩耗傳到了武田勝賴的陣中。原來,穴山信君突然從甲府劫走了穴山家的人質,然後投靠了德川家康,成為了德川軍進軍甲斐的帶路黨。與此同時,北條家也對武田家的領地發起了攻擊。

武田勝賴的手下出現了士兵逃亡的情況,因此只能先行返回甲府。當武田軍從信濃國出發時,勝賴麾下還有八千人,等到抵達新府城時,麾下軍隊人數已不足千人。此時信濃國傳來消息,武田勝賴的弟弟、高遠城守將仁科信盛在織田信忠的攻擊下堅持抵抗了一番,但是也就抵抗了半天就兵敗身死了。家臣們看著武田勝賴面面相覷,武田勝賴也不知道該怎麼辦了。

甲斐國郡內領主小山田信茂提議前往郡內的岩殿城防守,

真田昌幸則表示既然織田家想要甲信，不如暫且以退為進，退往自己麾下的上野國岩櫃城防守。況且岩櫃城易守難攻，在上野國也容易得到上杉家的支援。武田勝賴想了想，覺得是這麼回事，然後便下令次日出發前往岩櫃城，讓真田昌幸先返回上野國準備準備。

然而，就在真田昌幸離開以後，武田勝賴的側近們卻向勝賴表示，真田家侍奉武田家不過兩代人而已，不足為信。而小山田信茂就不一樣了，這是武田家的譜代家臣，值得信賴。武田勝賴竟然聽了側近們的建議，臨時改主意不去上野國了，決定去郡內的岩殿城。於是，第二天武田勝賴在僅剩無幾的家臣們的簇擁下，踏上了前往郡內的不歸路。

抵達郡內門戶的駒飼時，小山田信茂表示自己先行一步去召集軍隊前來迎接主公。結果武田勝賴左等右等不見小山田信茂，派人前去查探時，傳來消息說小山田信茂也反了。小山田信茂謀反以後，武田勝賴身邊又散去了一波家臣，最後只剩下包括女眷在內的四十三人，逃往甲斐國的天目山。而天目山當地的百姓們得知武田勝賴前來以後，立即拿出珍藏的鐵炮、弓箭等武器，對勝賴一行人開火以歡迎主公前來遊玩。

窮途末路之下，武田勝賴、妻子桂林院殿（北條氏政妹妹）、武田信勝等人在天目山自盡而死。武田勝賴的側近土屋昌恆等人則力戰而亡，另一個側近跡部勝資想臨陣脫逃，被土屋昌恆一箭射了個透心涼。當武田勝賴的首級被送到織田信長陣

中時，信長得意洋洋地對著勝賴的首級說道：「聽說你們父子一直想要上洛？這次我就帶著你的首級上洛成全你。」盛極一時的武田家，就這麼滅亡了。

本能寺之變

天正九年（1581年）的新年時，織田信長在安土城舉辦了「左義長祭」，信長頭戴西洋帽，身著赤色禮服在城下町遊街，織田家的家臣們則以十騎或二十騎一組跟在信長身後。

因為「左義長祭」裡有不少參與者是公卿出身，所以當這個消息傳到京都以後，天皇也有些心裡癢癢，便請求信長在京都也搞個類似的活動。於是信長便下令要在京都舉行閱兵，命令各處的家臣務必帶著最華麗的裝扮前來京都。

在此期間，耶穌會給信長送來了一個黑奴，信長以為黑人的膚色是用顏料染上的，便命手下把黑奴身上的顏色洗下來，結果洗來洗去發現這根本就不是染料，信長這才相信世界上原來真的有黑人，便把黑奴留在自己的身邊，取名為「彌助」。

信長的這次閱兵非常隆重，織田家在京都專門劃定了一條大路作為閱兵路線。軍隊方陣的前鋒是丹羽長秀、蜂屋賴隆、明智光秀等人率領的騎馬隊，等到騎馬隊走完以後，正式的本陣才開始前進。而從這次閱兵中，也可以看出織田家一門眾的地位有什麼不同。

走在馬隊之後的，先是織田信忠和八十騎家臣，因為他是

織田家家督，所以這個方陣都由信忠和他的家臣組成；緊隨信忠之後的是信長次子織田信雄與三十騎武士；第三隊是織田信包與十騎武士；再往下便是織田信孝、津田信澄各十騎；隊伍的最末尾，是織田長益、長利等地位較低的一門。

織田一門走完以後，便輪到了被稱為「參陣公家眾」的公卿們以及室町幕府的前奉公眾們。等到奉公眾們走完，就輪到柴田勝家率領的馬隊出場，這意味著壓軸大戲要出場了。柴田勝家身後的是弓眾百餘人，分成兩隊為壓軸隊伍開道。壓軸隊伍的前鋒，是各地大名向織田信長獻上的名馬，名馬之後，則是松井友閑、武井夕庵等已經出家的家臣們。再然後，便是在小姓眾簇擁之下走出的織田信長。織田信長穿著金紗禮服，頭戴唐冠，上頭還插著一枝花，腰間挎著鍍金的太刀和脅差，騎在一匹名為大黑的名馬身上，緩緩走完全程。

天皇看完閱兵以後激動不已，派來敕使希望推舉信長出任左大臣。織田信長在三年前曾辭去右大臣和右近衛大將的官職，但是信長沒有辭退位階，這意味著信長隨時都可以復官。不過，信長卻拒絕了天皇的好意。天皇以為信長在謙虛，再次派去使者，信長的答覆依然是不。

除了拒絕以外，信長還詢問敕使道：「陛下準備什麼時候退位？」不少人認為信長這是逼宮，擅行廢立，但是卻沒有想到這是在日本。天皇聽了敕使的回報以後，反而為信長的提議感到無比高興。在當時的日本，天皇退位隱居執政才是常態，可是

退位與即位需要舉辦盛大的典禮，朝廷沒有那麼多錢，所以通常都是由幕府來操辦這件事。幕府滅亡之後，這件事自然就由信長負責操辦。

織田信長擔心一直推辭官職會讓天皇感到不悅，所以這才詢問天皇什麼時候退位，以安天皇之心。不過信長不知道的是，天皇其實早就想退位了，只是信長當初把二條御所送給繼任者誠仁親王，而二條御所又在皇宮的東北方向，卦象裡算是「鬼門」，陰陽師占卜後認為現在退位比較不吉利，這才沒有退位。

不過，信長為什麼要推辭官位呢？這恐怕與織田信忠有關。早年織田信長接受朝廷的推舉出任官職，那是為了對付被流放的足利義昭，信長希望能夠取得比足利家更高的地位。而當天下大定以後，因為織田信忠是信長的繼承人，所以信長想讓朝廷給信忠加官進爵，以確定織田家統治天下的正當名分。這是為了防止在自己死後，信忠統治天下的正當性不足的原因。信長曾向天皇表示：「平定天下以後，再奉詔效忠。而在此之前的官位希望都由信忠拜領。」

朝廷摸不清信長的意思，便派出使者來詢問信長的家臣、出任「天下所司代」的村井貞勝，詢問村井貞勝信長想出任關白，還是太政大臣，還是征夷大將軍。村井貞勝沒有做出答覆，而是讓使者自己前去安土城詢問信長。

當織田信長在安土城接見敕使時，已經是天正十年（1582年）五月了。敕使此行還帶來了誠仁親王的書信，信中提到信

長文治武功天下無雙，無論信長想要任何官職都可以。而信長在與敕使協商之後，便命人護送敕使回京。究竟信長的打算是什麼？因為沒有史料記載，所以只能說不知道。但是誠仁親王卻在敕使返京以後對信長表達了之後上洛再詳談的意思。考慮到信長此前已經很堅定地表示平定天下以前不會出任官職，恐怕信長的答覆還是不，所以親王才委婉地表示不要這麼著急拒絕，上洛後再詳談。

如果織田信長真的給出什麼暗示的話，朝廷直接下詔書就好了，何必還要夜長夢多，等待信長上京詳談，這不是多此一舉嗎。織田信長原本打算在這年秋天出兵西國征伐毛利家，但是因為宇喜多直家病故後宇喜多家幾近奔潰的原因，先行派遣了秀吉作為援軍進入了備前國。結果在羽柴秀吉的攻擊之下，這支援軍高歌猛進，不光挽救了大廈將傾的宇喜多家，還一舉殺入了備中國，包圍了毛利家的據點備中高松城。由於信長前年曾表示要親征毛利家，所以秀吉的軍隊停在了備中高松城門前，等候信長的本陣到來。

於是，織田信長在安土城接見了德川家康以後，便開始準備上洛了。在上洛以前，安土城內還發生了一個小插曲。原來，美濃三人眾之一的稻葉一鐵的家臣那波直治和稻葉一鐵不和，於是私自投奔了明智光秀。這已經不是第一次發生這種事了，光秀的重臣齋藤利三也是從稻葉一鐵那邊跳槽過來的，所以稻葉一鐵向信長提出了抗議。

在當時的日本，戰國大名們為了防止家臣們私鬥，是禁止這種互相跳槽的行為的。齋藤利三跳槽時還是元龜爭亂時，明智光秀正受寵，所以信長沒有追究，但是這一次卻不一樣，信長對此大發雷霆，將光秀招來安土城臭罵了一頓，下令讓那波直治返回稻葉家，並要給那波直治牽線的齋藤利三切腹。雖然信長後來冷靜了一點，撤回了切腹的命令，但是在先前發怒時，他盛怒之下踹了明智光秀一腳。和遊戲裡的俊男不同的是，明智光秀其實是個中年禿子，平時為了保持形象，有佩戴假髮的習慣，信長這一腳將光秀踹飛，同時飛出去的還有光秀頭上的那頂假髮。

天正十年（1582年）五月二十九日，織田信長帶著約三十人的小姓眾，進入了京都的本能寺。在信長上洛以前，他便命令明智光秀、細川忠興、池田恆興等人返回領地，召集軍隊作為前鋒出兵備中國支援羽柴秀吉。

明智光秀的根據地在近江國的坂本城，這座城池位於安土城的西面，與東面羽柴秀吉的根據地長浜城一同拱衛著安土城。因為安土城防禦力低下，所以這兩座城可以說是安土城的左右護法，承擔著保衛安土城的任務，足以見得信長對明智光秀、羽柴秀吉的信任。

日本舊曆裡五月沒有三十日，所以信長上洛的次日便是六月一日。織田信長在本能寺裡會見了許多公卿以及誠仁親王的使者。大家給信長獻上了祝賀討伐武田家的禮物，順便預祝信長

討伐毛利家出兵順利。恰好織田信忠此時也在京都，便也來本能寺拜見老爸。信長非常高興，在本能寺舉辦了茶會，和大夥兒一直聊到了晚上。等到所有人都離開以後，信長將信忠單獨留了下來，不知道信長是給信忠傳授什麼獨家武功秘笈，還是只是和信忠簡單地嘮嘮家常，總之二人一直聊到了深夜，信忠方才告別離開。此時，明智光秀已經帶著軍隊進入了丹波國龜山城，與當地的家臣們會師，按照原定計劃，明智光秀應該率領這萬餘明智軍經過三草山進入山陽地區，隨後前往備中國。可是，當明智光秀抵達三草山時，光秀突然下令全軍調轉方向，隨後朝著東面進軍。

除了光秀的重臣明智秀滿、齋藤利三等人以外，明智軍上下沒有人知道光秀為什麼本該向西走的軍隊，突然調轉槍頭朝東走。這時候有人提出，聽說德川家康最近在京都遊玩，主公會不會是奉命去京都討伐德川家康？士兵們你一句我一句，似乎就是這麼回事。可是此時的德川家康，早就已經離開京都去堺遊玩了，明智軍的下級士兵們自然是不知道這回事。

在京都的郊外，明智軍遇上了二十多個早起去農田種瓜的農民，為了防止洩密，光秀下令將這些農民全部斬殺。到這個時候，明智軍的士兵們依舊不知道是怎麼一回事。不久後，明智光秀進入京都，隨後明智軍便包圍了本能寺。歷史上，明智光秀壓根就沒喊過那句「敵在本能寺」，這句話是江戶時代小說裡出現的。不知道是不是因為無顏面對織田信長對其的信任，

其實明智光秀根本就沒去現場,而是由明智秀滿、齋藤利三帶著三千人替他去的。

此時天色已經微明,幾個從本能寺裡出來打水下人見到了明智軍,嚇得返回寺內插上了門閂。這時候,齋藤利三朝著大門口喊道:「日向守為了出陣中國,率軍前來接受檢閱,快快開啟大門。」眼見沒有回覆,齋藤利三、明智秀滿立即下令攻打大門。很快,本能寺的大門就被攻破,幾十個身著薄衣的小姓持刀迎戰,立即便被明智軍以鐵炮射殺。

此時,本能寺內的織田信長聽到了外邊的喧鬧聲,以為是有下人吵架,連忙找來小姓森亂丸詢問。結果喧鬧聲愈演愈烈,隨之幾發鐵炮擊中了御殿。

「是城介(織田信忠官位為秋田城介)謀反嗎?」信長問道。

森亂丸回答道:「看起來像是明智。」

「嗯,是明智嗎?那沒有辦法了。」

隨著明智軍的逼近,森亂丸也手持長槍出戰,在本堂邊戰死。信長穿著白色的睡衣手持弓箭作戰,結果中了一槍,被左右護衛拉到了後方。織田信長見到身邊還有不少女官跟著自己,便開口道:「女眷不用擔心,他們的目標是我,快快逃跑吧。」光秀確實沒有為難女眷,而是放他們離開。隨後,明智軍在本能寺內縱火,而信長則在寺內自盡而死。因為大火的緣故,明智軍也沒能夠找到信長的屍首。

本能寺之變發生時，織田信忠正住在距離本能寺不遠處的妙覺寺。得知明智軍正在攻打本能寺，織田信忠急忙帶著身邊的馬廻眾朝著本能寺跑去。在前往本能寺的途中，織田信忠遇到了「天下所司代」村井貞勝。村井貞勝原本聽到喧鬧聲，以為是治安事件，便出門檢視。結果發現原來是本能寺遭到了明智軍的攻擊，便連忙改道前往妙覺寺。

　　村井貞勝告訴織田信忠，本能寺已經淪陷，恐怕信長公已經是凶多吉少了，還是以大局為重，不要莽撞行事。這時有人提議，不如離開京都前往安土城召集軍隊討伐明智光秀，但是織田信忠卻認為，明智光秀既然謀反，必然會阻攔自己離開京都，況且前往安土城的途中還要經過光秀的領地坂本附近，要是在野外遇到明智軍，自己這點人全得領便當了。最終，織田信忠決定前往誠仁親王居住的二條御所籠城。一來二條御所的防禦工事較為完善，裡面又有著誠仁親王做擋箭牌，明智軍應該不敢輕舉妄動，二來織田信忠的不少馬廻眾都居住在京都，在二條御所裡也可以等待馬廻眾們前來增援。

　　從上帝視角來看，明智光秀其實犯了個大錯。那就是他的一門心思都在本能寺上邊，完全忘了還有織田信忠這麼個人。也就是說，如果織田信忠冒險返回安土城，或者返回岐阜城的話，是很有可能會成功的。等到明智光秀意識到自己犯了大錯，準備前往妙覺寺抓捕織田信忠時，才發現信忠早已離開。光秀滿頭大汗，覺得自己這下鐵定完蛋，結果下人傳來消息，織田

信忠還未離開京都，正躲在二條御所裡，光秀這才鬆了一口氣，隨後包圍了二條御所。

誠仁親王派出使者來到光秀陣中，問道：「你想怎麼處置我？難道要我切腹嗎？」

光秀回答道：「我只想找織田信忠，並不想為難親王，您大可以離開。但是為了防止有人混在隊伍裡，所以請您不要騎馬或者乘轎，請步行出來。」

於是，堂堂誠仁親王，只能和下人一樣，帶著女眷從二條御所裡逃出。在離開二條御所後，連歌師里村紹巴找來了個轎子，讓親王乘轎避難。因為只有一頂轎子的緣故，女眷們依舊只能在百姓的圍觀下步行離開，這在當時是十分無禮的行為，讓天皇和公卿們恨透了明智光秀。

親王一行人離開以後，二條御所之戰正式打響。雖然二條御所的防禦比較堅固，守軍一開始也占了上風。但是因為信忠一行人只攜帶了刀槍，幾乎沒有什麼遠端武器，所以當明智光秀下令讓士兵們爬上周圍的屋頂朝御所內射擊時，守軍便沒有辦法抵抗了。

織田信忠師從新陰流劍術，武藝十分高強，親自斬殺了十七名明智軍士兵。然而，無法快速結束戰鬥的明智光秀下令在二條御所裡縱火，最終信忠只能在絕望之下自盡。跟隨信忠的家臣、馬廻眾幾乎全部戰死，包括前文在北陸大放光彩的齋藤利治，也包括被武田家擄走，剛回家不久的弟弟織田信房。

織田家

結束戰鬥以後，光秀的家臣突然發現信長帶在身邊的黑奴彌助，家臣們想要斬了這個妖怪，明智光秀卻制止了他們：「黑人不是人類，只是牲畜而已，他什麼也不知道，饒他一命吧。」這大概是日本史上第一次出現種族歧視的事件吧。

明智光秀為什麼要謀反，歷史上眾說紛紜，大致觀點一般只有三個：1、野心說。就是說明智光秀自己也想取得天下。2、怨恨說。明智光秀對信長感到不滿。3、黑幕說。明智光秀只是顆棋子，想殺害信長的另有其人。

首先是野心說，《信長公記》的作者太田牛一就是這個觀點，他認為明智光秀想取信長而代之，所以發動政變。不過這其實是相當不合理的，因為明智光秀如果想取代織田家取得天下，又怎麼會把織田家的正牌家督織田信忠給忘了呢？

其次就是黑幕說，黑幕說又分為足利義昭黑幕說，朝廷黑幕說，還有更離譜的耶穌會黑幕說。先說說足利義昭黑幕說，這個觀點通常是說義昭想消滅信長，所以策反舊幕臣明智光秀謀反。可是這有一個問題，足利義昭如果想策反幕臣，那麼肯定也會嘗試拉攏細川藤孝才是，這傢伙比明智光秀還要根正苗紅。可是從事後來看，細川藤孝好像對本能寺之變完全不知情，也沒有心理準備。並且，即便足利義昭想拉攏織田家家臣，也不該是明智光秀呀，當年在京都縱火燒他房子的，不正是明智光秀麼？

然後就是朝廷黑幕說，持這種觀點的一般認為織田信長想

把天皇廢了，然後自己當天皇或者皇帝什麼的，更有人說織田信長是個革新家想施行資本主義，就差說信長想當總統了。依據就是信長一直推辭任官。其實信長並未推辭任官，他一直都說自己會在平定日本以後再復出，從來沒有說自己堅決不當官這樣的話。況且信長一直保留著自己的位階，這不就是為了將來當官做準備？那麼，織田信長為什麼要推辭出任「三職」，也就是征夷大將軍、太政大臣、關白呢？如果信長想當官，他會選擇三職裡的哪一個呢？

從信長的動向來看，他將來選擇太政大臣的可能性比較大。首先，當時的征夷大將軍是足利義昭，信長並未讓朝廷解除他的官位，這說明信長壓根就不想碰這個。其次，關白這個官職，在信長以前是沒有藤原氏以外出身的人出任的。信長早年曾自稱藤原氏出身，但是後來為了與足利義昭這個「源氏棟梁」對抗，信長一直自稱是平家之後，也就是平清盛的後裔。

當時的人們都認為，源氏的氣數已盡，接下去將又是平家的天下。早在天正初年，公卿們之間就有信長當太政大臣、關白的謠言了，但是卻沒有信長當將軍的謠言。這說明在當時的人們眼中，信長很大機率是不會選擇將軍的。那麼，織田信長既然自稱是平家後代，他的選擇當然會是太政大臣。在織田信長死後，朝廷追認其太政大臣官位時，提到「重而太政大臣」。這句話是第二次出任太政大臣的意思，說明信長生前很有可能表達過自己想當太政大臣的意願，或者是在信長死前，朝廷原

本準備任命他出任太政大臣。

最後一點就是怨恨說了。以往怨恨說比較流行的有兩點，一個是說明智光秀的母親在攻打八上城期間被光秀送去做人質，勸降了波多野兄弟，但是信長卻不顧光秀母親還在八上城，下令處死了波多野兄弟，導致光秀大意失親媽。另一個則是說，織田信長下令沒收光秀的領地，將其轉封到出雲國和石見國，而這兩個地方目前還在毛利家麾下，信長變相地沒收了光秀的領地。

前者前文已經解釋過了，波多野兄弟其實是被家臣綁了送出來的，自然不存在什麼母親做人質的故事。其次，沒有證據能證明信長想轉封光秀，甚至光秀本能寺之變時的軍隊，都還是坂本和丹波國召集來的，在分封制的背景下，如果沒收了這兩個地方，光秀打仗就只能光著膀子自己上了。最後，即便轉封光秀這事是真的，在織田家也是很常見的。織田家的慣例便是由攻略某個地方的大將出任當地的領主，比如羽柴秀吉攻打播磨國就受封播磨國，明智光秀攻打丹波國受封丹波國，佐佐成政攻打越中國受封越中國等等。

那麼，光秀究竟為何怨恨信長？主要原因可能是明智光秀認為自己在織田家快不行了。信長早年曾與四國島的長宗我部家結盟對付阿波三好家，可是在阿波三好家投降以後，這個結盟實際上就沒什麼必要了。而信長下令只承認長宗我部元親土佐國的領地，但是元親經過長年的征戰，領地早就擴張到四國各

地，信長的命令無疑是讓元親放棄自己辛辛苦苦打下的地盤，龜縮回土佐國，他自然不願意。

長宗我部元親是前幕府奉公眾石谷光政的女婿，而織田家重臣明智光秀的家臣齋藤利三的弟弟則是石谷光政的養子，因此織田家和長宗我部家的外交一直都是由明智光秀負責的。長宗我部元親與織田家交惡，讓信長把怒火都發在了明智光秀的身上。

在本能寺之變前夕，織田信長組建了討伐長宗我部元親的四國軍團。按照織田家的先例，這個軍團長應該由負責和長宗我部元親外交的明智光秀出任，比如信長攻打毛利家的軍團長羽柴秀吉就曾是和毛利家的外交負責人，織田家進入關東的代表瀧川一益也是織田家和北條家的外交負責人。但是信長卻讓三子織田信孝出任軍團長，明智光秀則被抽調至西國戰場支援羽柴秀吉，這意味著光秀的地位變得比秀吉低了。其次，在四國島的政局中，光秀是支持長宗我部家的，而羽柴秀吉則是支持阿波三好家的。織田信長不但支持羽柴秀吉的觀點，還把光秀丟到秀吉手下效力，這自然是明智光秀不能容忍的。

本能寺之變後，明智光秀寫信給親家細川藤孝時說，自己的所作所為都是為了子孫。明智光秀早年出身低賤，如今過慣了一人之下萬人之上的生活，自然不想再回到過去。所以，因為在織田家中失勢而怨恨信長，恐怕才是明智光秀發動本能寺之變的緣故。從他把織田信忠給忘了的情況來看，這件事根本

就是臨時起意，沒有經過詳細的策劃。

　　一切一切看似隨機的條件，促使明智光秀做出了這個倉促的決定。而織田信長的故事，也隨著明智光秀的這次激情殺人而告一段落了。

附錄

「天下布武」是什麼意思

日本永祿十年（1567 年）十一月，統一了尾張國、美濃國的戰國大名織田信長開始使用刻有「天下布武」四個大字的印判。

織田信長的形象在戰後一直被各種藝術作品刻劃為一個「革新者」，以往的人們認為，「天下布武」指的是織田信長決心以武力統一日本。不過，根據最近的研究來看，室町時代「天下」這個詞語的意思與我們現在認知的「天下」是不一樣的，也就是說「天下布武」的意思，很可能並不是我們以往所推測的意思。

在織田信長攻占美濃國以前的永祿八年（1565 年），當時統治日本的幕府將軍足利義輝在大白天遭到了戰國大名三好家的襲擊，於將軍御所中戰死。

足利義輝的遇害給當時的日本造成了很大的衝擊，此前雖然也有幕臣與幕府將軍敵對的例子，但是大多數都不會危及將軍的性命。即便是在「嘉吉之亂」中身亡的幕府將軍足利義教，也是被家臣赤松家暗殺的，從未有過像這次「永祿之變」這樣，家臣光天化日攻打將軍的御所，將足利義輝殺死。

足利義輝遇害之後，室町幕府也停止了運作，處於半癱瘓的狀態。織田信長在幾年前曾經上洛覲見過足利義輝，這件事對信長來說打擊同樣巨大，為此信長更改了自己署名的花押樣式，也就是著名的「麟」花押。

「麟」指的就是「麒麟」，這是中國人幻想中的一種瑞獸，只有在太平盛世時才會出現。當時的日本深受中華文化的薰陶，織田信長便將自己的花押樣式改成了「麟」，表達了自己希望能夠迎來太平盛世的美好願望。

在現在的人看來，「天下」的意思與「全國」的意思相差無幾，所以我們才會將「天下布武」的意思誤認為是「以武力統一日本」。

實際上，在室町時代的人們眼中，「天下」指的並不是全日本。日本學者神田千里認為，「天下」指的是由幕府將軍支配的地域「五畿內」，也就是以京都為中心的被稱為「畿內」、「京畿」的地域。

在織田信長的側近家臣太田牛一所寫的《信長公記》中有提到，在織田信長上洛以後，「進入了由信長公統治天下的十五年」。而在另外一本《信長公記》殘本《永祿十一年記》當中，太田牛一所寫的內容為「信長京師鎮護十五年」。也就是說，在太田牛一的眼中，「天下」指的是就是「京師」，或者說是以「京師」為中心的京畿地域。

另外從上杉謙信在永祿九年（1566 年）給寺社奉納的願文之

中,也提到自己在擊退武田信玄、與北條氏康達成和睦之後,要向著「天下」上洛。從這份願文中可以發現,上杉謙信認知中「天下」的意思,指的也是京都所在的京畿。

除此以外,足利義昭、織田信長在上洛以前,曾以「天下所司代」這個職役為條件拉攏近江國的大名六角承禎,這個「天下所司代」其實就是江戶時代的「京都所司代」。

知道了室町時代「天下」的意思,那麼織田信長的「天下布武」指的又是什麼呢?筆者認為「天下布武」指的應當是「恢復京畿的武家秩序」。

室町幕府雖然自戰國時代以來江河日下,但是無論是細川政元,還是細川高國、大內義興,這些在戰國時代前中期稱霸京畿的戰國大名依然是處於室町幕府的羽翼下,以幕府為大義名分統治京畿。而自從阿波細川家的家臣三好家崛起以後,室町幕府的秩序才開始真正受到挑戰——京畿的住民們不再願意接受幕府、京兆細川家裁決糾紛,而是開始尋求三好家介入糾紛進行裁決。再加上足利義輝為了奪回對幕府的控制權驅逐了政所執事伊勢氏,但是自身又沒有足夠的力量與威望施政,導致室町幕府的「政所」也處於一種癱瘓的狀態。

好在「天下人」三好長慶出身守護代階層,他終究無法擺脫室町時代的道德束縛,雖然三好家多次擊敗過幕府將軍,但是三好長慶無論如何也不敢弒主。然而三好長慶壯年去世以後,繼承三好家的養子三好義繼卻是個自戀的自大狂,他自認為三

好家將取代足利家成為武士們的最高領袖，這才會發兵攻打足利義輝。

然而在足利義輝戰死、幕府癱瘓以後，三好家內部也發生了內亂。先是三好長慶時代的筆頭家老松永久秀被「三好三人眾」驅逐，然後家督三好義繼又因政治理念與「三好三人眾」不同，與松永久秀結盟對抗「三好三人眾」。曾經處於京畿武家秩序最高位的室町幕府與三好政權都變成了四分五裂的狀態，三好三人眾擁立的新任幕府將軍足利義榮也因為戰爭無法進入京都，京畿第一次成為了一塊「無主之地」。

直到織田信長擁戴足利義昭上洛以後，在織田家的軍事支持下，足利義昭出任幕府將軍，恢復了室町幕府對京畿的統治地位。當然，與先前的幾任幕府將軍一樣，足利義昭時期的「天下」實際上處於足利義昭與織田信長共治的狀態，並且拳頭更大的織田信長掌握著更多的話語權。

織田信長與「兵農分離」、「樂市樂座」

織田家為什麼這麼強大？這恐怕是很多日本戰國史愛好者心中的一個疑問。當然，針對這個問題的討論也是非常多的，不一樣的地方給出的答案也是不一樣的，各自都有各自的見解。至於對錯，那就是仁者見仁，智者見智了。

在諸多見解之中，織田信長的各種政策一向都是很讓人津津樂道的，樂市樂座、兵農分離，還有織田信長對日本宗教的

態度、對新式武器的喜愛等等。那麼，信長的這些政策真的對織田家的壯大有所影響嗎？

兵農分離是日本戰國時代的一項非常常見的政策，從字面理解就是將士兵、農民區分開，打仗的專注打仗，種地的專注種地，既不影響戰爭，也不影響生產。

很多人認為，織田軍之所以強大，就是因為織田信長施行「兵農分離」，培養起了一批作戰素質很高的職業軍人，這讓他在與以農民、武士混雜的其他戰國大名麾下的軍隊作戰時戰無不勝攻無不克。

實際上，與其說兵農分離是一種軍事制度，倒不如說是一種社會制度。在江戶時代以前，士兵與農民、市民的定義比較含糊，在戰國大名的軍隊裡經常都能看見農民、市民甚至地痞無賴的身影。

應仁之亂時，為什麼東、西軍的大名們能夠供給龐大的軍隊在京都作戰，其中很大的一部分原因就是他們的軍隊裡有不少人來自京畿的農民、市民以及因為饑荒、戰亂流落到京畿的難民。這些人往往組成一支支「足輕」部隊，大名們並不會給他們提供軍需糧草，而是給他們下發在戰場進行劫掠的許可，劫掠的對象自然不僅僅是敵軍，還包括淪為戰區的莊園、寺院以及街市。這些僱傭軍形式的足輕部隊，極大地補充了大名的軍事力量，有的大名在自家領地或許只能募集千餘士兵，但是卻可以在戰場上僱傭到數倍的足輕部隊。

所以,戰國大名們施行兵農分離的真正意義,並非在培養作戰素質高的職業軍人,而是將士兵與農民的身分割槽分開。這樣一來,曾經活躍在戰場上的僱傭軍形式的足輕部隊逐漸消亡,取而代之的是透過正規管道徵召的士兵,從而限制基層領主們的軍事力量。

兵農分離這個政策通常與城下集住、刀狩令是一同施行的,職業士兵(武士)與農民、工商業者的身分一旦區分開來以後,後者的一些武器會被收繳,前者則被命令遷至規定的城下町居住。這便是戰國大名給基層領主套上的更進一步的枷鎖,被限制軍事力量以後,領主們還脫離了自己的領地,與領地的直接聯繫便不如在地時期那麼強大。

那麼,兵農分離真的是一個讓織田家變強大的政策嗎?

先前我見到有人說過,織田信長之所以在長篠之戰擊敗武田軍,其中很重要的原因就是織田家施行的兵農分離政策讓軍隊足夠強大。可是,兵農分離真的會讓軍隊變強大嗎?

關於這個問題,江戶時代岡山藩的家臣熊澤蕃山已經給出了答案,他在著作《大學或問》中提到,兵農分離施行以後,居住在城下的武士不再進行生產,導致武士們普遍體弱多病,軍隊戰鬥力下降嚴重。其次,一些中下級武士們脫離了領地,在地的奉公人與武士的聯繫減少,隨著時間的推移,忠誠度自然也與日減少。

也就是說,與大部分人的認知不一樣,身處兵農分離環境

下的熊澤蕃山看出了兵農分離的毛病，雖然大名透過這個政策限制了家臣的軍事力，但是隨著家臣軍事力的衰弱，大名自身的軍事力量也隨之衰弱。

除此以外，織田信長的「兵農分離」政策究竟是何時開始施行的？根據《信長公記》的記載，天正六年（1578 年）正月十九日，安土城的城下町發生火災，起因是因為信長弓眾之一的福田與一單身搬到城下，外出公務時因家裡沒人意外失火。織田信長聞訊大怒，下令馬廻眾必須將妻兒老小全部都接到安土城下居住，還對織田信忠下令將馬廻眾在尾張國的私宅全部燒毀。

從這個記載中我們可以得知，至少在天正六年正月為止，織田家都未施行兵農分離、城下集住等政策。福田與一隻是單身來到安土城奉公，家人僕從全部都留在了老家。這時候，距離武田家在長篠之戰戰敗已經過去了將近三年時間，距離流放幕府將軍、滅亡淺井、朝倉家過去了將近六年，而信長上洛，更是十年前的事了。

因此，我們可以判斷，兵農分離這個政策對織田家的壯大沒有起到關鍵作用，甚至織田家很可能壓根就沒有大規模推行過這個政策。織田軍的善戰除了織田信長指揮有方以外，主要原因還是他們真的很能打，也很有錢。反而我們可以這麼說，正是因為織田家足夠強大，以龐大的人口基數足夠支撐起作戰的軍隊人數，所以信長才得以施行「兵農分離」這個政策。

「樂市樂座」是遊戲《信長之野望》裡的一個政策，施行了

織田家

這個政策以後,玩家的經濟收入變多,遊戲內的資金也更加充沛。這也就造成了一種錯覺——「樂市樂座」對戰國大名來說,是一種賺錢的手段,織田信長靠著這個政策,讓織田家變得很有錢。

織田家很有錢嗎?確實是很有錢,從織田信秀時代開始時就是如此。天文年間山科言繼前往尾張國時,甚至驚訝地發現織田信秀的家臣平手政秀的家裡都比守護代清洲織田家(信秀的主君)要富有。織田家為什麼這麼有錢?因為織田家掌握著貿易繁榮的津島,靠徵收商業稅發的財。

那麼,如果在津島施行「樂市樂座」的話,會怎麼樣?

首先我們要了解一下「樂市樂座」究竟是什麼?根據辭書的解釋,「樂市」就是免除商業稅,「樂座」就是解散壟斷商品銷售的組織「座」——免除「商業稅」,那還賺甚麼錢?

「樂市樂座」經常被視為是織田信長獨創的政策,但是實際上,在目前發現的文書中,戰國時代的六角家、今川家都在織田信長之前施行過「樂市」政策(沒有樂座),北條家也在織田家之後施行過「樂市」。當然,目前已知的文書裡,織田信長的確是第一個既「樂市」又「樂座」的人。

即便如此,織田信長的文書中,和「樂座」有關的也僅僅只有三封而已,反之,保障「座」利益的命令卻有很多。除此以外,許多在戰國時代本應被「樂」的座,到了江戶時代初期依然有活動的痕跡,這便讓現在的史學家們產生了一個新的推論:

「樂座」並不是指解散「座」，可能只是在特定地方暫時禁止座的活動，允許商品的自由買賣而已。

另外一方面，「樂市」政策其實也不僅僅是免除商業稅這麼簡單，在日本戰國時代，因為戰亂頻繁的緣故，許多原本繁榮的市場逐漸衰弱，淪為戰場的城下町更是經常成為武士們的劫掠對象。因此，戰國大名不僅僅需要「免除商業稅」，還要保障市場的安定與穩定。可以發現，享受「樂市樂座」政策的對象，可能並不是遊戲裡的戰國大名，而是居住在市場裡的商人與市民。

那麼，既然可能不賺錢，甚至虧錢，織田信長為何還要施行「樂市樂座」呢？

首先，繁榮市場是一個長久的計畫，犧牲眼前的利益，是為了更長遠的利益而考慮的，織田家不缺錢，所以才會在特定地方推出這個政策。其目的是復興一些因為戰亂所荒廢的市場，一旦市場恢復繁榮，便沒有必要再施行「樂市樂座」政策了，反而更傾向於保護「座」的權益，以維持市場的穩定。

其次，從信長保障「座」的利益來看，織田家並不是在處處施行「樂市樂座」的，因為「樂市樂座」可是很可能招來利益相關者的戰刀的。

「座」的幕後支持者一般都是貴族與寺社，織田信長在特定地域施行「樂座」，其實也有利於他打擊當地過強的宗教勢力。不過，在當時織田信長還未統一日本的情況下，得罪過多的勢力明顯是不理智的。由於宗教勢力仍十分強大的緣故，信長自

然不會一口氣將寺社全得罪光，所以才會出現僅在很有限的地方推行「樂座」的情況。等到了羽柴家、德川家統治日本的時代，統一政權的實力已經非常強大。

實際上，織田家施行次數更多的是和其他戰國大名一樣的「樂市」政策，這是時代的大勢所趨。並且，信長的「樂市」政策，與其說是單純的為了市場的繁榮，倒不如說包含了更多的軍事、政治意義在裡面。

我們知道，在日本戰國時代中期，宗教一揆的力量越來越強大，尤其是京畿出現的法華一揆、一向一揆等等。而這些一揆的組成人員，除了在地武士、宗教人士以外，還有很大一部分是來自都市的市民、工商業者，這些新冒頭的都市給一揆提供了大量的人力、財力的支持，使得京畿的戰國大名飽受宗教一揆的困擾。

織田信長施行的「樂市樂座」政策，不僅有免除商業稅等，甚至還給市民免除了「地子錢」、勞役等等。信長的目的在於以織田家讓出部分利益為條件，將分散在各地的市場逐漸聚集到一個織田家控制力較強的地域。此消彼長，織田家麾下町市的繁榮，自然就會讓在其他地域的町市衰弱。

因此，「樂市樂座」其實可能並不是織田信長聚斂財富的手段，而是包含了更多的軍事意義在其中，織田家也並不是靠「樂市樂座」發的財，而是織田家發財以後，才有財力支持信長推行樂市以及有限的樂座政策。

織田信長與佛教信仰

「人間五十年,若與下天相比,宛如夢中幻境一般……」

日本永祿三年(1560年)五月十九日凌晨,尾張國的清州城內響起了織田信長的歌聲,這是信長一生中最喜愛的幸若舞《敦盛》中的歌詞。

此時,敵國的今川義元已經率領著數萬軍隊侵入了織田家的領地,面對強大的今川家的侵攻,織田家上下商議了一晚也束手無策。徹夜未眠的織田信長亢奮不已,在居館中跳起了舞蹈。

舞蹈完畢以後,織田信長匆匆命人端上早飯,隨便扒了幾口,便下令部下吹響集結軍隊的法螺。隨後,織田信長不等軍隊集結,穿上鎧甲,僅僅帶著五個近侍就騎馬衝出了清州城,改變日本歷史程式的「桶狹間之戰」爆發。

織田信長在這一戰中,出其不意地擊潰了今川軍的前鋒,一路追擊至今川軍的大將本陣。一天之後,織田信長攜帶著今川義元的首級凱旋歸來,腰上還彆著繳獲的今川義元佩刀——名刀「宗三左文字」。

桶狹間之戰,讓織田信長聞名天下,同時也讓《敦盛》名傳後世,現在的很多人即便不了解「平敦盛」是誰?「幸若舞」是什麼?但是也絕對不會不知道那句著名的「人間五十年」。

在佛教之中,將世界分為「欲界」、「色界」、「無色界」三

界。實際上，幸若舞《敦盛》中的這段唱詞，說的就是「欲界」裡的「六重天」的內容。其中的「人間五十年」，指的並不是人活了五十年，而是指「人世間的五十年」，「下天」指的則是六重天裡最底層的「四天王眾天」，相傳這裡的一晝夜就是人間的五十年。

不管織田信長對宗教的態度如何，在當時的時代背景下，領主之子出身的他對佛教的了解是不會太少的。織田信長後來自稱的「第六天魔王」，指的便是居住在六重天裡最高位的「他化自在天」中的魔王波旬，第六天魔王經常以慾望干擾修佛之人，所以是所有佛教信徒的死敵。

在很多的藝術作品中，包括不限於電視劇、漫畫、遊戲等等，織田信長是一個不信神佛的傢伙，對宗教的態度極為強硬。而日本戰國時代的宗教勢力呢，尤其是那些藉著神權名義插手世俗鬥爭的日本傳統寺社勢力，也一個接一個地都倒在了織田信長的面前。

蔑視宗教勢力，公然站在了宗教勢力的對立面，似乎織田信長的「第六天魔王」稱號名副其實。

然而，真的是如此嗎？

實際上，織田信長並非是一個不信仰宗教的傢伙，在《信長公記》的記載之中，織田信長在桶狹間之戰以前曾前往熱田神宮祈禱戰事順利，並在大勝以後為熱田神宮修築了「信長塀」還願。

天正三年（1575年），織田家的大敵武田勝賴率軍侵入信長盟友德川家康的領地，織田信長率軍前往迎擊。在出陣德川領之前，織田信長也寫信給熱田神宮的社祝，表示最近將要與武田家交戰，希望按照以往的慣例祈禱此次作戰勝利。

作為一個領地廣闊的領主，尤其是領內還有佛教諸多教派的寺院，織田信長的宗教信仰傾向並不算非常明顯。但是，我們其實可以從織田家在安土城修建的菩提寺進行推測。

戰國大名在居城附近修築寺院是一件非常常見的事情，這些寺院也會作為他們家族的「菩提寺」存在。例如三河國的松平清康就在岡崎城附近修築了佛教淨土宗的大樹寺，而美濃國的齋藤道三則在居城稻葉山城下修築了佛教日蓮宗的常在寺，齋藤道三之子義龍改姓「一色」以後，便按照一色家的慣例，在城下重新修築了佛教禪宗的傳燈寺作為新的菩提寺。

織田信長在安土城內修建了臨濟宗妙心寺派的寺院「總見寺」，若是按照常理推測，織田信長的信仰應當是佛教裡的禪宗。甚至，現今安土城的遺址也成為了總見寺的私人產業，從這點來看，織田信長的信仰與室町武士並無差別。

在中世紀的日本，平安京內的政局變化無常，縱觀這幾百年的歷史，我們都能發現大多數與京都有關的歷史事件之中，都能發現有一群戴著小白帽的傢伙活躍在政治舞臺之上。

這群戴著白色頭巾的天龍人，是來自比叡山延曆寺的僧兵，也被稱為「山法師」。延曆寺屬於佛教天台宗的寺院，位於

平安京東北部的「鬼門」比叡山上,是以京都守護者的姿態而存在的寺院。不過這座本應是佛門淨地的寺院,卻藉著地利之便,時常干涉朝廷的內政,想當年平安時代的梟雄白河天皇就曾感慨過:「人世間只有三樣東西不如朕意:賀茂川的水災、賭博的雙六、延曆寺的山法師。」

元龜元年(1570年)九月二十四日,在織田軍的追擊之下,與信長敵對的淺井、朝倉兩家的聯軍躲進了延曆寺之中。

延曆寺從平安京誕生時就存在至今,在京畿有著極大的威望,織田軍也不敢擅自行動,將此事彙報給了信長。織田信長獲知此事以後,派出稻葉一鐵作為使者,帶著自己的朱印狀前往延曆寺。

信長在朱印狀之中對延曆寺做出如下承諾:如果延曆寺站在織田家的一方,則信長會竭力協助延曆寺收復所有位於織田家領地的領地,無論這些領地是荒廢了,還是已經被武士占領。即便延曆寺不便於公開站在織田家的一方,大家井水不犯河水,只要承諾保持中立,不包庇任何一方,織田家也會安保延曆寺的太平。

信的最後,織田信長加了一句:「如果執意對抗,到時候織田軍將會把包括根本中堂在內的所有佛堂燒毀。」

延曆寺的僧人們收到信長的書信以後,對此嗤之以鼻,將書信揉成一團丟進了可回收垃圾桶裡,同時小白帽們還表示,織田軍有種就攻上山來。

信長回覆：給我等著。

次年九月十一日，織田信長佯裝出兵河內國，率領三萬人左右的軍隊在近江國的三井寺著陣。第二天一早，原本要南下的織田軍突然調轉進軍路線，北上包圍了延曆寺。

此時延曆寺的大多數僧人與佛堂都不在比叡山上，而是遷到了山下繁榮的坂本町之中，織田軍侵入坂本，在此地燒殺劫掠。坂本的許多住民與僧人們湧進了附近的日吉神社中，然而織田軍並沒有因為日吉神社的神聖就放過他們，織田軍很快就殺進了神社之中，將男女老少們通通殺死，順便一把火燒毀了日吉神社。

比叡山上留守的僧人們見到山下的慘狀，還來不及感到悲傷，織田軍的軍旗就順著山路從四面攻上山來。織田信長有債必償，包括根本中堂在內，山王二十一社、東塔、西塔等佛堂均被織田軍縱火燒毀。

織田信長火燒山門的新聞很快就傳到了京都，到處都流傳著「延曆寺又被攻擊了」的消息。

奇怪，為什麼要加個「又」字？

實際上，無論在《言繼卿記》還是《御湯殿上日記》之中，當時朝廷的公卿們似乎對織田軍燒討延曆寺之事並不是非常在意。這主要還是因為延曆寺作死太多，已經不是第一次捲入世俗間的戰爭了。

從平安時代以來,延曆寺的和尚們經常因為看朝廷不順眼,或者與某些權貴起了衝突,就抬著「神轎」進京抗議。之所以抬著神轎,主要是用來作擋箭牌的,萬一真有武士前來暴力執法,他們便將神轎推到最前頭。神轎代表著佛祖,衝擊神轎就等於對佛祖不敬,即便事後完成了阻止強訴的任務,很多武士也都會淪為接鍋俠,替領導背黑鍋被處分。

然而,延曆寺的這招到了室町幕府時代就完全不管用了,室町時代的武士連「上皇(已經退位的天皇)」的轎子都敢用弓箭攻擊,更別提看不見摸不到的佛祖了。實際上,室町幕府的初代將軍足利尊氏、六代將軍足利義教,都曾攻打過延曆寺,教訓過這些和尚。

太田牛一作為織田信長的家臣,在《信長公記》裡說延曆寺的僧人們荒廢佛事、作奸犯科,乃是天下之恥。所以在他眼中,織田信長攻打延曆寺是肅清不正之風。

小瀨甫庵作為戰國時代中後期、江戶時代初期的儒學家,在《甫庵信長記》裡也直言不諱地說:「滅亡延曆寺的並非是織田家,而是他們自己。」

另外,南都興福寺多聞院的院主多聞院英俊在「山門燒討」的前一年曾來訪過延曆寺,發現許多僧人們竟然搬離了延曆寺,遷到了坂本町居住,整日與市井市民們廝混、沉迷酒色。多聞院英俊回興福寺之後,氣得在日記裡罵延曆寺的僧人們荒唐墮落。

在織田信長的領地之內,來自葡萄牙的傳教士路易士・佛

洛伊斯非常受到信長的信任，在安土城築成以前，路易士是少數曾登上過織田信長的居城岐阜城的非織田家家臣。

不過，織田信長與傳教士的接觸並非是什麼親近天主教，一方面他確實對許多新鮮事物感到好奇，另外一方面也是給當時足利義昭的近臣、天主教大名和田惟政一些面子。

元龜三年（1572年），織田信長的盟友武田信玄背盟來襲，根據路易士的記載，當時武田信玄寫信給織田信長，自稱是「天台座主信玄」，粗暴地翻譯過來就是「延曆寺的最高領導人前來復仇」。

織田信長見武田信玄自稱「天台座主」，在回信時也自稱「第六天魔王」，表示與武田信玄勢不兩立。路易士在敘事的末尾，還順便解釋了一下「第六天魔王」是「佛教諸派的敵人，惡魔之中的王者。」不過，在路易士的記載中，織田信長在京都期間曾經皈依過京畿一帶流行的法華宗。

路易士的記載是否是事實，我們無從知曉，因為他經常會將織田信長說成是一個厭惡佛教的人以獲取教會的好感。作為一個和親近天主教的東方領主走得很近的傳教士，路易士在教會裡的地位自然也會是雞犬升天。

即便此事屬實，織田信長也萬萬沒想到，自己的一時口嗨，竟然會成為幾百年後影視劇裡自己的固定形象。

很多不了解日本戰國史的人，都以為在織田信長火燒山門以後，本願寺站在了延曆寺的一邊，同仇敵愾對付織田信長。

作為織田信長的幾大知名對手之一，本願寺在當時的日本有著非常強大的影響力，甚至驅逐了位於北陸的加賀國守護富樫氏，控制了此地。不過，實際上屬於佛教淨土真宗（一向宗）的本願寺與天台宗的延曆寺之間的仇恨，只怕要比本願寺同織田家的仇還要大。

早在一百多年前，因為本願寺蓮如的布道，淨土真宗吸納了許多原其他教派的信徒，在日本佛教諸派間的地位迅速上升，引起了天台宗延曆寺的不滿。寬正六年（1465年），在延曆寺的指揮下，天台宗的僧人與信徒襲擊了大谷本願寺，是為「寬正法難」。

除了天台宗以外，佛教的另一教派法華宗與本願寺的關係也是極差，大谷本願寺被延曆寺拆毀以後，本願寺遷到了山科，結果在天文年間的「天文法華之亂」中，山科本願寺再度被法華宗信徒拆毀，最終才遷到了織田信長時期的大坂。

作為日本佛教界的孤兒，兩度流離失所、被迫搬家的本願寺實在是沒有什麼理由為延曆寺出頭，與織田信長敵對。實際上本願寺舉兵的原因非常簡單，當時有權繼承幕府將軍之位的並非只有足利義昭，還有三好家擁戴的「堺公方」足利義維、足利義榮一系，再加上三好家許諾會協助本願寺在法相宗興福寺所在的大和國傳教，擴張勢力，因此才會鋌而走險。

即便是在淨土真宗內部，他們也不是鐵板一塊。淨土真宗內除了「本願寺派」外還有「高田派」、「三門徒派」等等，這些

派系在織田信長平定「一向一揆」時都受到了織田信長的邀請，站在了織田家的一邊。

其實，織田信長與佛教勢力敵對的原因並不複雜，一者，織田信長不允許在自己的領地內有挑戰自己權威的勢力，二者，延曆寺為代表的寺社與織田家有著非常大的利益衝突。

當時的日本有著一種名為「座」的商業壟斷聯盟，這些「座」大多都處於貴族與寺院的控制之下。舉個例子，在延曆寺的領地之內，一些特殊商品只有加入「座」的商人才能夠銷售與運輸，相對的，這些加入「座」的商人們也要向延曆寺繳納會員費。

織田信長上洛初期，在京畿的立足並不算穩定，然而他沒有向舊勢力妥協，依舊堅持施行「廢除關所」以及「樂市樂座」等政策。儘管織田信長的「樂座」政策非常有限，但是依舊引起了靠「座」獲得巨大利益的宗教集團的側目。

農業與商業的繁榮讓織田家越來越富有，實力也越來越強大，最終奠定了統一日本的基礎。織田信長非常實在，他看出織田家之所以能夠從一介地方土豪變成天下人，靠的就是四個字，不是「阿彌陀佛」，而是「我很有錢」。

足利家

戰國前夜

　　日本戰國時代的一百五十年間，約有一百餘年的時間都屬於室町幕府統治日本的時期，當時的幕府將軍乃是清和源氏出身的足利家。那麼，在足利家的統治下，室町幕府又是如何一步一步地讓日本走向戰國時代的呢？

　　足利家的先祖足利義康是清和源氏家族中最著名的武士源義家的孫子，在鎌倉幕府時期，足利家因為與當時執幕府牛耳的北條家聯姻，成為了幕府中的有力御家人。等到鎌倉幕府末期時，後醍醐天皇舉兵倒幕，足利家的家督足利尊氏背叛幕府加入了朝廷的一方，為後醍醐天皇建立的建武政權立下了赫赫戰功。不過，理念不合的足利尊氏最終還是和後醍醐天皇走到了對立面上，足利家擁戴了另外一支皇族「持明院統」出任天皇，自己也因此出任征夷大將軍，開設室町幕府，建立起一個新的武家政權。

　　室町幕府建立於亂世之中，為了與當時後醍醐天皇建立的南朝抗衡，幕府給各地的武士授予了非常多的許可權，這使得

在日本南北朝統一以後，各地的守護大名割據一方與幕府針鋒相對。到了第六代將軍足利義教時期，這個以鐵腕手段著稱的幕府將軍因為削藩而被家臣赤松氏暗殺，使得室町幕府開始走向衰弱。

足利義教去世時正當壯年，嫡子千也茶丸不過八歲而已，幕臣們迫不得已，只得立這個幼兒出任幕府將軍，取名足利義勝。沒曾想，足利義勝也是個短命鬼，僅僅兩年之後，足利義勝就染上了赤痢。由於當時醫療條件十分落後，這個年幼的將軍最終在陰陽師的祈禱聲之中病逝，幕府重臣們不得不再次擁立足利義勝的弟弟三春丸為主。

文安六年（1449年）四月，室町幕府為三春丸舉行了盛大的元服禮，取名為足利義成，隨後朝廷下旨，任命足利義成為「征夷大將軍」，也就是室町幕府的第八代幕府將軍。因為足利義成後來又改名為足利義政，所以我們下文統一稱呼其為足利義政。足利義政的性格和父親足利義教截然不同，他雖然胸有大志，但是骨子裡卻是個討厭戰爭的文藝青年，並且除了志大才疏、窮奢極欲等缺點以外還有一些戀母情節，甚至將自己的乳母收為側室。

由於當時室町幕府的守護大名已經尾大不掉，為了對付這些守護大名，足利義政開始任用側近，打擊守護大名的勢力。在眾多守護大名之中，又以「三管領」斯波家、畠山家、細川家、「四職」山名家、一色家、赤松家、京極家還有土岐家、

足利家

大內家等幾個家族最為強大。不過在足利義政出任幕府將軍時期，三管領中的斯波家、畠山家都因為家督之事分裂，四職中的赤松家在足利義教死後滅亡，一色家、京極家也都走向衰弱，所以在幕府內部，最為強大的還是細川家與山名家兩個家族，並且這兩個家族還是同盟關係。

雪上加霜的是，足利義政出任將軍以後，一直都沒有產出子嗣，這讓足利家出現了繼承人危機。為了鞏固幕府的統治，足利義政強迫已經出家的弟弟足利義視還俗，成為自己的繼承人。然而，老天爺似乎給足利義政開了個玩笑，在足利義視還俗後不久，足利義政的正室夫人日野富子就為其產下一名男嬰，也就是後來的足利義尚。

因為當時的日本夭折率奇高，所以足利義政並未因為男嗣的出現而出現廢立繼承人的心思。日本武家的繼承制度與中國略有不同，例如鎌倉幕府時期掌握幕政的是出任幕府執權的北條家嫡流「得宗家」一系，然而在得宗家男丁年幼之時，幕府也會讓北條家的庶流暫時出任執權，等到得宗家男丁成年後，再歸還其執權之位。因此，足利義政的想法恐怕與早前的鎌倉幕府相同，讓弟弟出任下一任幕府將軍，再由自己的兒子成為弟弟的繼承人，也就是下下任幕府將軍。

可是，幕府當中的有些人卻對此事感到不滿，其中就包括了幕府將軍的近臣伊勢貞親。伊勢家世世代代侍奉足利家，在幕府建立以後，足利家也十分信任伊勢家，讓其世襲幕府中的

「政所執事」一職。伊勢貞親之子伊勢貞宗是足利義尚的養父，因此足利義尚越早出任幕府將軍，對伊勢家來說就越為有利。另外，因為是幕府將軍近臣的緣故，伊勢貞親與細川家、山名家等守護家族的關係也並不怎麼樣。順便一提，伊勢貞親的外甥，便是戰國大名北條家的開創者北條早雲（伊勢宗瑞）。

文正元年（1466 年）七月，伊勢貞親為了拉攏三管領中的斯波家，慫恿將軍廢掉親近守護勢力的現任斯波家家督斯波義廉，重新改立前斯波家家督斯波義敏上位。九月，伊勢貞親再次向將軍進言誅殺其弟弟足利義視，而足利義視在探知消息之後，逃到了細川家、山名家處請求庇護。細川家、山名家對伊勢貞親已經十分不滿，兩家藉著這個機會召集各地大名，擁立足利義視為主，打著清君側的旗號強迫足利義政下令殺死伊勢貞親，在守護大名的脅迫之下，伊勢貞親及一族狼狽地逃出了京都。

伊勢家出逃以後，細川家獨掌幕府大權。當時的三管領家族中，細川家家督細川勝元、斯波家家督斯波義廉雖然都是山名家家督山名宗全的女婿，但是細川勝元卻不一定買老丈人山名宗全的帳，並且三管領中的另外一家畠山家的家督畠山政長還是靠細川勝元的支持才順利繼位的，所以這樣的這樣的現狀引起了山名家的不滿。為了擴大山名家在幕府內部的影響力，山名宗全在暗地裡支持與畠山政長爭奪家督之位的畠山義就重返京都，最終引發了大亂。

同年十二月二十四日，畠山義就率領軍隊自河內國上洛，兩日後畠山義就軍於京都北部的千本釋迦堂著陣。得知畠山義就率軍上洛後，畠山政長感到十分不安，急忙派出使者向細川家求援。

次年元旦（文正二年，是年改元應仁元年，1467 年），出任幕府管領的畠山政長前往幕府向將軍足利義政進貢。按照往年規矩，足利義政應該在第二天前往管領的家中以示認可管領的忠誠。可是，因為畠山義就的威脅，再加上山名宗全的暗中操作，足利義政在元月二日沒有前往畠山政長的家中赴宴，反而在將軍御所中接見了畠山義就。不僅如此，足利義政還在元月五日前往山名宗全的家中接受畠山義就的款待，並在次日罷免了畠山政長的管領之位，改由山名宗全的女婿斯波義廉出任管領。

足利義政的搖擺不定讓京都的局勢越來越不穩定，為了勸諫將軍，細川勝元召集起軍隊，想要請求足利義政下令討伐畠山義就。結果山名宗全先行一步占領了將軍的御所，甚至將天皇一族也移入御所之中控制，使得細川勝元失去了大義名分。

元月十七日，畠山政長燒毀了畠山家的宅邸，前往京都東北部的上御靈神社布陣，畠山義就則在次日率軍對上御靈神社發起攻擊。足利義政並沒有意識到問題的嚴重性，反而因為擔心自己重金修築的花之御所會被戰事波及，下令讓各個家族都不許插手畠山政長與畠山義就的戰役。

細川勝元比較老實，再加上山名宗全明顯是有備而來，自己輕舉妄動容易吃虧，所以在收到將軍命令後一直按兵不動。反過來，山名宗全完全無視了將軍的命令，下令讓斯波義廉派兵增援畠山義就。雖然在斯波軍趕赴戰場以前畠山義就就已經擊敗了畠山政長，但是山名宗全此舉仍被世人們認為山名家插手了這次的「御靈戰役」，而一直按兵不動的細川勝元，則因為坐視盟友敗北不施以援手，被世人嘲笑為膽小鬼。

應仁之亂與鉤之陣

應仁元年（1467年）五月二十五日，細川勝元祕密調遣了軍隊在京都集結，於次日襲擊了幕府將軍御所正對門的山名宗全方的大名一色義直的房子，應仁之亂爆發。為了避免重蹈覆轍，細川勝元起兵之後立即包圍了將軍御所，控制住了將軍足利義政一家。

得知細川勝元舉兵後，足利義政先是下令命畠山義就離開京都，而後又下令禁止細川勝元與山名宗全交戰。然而，幕府的處置依舊不能夠讓勢同水火的大名們滿意，細川勝元依舊在六月一日請求足利義政頒下將軍的牙旗，準備討伐山名宗全，各方大名也在這期間基本站隊完畢，細川勝元一方被稱為「東軍」，山名宗全一方則被稱為「西軍」。

此時因為掌管將軍牙旗的一色義直加入了西軍，足利義政不得不下令重新製作一面新的旗幟，並且還下令讓弟弟足利

義視出任東軍的總大將。足利義視與文弱的哥哥不同，在出任總大將後屢立戰功，於軍中立下了很高的威望，而此時的足利義政卻一直寄希望於調停戰事兄弟倆對這場戰爭的態度完全不同。於是，擔心弟弟蓋過自己威風的足利義政便下令召回先前在文正政變中被驅逐的伊勢貞親。伊勢貞親的歸來讓足利義視察覺到了危險的訊號，他向伊勢國的國眾發去命令，令他們阻攔伊勢貞親上洛。

在此期間，負責護衛足利義政的將軍直轄部隊「奉公眾」中的許多武士加入了西軍，甚至有謠傳連足利義政都因為足利義視與東軍的關係有了加入西軍的打算。為此，足利義視先是主動退出了將軍御所，而後又利用東軍的勢力在御所內進行大清洗，驅逐與斬殺了一批親近西軍的女官與武士。

然而，京都的局勢在西國的大名大內政弘上洛之後發生了逆轉。原本東軍因為突然發難占據了上風，可是西軍方的大內軍、河野軍的突然到來使得戰局發生了變化，開始對西軍有利起來。足利義視擔心東軍萬一落敗，自己將淪為西軍的俘虜，便在十月帶著側近武士流亡伊勢國去了。

此時的足利義政還沒有完全放棄弟弟，得知足利義視出逃以後，足利義政下令將伊勢國領地收入的一半賜給足利義視，作為其在地方的開銷。之後，足利義政又相繼將山城國、近江國、伊勢國中寺院、神社的領地也「半濟」給了足利義視，將其請回了京都。可是，足利義視的回歸讓許多人感到了不滿，除

了伊勢貞親不說，先前足利義視在清洗將軍御所中的女官與武士時，還得罪了將軍的正室夫人日野富子與其哥哥日野勝光，二人因此返回京都的足利義視在御所中說是如坐針氈也不為過。

應仁二年（1468年）十一月十日，足利義政下令殺死了親近足利義視的幕臣有馬元家，令足利義視感到毛骨悚然的是，此前一直與自己站在同一戰線上的細川勝元對此事沒有任何表態，反而還勸說足利義視主動放棄將軍繼承人的位子重新出家。明眼人都能看出，細川勝元已經被將軍足利義政給收買了，而足利義視則成為了細川勝元的投名狀。在這樣的情況下，足利義視在一個雨夜出逃，前往京都郊外的比叡山延曆寺尋求庇護，不久之後又被山名宗全請入西陣，成為了西軍的幕府將軍。

文明九年（1477年），隨著東、西軍的議和，應仁之亂最終以西軍臣服東軍幕府而結束。西軍投降以後，曾是西軍幕府將軍的足利義視成為了西軍大名的棄子，無所依靠，好在美濃國的大名土岐成賴念及舊情，將足利義視帶回了美濃國。

另外一邊，在足利義視成為西軍幕府將軍後，足利義政便順利地將將軍之位傳給了兒子足利義尚，不過幕府的大權依舊掌握在隱居的足利義政手中，足利義尚不過只是父親的傀儡而已。足利義尚的性格與父親也是截然不同，他的個性火爆，喜好武勇，不喜文藝。前關白一條兼良曾經寫了一篇關於治國的《樵談治要》獻給足利義尚，沒想到足利義尚看也不看，轉手就

送給了做和尚的弟弟，搞得一條兼良的兒子尋尊十分不悅，形容父親獻上《樵談治要》的做法宛如「在狗的面前傳播佛法」。

由於父親的干政，足利義尚在文明十二年（1480 年）時一怒之下切掉了武士的髮髻，宣布出家隱居，最終在母親日野富子的支持下，足利義尚成功地逼迫父親足利義政將大權轉交給了自己。文明十七年（1485 年），足利義政支持的文官「奉行眾」之一的布施英基被足利義尚手下的奉公眾殺害，父子二人的對立進一步加深。

為了避開父親足利義政的影響，九代將軍足利義尚在長享元年（1487 年）九月藉口討伐侵占將軍直轄領「御料所」的六角家，率領著幕府大軍出陣。在擊敗了六角家以後，足利義尚便停留在了近江國的一個名為「鉤」的地方，召集奉公眾、奉行眾前來鉤之陣參陣，而前將軍足利義政麾下的奉行則被命令留守京都。在此期間，足利義尚所在的「鉤之陣」成為了實際上的幕府所在地。然而，足利義尚雖然是個武德充沛的將軍，但是年紀輕輕的他卻沉迷酒色，在兩年不到的時間裡，足利義尚的身體就被酒色與政務摧垮，在鉤之陣中吐血而死。

足利義尚去世時年僅二十五歲，由於他沒有子嗣，其他兄弟也都早逝，所以如何選擇新的將軍繼承人就成為了幕府的頭號大事。此時有權繼承將軍之位的分別是足利義政的兩個姪子——堀越公方足利政知之子香嚴院清晃與足利義視之子足利義材。

此時，在兒子足利義尚出任將軍時期崛起的日野富子起到了關鍵作用，由於清晃並沒有日野家的血統，而足利義材則是日野富子的妹妹日野良子之子，所以日野富子在繼承人之事上選擇支持足利義材。長享三年（1489年）四月，足利義材在父親足利義視的陪同下自美濃國上洛，被日野富子接進了足利義尚曾經的住宅小川御所之中，正式被指定為繼承人。

明應政變

延德二年（1490年），前將軍足利義政病逝，在足利義政的葬禮上，弟弟足利義視悲傷不已，對著眾人說道：「我與兄長的關係其實一直很好，只是因為在兄弟間夾雜了各式各樣的人和事，才導致我們成為了敵人。」的確，足利義政與足利義視的關係本來就非常好，哥倆還一起娶了日野富子、日野良子姐妹，若是生在尋常百姓家的話，兩人也許會是一對模範兄弟也說不定。

在足利義政去世以後，足利義視與日野富子的關係便開始急遽惡化。足利義視在應仁之亂時在東軍、西軍都有許多交情匪淺的守護大名，而香嚴院清晃（後來的足利義澄）的父親足利政知則遠在關東，對幕府的影響力十分有限，所以足利義視認為兒子足利義材成為將軍繼承人是一件理所應當的事情，並不會對日野富子感恩戴德。

足利義視的觀點在日野富子看來就是個白眼狼的行為，所

足利家

以她開始與管領細川政元聯繫，決定改立香嚴院清晃為將軍，政所執事伊勢貞宗也辭去了執事一職表示站隊日野富子，雙方的衝突越來越深。好在足利義視的威望尚在，在他的操作之下，兒子足利義材於是年七月正式被冊封為征夷大將軍，成為了室町幕府的第十代將軍。

然而，命運似乎注定要讓足利義材獨自面對難題，在出任將軍的三個月後，母親日野良子去世，次年正月，父親足利義視也因病去世。足利義材自幼便在美濃國長大，在京都沒有政治基礎，父母的接連去世，讓足利義材成為了幕府之中的孤家寡人。

為了轉移衝突、樹立威望，足利義材選擇了透過戰爭來加強自己的影響力。延德三年（1491 年）四月二十一日，足利義材下令親征近江國，想徹底解決掉六角高賴這個刺頭兒。在足利義材的號召下，各地大名紛紛上洛，對近江國發起了第二次攻擊，經過長達一年半的戰役，幕府軍最終成功地將六角高賴驅逐出了近江國。

凱旋歸京的足利義材志得意滿，他十分享受出陣時各個守護大名的前呼後擁，因此，足利義材決定乘勝追擊，透過不斷地發起戰爭來樹立將軍的威望，重建應仁之亂後的秩序。當然，打仗也不能瞎打，要師出有名，否則就是無事生非。足利義材選擇的下一個目標，便是畠山義就之子畠山基家（義豐）。畠山義就自應仁之亂後在地方上一直與幕府唱反調，在他去世

以後，畠山基家繼承了父親的遺志，繼續與幕府唱反調，所以是個成為幕府公敵的不二人選。

明應二年（1493年）正月，歸京才一個月左右的足利義材下令再次集結軍隊，出陣河內國討伐畠山基家。在足利義材痴心於戰爭的同時，有一個人一直在一旁冷眼旁觀，從不對將軍的決定表態，他便是幕府管領細川政元。由於細川政元在出陣近江國時吃了唯一一場敗仗，使得足利義材產生了「細川政元也不過如此」的錯覺，所以足利義材對其也沒有什麼防備。

四月二十二日夜裡，一隊武士護送著一個神祕人物進入了細川家的別墅之中。幾天之後，細川政元在家中為這位神祕人物也就是香嚴院清晃舉行了還俗禮，即足利義澄，擁戴其成為足利家家督，隨後日野富子、伊勢貞宗也紛紛表態承認足利義澄的地位。得知京都發生政變、新任將軍出現以後，各地的大名紛紛率軍離開了足利義材的陣中，由於形勢模糊，大名們也不敢過於傾向某一方。

不過，足利義材卻並不擔心，他在出任將軍後籠絡了畠山政長、赤松政則、斯波義寬等大名，除此以外畠山政長還有一支約一萬人左右的軍隊正從紀伊國朝河內國進軍。足利義材相信自己只要振臂一呼，就可集結幾位大名的軍勢上洛，與逆臣細川政元決一死戰。

然而讓足利義材沒有想到的是，斯波義寬由於足利義材一直擱置越前國（此地原是斯波家領地，卻被朝倉家占領）問題有

些怨念。而赤松政則被拉攏的原因則是足利義材支持復興赤松家，可是問題在於細川家也是復興赤松家的堅定支持者，再加上細川政元把姐姐嫁給了赤松政則，所以赤松家似乎沒有理由非得站隊足利義材。不僅如此，畠山政長的軍隊在經過和泉國時還遭到了赤松軍的阻擊，最終被赤松政則擊敗。

在這樣的情況下，足利義材終於認清了事實，決定投降。畠山政長不願受辱，在將軍身邊自盡而死，其子畠山尚順則帶著家臣突圍，逃向了紀伊國。

明應政變的原因有很多，除了得罪足利家的「家督陣代」日野富子以外，足利義材的窮兵黷武也是很重要的原因。第二次六角征伐時，大名們積極響應將軍的號召，與其說他們對討伐六角高賴有多大熱情，倒不如說是禮貌性地向新任將軍表示效忠，僅此而已。畢竟無論是討伐六角高賴，還是畠山基家，亦或者是上了黑名單的朝倉家，獲益的都不是各地的大名，而是足利義材及其籠絡的畠山政長、斯波義寬等「自己人」。足利義材並未感受到大名們的厭戰情緒，反而還馬不停蹄地發動新的戰爭，自然引起了大名們的不滿。

五月二日，足利義材被帶回了京都幽禁，細川政元對其好吃好喝款待著，想讓足利義材從此遠離政界，當個快活的富翁。然而足利義材卻不是籠中之雀，他先是表現出了樂不思蜀的狀態，而後又在六月二十九日的雨夜中，與幾個側近逃出了京都，不知所蹤。

足利義稙的奮鬥

自京都失蹤的足利義材在幾天之後出現在了已故的畠山政長的領國越中國之中，受到了畠山政長的家臣神保長誠為首的越中國眾的保護。細川政元雖然多次派遣軍勢攻打越中國，但是都被國眾們擊敗。

不過，越中國的國眾聯軍自保有餘，若是想上洛的話，兵力還是有些單薄的。在諸多守護大名之中，西國的大內義興倒是十分熱情，但是此時的大內家正處於內亂以及北九州的戰爭中，並沒有餘力上洛。為了召集更多的人手，足利義材決定拉攏越前國的朝倉家，親自帶著十三名側近前往越前國。在此期間，足利義材將自己的名字改成了「足利義尹」，後來又改成「足利義稙」，為了方便閱讀，下文統稱其為足利義稙。

朝倉家在足利義稙尚是將軍時就不受待見，所以當足利義稙抵達越前國後，朝倉家家督朝倉貞景對其也是要啥給啥，就是不提上洛之事。不得不說，朝倉家的政治眼光一直很差，此時畠山政長之子畠山尚順正在與細川政元在南近畿交戰，京都附近又爆發了土一揆，若朝倉家摒棄前嫌擁護足利義稙上洛的話，必然會讓細川政元大為頭痛，事成之後朝倉家也定會在足利義稙的幕府之中占據一席之位，不至於被各地守護大名鄙視。

沒了朝倉家的支持，足利義稙只好帶著數百人的軍隊上洛，雖然這支軍隊兵力不多，但是畢竟是細川政元的前主君，所以

細川政元處理此事十分小心。就在這個時候，發生了一件讓大家都沒想到的事情，一個人的出現徹底幫細川政元解決掉了與主君交戰的煩惱，此人就是近江國的大名六角高賴。

六角高賴自從第二次六角征伐後就一直東躲西藏，直到明應政變後才敢返回近江國露面，這次撞上足利義稙，可以說是仇人相見分外眼紅，兩軍很快就廝殺了起來。足利義稙雖然勇武，但是畢竟人少，在六角軍的攻擊下節節敗退，逃向了比叡山延曆寺。不過，延曆寺也不敢收留這個燙手的山芋，所以足利義稙最終只能在近臣的護衛之下，渡海前往西國大內家的領地尋求庇護。

大內義興十分歡迎足利義稙的到來，可是此時的細川家在京畿如日中天，大內義興也不敢冒險上洛，只得勸說足利義稙再等等機會。這一等，就是十多年，把足利義稙從一個二十多歲的小夥兒，硬是熬成了一個開始看自己大腿贅肉的大叔。就在足利義稙認為自己這輩子就這樣了的時候，京都發生了一件大事，改變了他的命運。

永正四年（1507年）六月二十四日，幕府管領細川政元在入浴時被家臣香西元長、藥師寺長忠指使近侍暗殺，而香西元長等人及其擁立的細川政元養子細川澄之隨後被細川家一門眾討伐。不過，這次事件使得細川家走向了分裂，細川政元的另一個養子細川澄元以及細川野州家出身的細川高國為了爭奪家督之位大打出手，京都的內亂給了足利義稙一個重返將軍之位的機會。

永正五年（1508年）正月，大內軍擁戴足利義稙為主自周防國走海路上洛，進入京畿之後，足利義稙遇上了細川高國派來的幾百騎武士。原來，細川高國在內鬥中驅逐了將軍足利義澄以及細川澄元，決定臣服於足利義稙，大喜之餘的足利義稙立即下達了認可細川高國繼承細川家的御內書，給予其統率細川家的大義名分。除了大內義興、細川高國以外，先前流亡紀伊國的畠山尚順得知足利義稙歸來以後，也立即率領著萬餘軍勢前來參陣，足利義稙在幾位大名的簇擁之下返回了京都，二度出任征夷大將軍。

在足利義稙的構想之中，自己組建的新幕府將會以大內義興、細川高國、畠山尚順、畠山義元（能登畠山家）四人為中心，可是在這個新幕府之中，足利義稙卻難以維持和睦。幕府內部的衝突，主要出在大內義興與細川高國的身上。

大內家與細川家原本就因為爭奪明日貿易以及瀨戶內海霸權而交惡，此次兩家能夠聯合，純粹是因為想扶持足利義稙重返將軍之位的共同利益，因此在足利義稙坐穩位置以後，兩家的衝突便再次暴露了出來。除此以外，足利義稙將直轄領山城國的守護職封給了大內義興，然而早在明應政變以後，山城國就落入了細川家的實際掌控之下，空有守護頭銜的大內義興因為徵收稅賦等事，又與細川家的家臣們產生了衝突。

永正八年（1511年）六月，在近江國蟄伏的足利義澄、細川澄元宣布舉兵，二人還拉攏了播磨國守護赤松家、細川典廄

家、細川和泉上守護家、淡路細川家等家族。由於大內家與細川家的關係不佳，細川高國只得獨自派出軍勢迎敵，結果被細川澄元組織的聯軍打得大敗，足利義稙在幾位大名的護衛之下倉惶地逃出京都。然而，就在這個時候上天突然幫了一把足利義稙，細川澄元擁戴的將軍足利義澄在這場戰爭的期間突然得了重病病逝，年僅三十二歲。足利義澄的死讓細川澄元軍陣腳大亂，失去了大義名分，最終澄元軍在船岡山之戰中被足利義稙重新組織起來的大內、細川聯軍擊敗。

永正十四年（1517年），因為痛風病的困擾，足利義稙決定前往攝津國的有馬溫泉休養。在將軍離開京都以後，管領代大內義興突然率領著大內軍離開京都，朝著堺港撤退。大內義興在京十年，雖然獲得了將軍足利義稙的青睞以及管領代等職位，但是卻錯過了在地方爭霸的黃金十年，讓尼子家、大友家等勢力成長為足以與大內家抗衡的家族。儘管足利義稙不斷派出使者挽留大內義興，但是大內義興依舊拒絕了將軍的命令，帶著軍隊返回領地了。

在足利義稙失去大內軍的支持後，細川澄元立即派遣家臣三好之長上洛，想要奪回細川家家督之位。而足利義稙則認為細川高國大勢已去，開始祕密與細川澄元、三好之長聯繫，拋棄了細川高國。可是讓足利義稙沒想到的是，逃出京都的細川高國在近江國得到了守護大名六角定賴的支持，帶著聯軍捲土重來奪回了京都，還殺死了細川澄元軍的主將三好之長。三好之

長戰死之後，細川澄元也一病不起，最終一命嗚呼。

因為先前與細川澄元眉來眼去的緣故，足利義稙與細川高國的關係急速惡化。大永元年（1521年）三月七日，足利義稙帶著隨從們離開京都，流亡淡路國，而細川高國則擁戴在赤松家長大的前將軍之子足利義晴為主，徹底與足利義稙決裂。

此時的足利義稙已經垂垂老矣，雖然他積極地給各地大名發去書信，命令他們上洛討伐細川高國，但是此時的日本已經陷入戰國時代的戰爭泥沼之中，根本沒有大名願意出兵支持他。兩年之後，足利義稙在孤獨中病逝，結束了自己充滿戲劇性的一生，享年五十八歲。

多舛的將軍

大永六年（1526年），由於弟弟細川尹賢的讒言，細川高國殺死了重臣香西元盛，此後香西元盛的弟弟波多野元清、柳本賢治等人在丹波國掀起了反旗。趁著這個機會，細川澄元之子細川晴元與家臣三好元長與丹波國眾結盟，對細川高國發起反擊。

次年二月，細川高國在桂川戰役中戰敗，只得帶著將軍足利義晴流亡近江國。值得一提的是，在足利義晴前往近江國時，幕府的評定眾、奉行眾也紛紛追隨將軍流亡，這使得京都內的室町幕府崩壞，停止了運作。

另外一方面，細川晴元、三好元長等人擁戴足利義稙的猶

子，同時也是足利義晴兄弟的足利義維為主。雖然足利義維至死都未出任幕府將軍，但是他與細川晴元、三好元長在堺港組成的政權，被後世稱為「堺幕府」。足利義維與足利義晴兄弟倆，延續著足利義稙、足利義澄時代的分裂。

享祿四年（1531年）二月，細川高國在攝津國被細川晴元、三好元長擊敗，躲在染坊中的細川高國被三好軍士兵搜出，不久之後自盡而死。然而，在細川高國死後，細川晴元並不想與足利義晴的支持者六角定賴產生衝突，所以傾向於與足利義晴和談。反之，細川晴元的重臣三好元長則堅持擁戴足利義維為主，主從二人產生衝突後，三好元長被細川晴元設計害死。

天文三年（1536年）九月，在六角定賴的護送下，足利義晴被細川晴元迎進了京都。可是，幕府將軍的回歸併未宣告著和平的到來，在足利義晴返回京都以後，三好元長之子三好長慶與主君細川晴元敵對，為了穩定局勢，足利義晴不得不介入促使兩家和談。

天文十二年（1543年），細川高國的養子細川氏綱舉兵作亂，隨後幕府將軍足利義晴再次流亡近江國。在此期間，足利義晴之子菊幢丸在近江國元服，取名為足利義藤，後改名義輝，足利義輝是室町幕府裡第一個不在京都元服的幕府將軍。在足利義輝元服的次日，足利義晴便宣布將將軍之位傳給兒子，自己則退居幕後。天文十六年（1547年）三月十九日，足利義晴、義輝父子率軍在北白川城籠城，宣布與細川晴元、三好長慶敵

對。在這個時候，發生了讓足利義晴、義輝父子震驚的事情——足利義輝的「烏帽子親」六角定賴站在了細川晴元的一方，派出軍隊包圍了北白川城。

六角家的背叛其實並非是心血來潮，對六角定賴來說，細川晴元本來就是自己的女婿，沒有必要與細川家對立。因此，六角定賴曾經多次作為中間人，想要協調足利義晴與細川晴元的關係，甚至想讓足利義輝迎娶細川晴元的女兒以達成和睦。

隨著足利義晴父子的舉兵，六角定賴不得不做出決斷，不過他也不是那麼沒有良心的人，在包圍了北白川城後，六角定賴寫信給足利義晴，希望他能夠放棄籠城，與細川晴元和解。足利義晴、義輝父子雖然是兩代幕府將軍，但是在面對細川、六角的大軍時，也是無計可施，在這樣的情況下，足利義晴憤而縱火燒毀了北白川城，按照六角定賴的要求前往坂本，接受六角家的調停。不過，足利義晴依舊沒有與細川晴元會面，而是讓足利義輝接受了細川晴元的覲見，對足利義晴來說，這一次和解他並不甘心。

與細川家達成和睦的足利義晴父子在天文十七年（1548年）返回了京都，不過好景不長，細川晴元的家臣三好長慶此時已經累積了足夠的力量，來找主君報殺父之仇了。次年六月二十四日，細川晴元在江口戰役中戰敗，加入細川家一方的足利義晴、義輝父子不得不再次逃離，躲到了近江國的坂本。

天文十九年（1550年），前將軍足利義晴去世，根據《言繼

卿記》的記載，義晴得了一種被稱為「水腫」的病不治而死，但是也有其他記載認為他是在絕望中自盡。足利義輝在父親死後堅持父親的路線，與三好長慶敵對，但是連細川晴元、六角定賴都不是三好長慶的對手，足利義輝一個空殼幕府將軍又有什麼用呢？

天文二十一年（1552年），足利義輝的支柱六角定賴去世，此時將軍的許多近臣都不願意繼續與三好家敵對，足利義輝便也趁著這個機會與三好長慶和談。然而，這一次的和談也沒有持續太久，在足利義輝的側近上野信孝等人的支持下，次年的三月足利義輝再度舉兵討伐三好長慶，並在靈山城籠城。

三好長慶與細川晴元、六角定賴不同，三好家本來就不是幕府將軍的直屬家臣，只是陪臣而已，自然對將軍家沒有那麼多感情。八月一日，來勢洶洶的三好軍攻陷靈山城，足利義輝又再再逃亡近江國，為了一勞永逸解決足利義輝，三好長慶下令沒收追隨足利義輝的幕臣、公卿的領地，導致足利義輝麾下的家臣們紛紛歸京，由奉公眾組成的將軍直屬武裝也瞬間崩壞，足利義輝已經沒有能力靠武力歸京了。在失去了大多數幕臣、公家的支持之後，足利義輝決定採用遠交近攻的方式重塑將軍的權威，他積極參與政務，調停各地大名之間的戰爭，例如伊達家伊達稙宗、伊達晴宗父子內訌的「天文之亂」等等。

弘治四年（1558年），正親町天皇下旨改元「永祿」，按照以往的慣例，朝廷改元需要通知幕府，並且讓將軍承擔改元所

需的禮儀費用。令人意外的是，這次正親町天皇的改元並沒有鳥足利義輝，費用也是朝廷向其他大名索取，這便使得足利義輝感到非常不滿，在改元「永祿」之後，足利義輝依然堅持使用「弘治」的年號。

朝廷與幕府使用的年號不同引起了各地大名的反感，要知道上一次日本出現兩個不同的年號，還是南北朝的時代。當時的日本雖然處於戰國時代，但是在這個我也不服你你也不服我的時代，誰也沒有能力成為天下共主。而失去幕府就代表失去一個代表武士利益的武家政權，在沒有一個新的勢力能夠取代室町幕府以前，大名們還是希望室町幕府能夠繼續在那個位置屍位素餐。因而，將幕府將軍趕出京都的三好長慶便成為了眾矢之的，在地方大名們的協調下，三好長慶與足利義輝再次達成和解，三好家迎接足利義輝重返京都，君臨京畿。

永祿之變

足利義輝被現代的人稱為「劍豪將軍」，在有的藝術作品裡甚至直言不諱地表示，足利義輝身為一個想要有作為的幕府將軍，是很有希望復興室町幕府的。不過，事實真的是如此嗎？

當然不是，先將「劍豪將軍」這個外號按下不表，在日本戰國時代，室町幕府的將軍們沒有一個是省油的燈，也沒有任何一個將軍心甘情願讓幕府衰弱，不想振興幕府，包括讓日本進入戰國時代的八代將軍足利義政在內。說到底，室町幕府無

法振興的根本原因還是因為時代的發展導致幕府的實力不足，這個時候最好的做法就是改制，無法靠一兩個人逆時代去改變發展。

足利義輝有心復興室町幕府，但是他的肆意妄為卻使得室町幕府的秩序在他的手上進一步崩壞，諸如長尾景虎（上杉謙信）、齋藤義龍、織田信長等非幕府直臣的靠下克上立國的戰國大名們，在足利義輝的手上也能取得使用白笠袋以及毛氈鞍覆等守護大名的特權，雖然能夠拉近地方大名與幕府將軍的關係，但是卻也摧毀了地方上的傳統秩序。

除此以外，足利義輝統治時期室町幕府的政治情況也是非常混亂，其中一個特點就是病急亂投醫的足利義輝隨意下賜將軍家的通字以及幕府的職役，其中包括守護職役與管領職役。

先說幕府將軍的通字，將軍的通字「義」字代表著清和源氏的嫡流身分，歷來都非常尊貴，在室町幕府時代，即便是僅次於將軍的「三管領」斯波家、畠山家、細川家中，也僅有斯波家能夠代代受賜將軍家的通字「義」字，而畠山家、細川家只能領取將軍名字的下字，也就是勝（足利義勝）、政（足利義政）、澄（足利義澄）、晴（足利義晴）這些。那麼，足利義輝統治時期受賜「義」字的有哪些呢？古河公方足利義氏，古河公方的前身就是關東公方，為了區分嫡庶關係，關東公方從來都只被許可使用將軍名字的下字，當年因為關東公方足利持氏給自己兒子取名「義久」，還曾釀成「永享之亂」（關東公方被幕府討伐），讓

關東公方家一度滅亡。但是在足利義輝這裡卻打破了常規，古河公方第一次被許可使用「義」字。除此以外，島津義辰（即義久）、朝倉義景、六角義賢、武田義信、齋藤義龍等等，名字裡的「義」字都來自足利義輝。

其次便是亂髮守護、探題職役，這個行為給室町幕府的打擊遠遠超過了足利義輝的想像，甚至成為室町幕府滅亡的重要原因之一。比如尼子晴久不過是京極家的守護代出身，足利義輝卻一口氣下賜了八國守護職役給他，由於其中有不少領地還沒完全被尼子家掌握，導致這些地方的大名們紛紛遷怒幕府，站在了幕府的對立面。再比如足利義輝雖然積極拉攏上杉謙信，但是卻將上杉家與武田家相爭的信濃國守護職役賜給了武田信玄，導致上杉家對此不滿，關係一度陷入尷尬。

還有就是室町幕府時期，管領職役只能由斯波、畠山、細川三家足利家庶流出任，九州探題只能由足利家庶流涉川家出任，奧州探題則是庶流大崎氏出任，可是足利義輝卻賜予武田義信「準三管領」的地位，九州探題也被賜給大友宗麟，奧州探題則被賜給了伊達晴宗，足利義輝放棄了曾經靠血緣締結的地方與中央的關係，選擇新興的地方勢力作為幕府的支柱，雖然加強了幕府的實力，卻也摧毀了幕府賴以生存的秩序。

足利家在鎌倉時代並不算什麼特殊的存在，在鎌倉幕府內部完全是靠著與執權北條家的聯姻才獲得了較高的家格地位，甚至被其他名門望族給嘲笑過。在室町幕府成立初期，足利家雖然表

面上是幕府將軍，但是卻十分難以駕馭原本只是同僚的家臣們。歷經三代將軍的努力之後，才在足利義滿時代確立了足利家是「武家之王」的地位，家格地位與其他武士大大拉開，成為真正的獨一無二的貴種。曾經有日本史學界非常流行的觀點「源平將軍論（即只有源氏和平氏出身的人才能出任征夷大將軍的觀點，實際上並無依據）」的原型，其實就是足利義滿時代形成的「足利將軍論」，也就是隻有足利家出身的人才能出任征夷大將軍，這讓足利家的血統充滿了神聖性，相當於「武家的天皇」。不僅如此，幕府中探題以上的職役，也只有足利一族出身的人才能出任。而足利義輝濫發探題職役，將足利家從神聖的神壇上拉下，讓足利一族重新回到了和一般名門望族相同的地位。自這以後，「足利將軍論」的觀點便逐漸在武士們的心中淡化。

除此以外，足利義輝任性不承認朝廷改元使用舊年號，承認齋藤義龍改苗字「一色」、上杉謙信繼承上杉家、三木良綱改苗字「姊小路」，無疑是承認了這些靠「下克上」崛起的地方勢力。戰國時代雖然被稱為是「下克上」的時代，但是人要臉樹要皮，很多時候一些戰爭雖然實際上是「下克上」行為，但是「下」的一方卻都會為自己找到一個大義名分給自己洗白，而足利義輝這種公開承認「下克上」的行為，無疑是給「下克上」風潮起到了推波助瀾的作用。

若從這些方面來看，實在是看不出足利義輝有可以復興幕府能力。

永祿七年（1564年），三好長慶去世，養子三好重存繼承了三好家的家督。足利義輝想趁著這個機會恢復幕府將軍的權力，引起了三好家的不滿。次年五月十八日，三好重存、松永久通率軍上洛，於次日襲擊了將軍御所，擊殺了足利義輝，是為「永祿之變」。殺死足利義輝以後，三好重存將自己的名字改為「三好義繼」，意為繼承足利氏的天下。

三好長慶時代，作為守護代家格出身的三好長慶依舊會忌憚室町幕府的舊日秩序，雖然與足利義輝多次敵對，卻也不敢公然弒主。而三好義繼出任家督時代，三好家從天皇處受賜桐紋使用權，三好家的外戚也是具有「攝關家」家格的九條家，與足利氏並駕齊驅。因此在三好義繼看來，三好家與足利家的差距已經不像昔日那樣巨大了，所以才會做出弒主的行為。

傳聞足利義輝曾經向劍豪塚原卜傳學習劍法，在三好軍攻打將軍御所時親自拔刀作戰，砍死了三十幾名三好軍的士兵，但是很可惜的是，這個是江戶時代誕生的故事，其意也不是說足利義輝有能力復興幕府，而是意在說明足利義輝只有作為武士的匹夫之勇，卻無統領武士的將軍之才。但是，根據《路易士日本史》與《言繼卿記》的記載，足利義輝在被三好軍攻擊時的確有親自使用薙刀與太刀作戰，最終不敵自盡而死，作為一個武士，他確實是挺合格的。

足利義昭與織田信長

「永祿之變」發生之後,因為遇害的將軍足利義輝沒有子嗣,所以繼承權便落到了足利義輝的弟弟們以及堂兄弟的手上。其中,足利義輝的在奈良興福寺出家的弟弟一乘院覺慶立即被松永久秀給保護了起來。儘管後世曾將「永祿之變」的罪過安在松永久秀的頭上,不過根據近年的研究顯示,參加殺害足利義輝行動的其實是松永久秀之子松永久通,久秀對此並不知情。

不過,大和國對一乘院覺慶來說也並不安全,所以他在奉公眾細川藤孝的幫助之下,從奈良出逃,前往近江國接受和田惟政的保護,並還俗取名為足利義秋,後改為足利義昭。為了給哥哥報仇,身在近江國的足利義昭以將軍繼承人「室町殿」的名義給各地大名發去書信,請求大名們上洛討伐三好家。儘管收到足利義昭命令的也不乏上杉謙信、北條氏政等實力強大的大名,但是實際上只有尾張國的織田信長對將軍的命令有做出出兵的回應,只是因為當時美濃國大名齋藤家尚在,與三好家結盟的齋藤家不斷地阻撓著織田信長的上洛計劃。

在此期間,三好家的被稱為「三好三人眾」的三位重臣三好長逸、岩成友通、三好政康將家督三好義繼放逐,與三好家的分家阿波三好家結盟,同時擁立了足利義輝的堂兄弟足利義榮為新任幕府將軍。不僅如此,三好三人眾還派遣了軍勢出陣,

朝著身在近江國的足利義昭而來。擔心被三好家斬草除根的足利義昭慌亂不已，只得匆忙逃出近江國，前往若狹國依附妹夫武田義統，後來又流亡越前國，接受越前國大名朝倉家的庇護。

好在永祿十年（1567年）之際，織田信長終於成功地消滅了齋藤家，將足利義昭從越前國請至美濃國暫住。在織田信長、德川家康、淺井長政等人的協助之下，足利義昭順利地擊敗了三好三人眾，進入京都成為室町幕府的第十五代幕府將軍。上洛成功之後，足利義昭想要封織田信長為副將軍或者幕府管領，都被織田信長給拒絕了。

然而，當織田軍撤回美濃國以後，三好三人眾的勢力捲土重來，攻入了京都。幸虧將軍奉公眾以及先前被三好三人眾驅逐的三好家家督三好義繼、松永久秀、細川藤孝、荒木村重等武將及時來援，方才抵禦住了三好三人眾的攻勢。

此時的足利義昭春風得意，因足利義輝之死而停止的幕府的各個機構也在足利義昭的手下重新運作了起來，室町幕府大有中興之兆。可惜的是，足利義昭並未適應戰國時代，他的思維依舊停留在室町時代，與朝廷公卿、織田信長等人都鬧了不愉快。朝廷的公卿被武士欺負慣了，所以倒也沒什麼，織田信長則一氣之下返回了岐阜城。除此以外，足利義昭擅自給幕府的直臣封賞土地，武士們也占著幕府的撐腰在各地侵占莊園，導致織田信長不得不與足利義昭做出約定，也就是著名的《追加五條書》。

足利家

　　永祿十三年（1570年），因為朝倉家占領了與足利家淵源頗深的若狹國，足利義昭下令命織田信長等人征討若狹國中的親朝倉勢力。朝倉家隨即做出反擊，戰況逐漸蔓延至越前國。只是，戰爭的走向逐漸失去控制，織田信長的盟友淺井長政突然背盟，淺井、朝倉兩家為了與織田家對抗，居然與足利義昭的死敵三好三人眾結盟。雖然世人將這次戰役稱為「信長包圍網」，但是實際上淺井、朝倉以及三好三人眾的真正針對對象是織田信長及其擁戴的將軍足利義昭，所以稱其為「信長・義昭包圍網」更為合適。這也是為什麼在姊川之戰前夕，足利義昭召集了奉公眾想要出陣近江國討伐淺井、朝倉家的原因。

　　在「信長・義昭包圍網」期間，織田信長身陷各地大名的包圍之中，甚至連織田家昔日的盟友武田信玄也舉兵西進，攻打信長的另一個盟友德川家康的領地。在許多時人看來，織田信長已經是秋後的螞蚱，蹦躂不了幾天了。此外，足利義昭與織田信長的衝突也越來越深，例如伊勢國的國司北畠家，年年都會給將軍家進貢，與足利義輝、義昭的關係匪淺，但是織田信長卻征服了伊勢國，還強行將自己的兒子送入北畠家當養子，在事實上控制了北畠家。再加上三好三人眾擁立的足利義榮早逝等種種複雜的原因，使得足利義昭決定放棄織田信長，加入與織田家敵對的陣營之中。

　　元龜四年（1573年）二月，足利義昭正式舉兵討伐織田信長，可是讓足利義昭沒有想到的是，織田信長在一年相繼消滅

了朝倉家與淺井家，從包圍網中涅槃重生。儘管織田信長實力強大，但是他依舊在威嚇了足利義昭之後，請求朝廷介入調解，與足利義昭議和。只是足利義昭並未把握住這次機會，當織田信長撤軍返回岐阜城時，足利義昭再度在槇島城舉兵。

這一次織田信長沒有再給足利義昭機會，攻陷槇島城之後，許多人都認為織田信長會逼足利義昭切腹謝罪，但是不願背上弒主罵名的織田信長只是將足利義昭處以流放，同時信長還將義昭的兒子足利義尋留在織田家，表示自己將會擁戴足利義尋為新任幕府將軍。大概是為了給日後的和談留退路，織田信長並未讓朝廷解除足利義昭的征夷大將軍之職。

西國的大名毛利輝元曾想調解被流放至紀伊國的足利義昭與織田信長的關係，織田信長也允諾願意讓足利義昭返回京都居住，繼續奉其為主。可是，足利義昭卻蹬鼻子上臉，要求織田信長給自己交納人質，導致和談破裂，毛利輝元也顏面無光。此後足利義昭又流亡至毛利家的領地備後國的鞆居住。

在備後國期間，足利義昭依舊以幕府將軍的身分號召諸國大名討伐織田信長，同時因為毛利家、島津家等大名的資助，足利義昭在鞆建立起了一個小小的幕府，因而足利義昭的這個政權也被稱為「鞆幕府」。為了促使毛利家上洛攻打織田信長，足利義昭甚至下令讓九州的島津家、龍造寺家討伐毛利家的敵人大友家。只是，隨著織田家勢力的不斷壯大，足利義昭歸洛的希望越來越渺茫。

天正十年（1582年）六月，「本能寺之變」爆發，織田信長與嫡子織田信忠在京都身亡，足利義昭嗅到了返京的機會，請求毛利輝元協助自己上洛。只是，此時的毛利家已經在與織田家的戰爭中千瘡百孔，再加上與羽柴秀吉親近的毛利家重臣小早川隆景堅決反對上洛，此事最終不了了之。

天正十三年（1585年）七月，羽柴秀吉出任「關白」，建立起了武家關白政權，此時的足利義昭依舊是幕府將軍、武家棟梁的身分。在此期間，羽柴秀吉發起「九州征伐」，討伐即將統一九州島的大名島津家，而足利義昭則以幕府將軍的身分居中調解，最終促成了島津家的臣服。

天正十五年（1587年）十月，因為足利義昭調解有功，秀吉將足利義昭接回了京都。足利義昭也認清了當今天下已經不再屬於足利家的事實，於次年正月辭去了征夷大將軍的職位並出家為僧，羽柴秀吉將山城國槙島城附近的一萬石土地封給了這位前將軍作為領地。晚年的足利義昭不再有爭奪天下的雄心，而是安心地做起了羽柴政權麾下的一位普通大名，在秀吉出征朝鮮時，足利義昭甚至帶著部分昔日的奉公眾與家臣前往肥前國的名護屋城著陣。

慶長二年（1597年）八月二十八日，足利義昭在大坂城去世，享年六十一歲，足利將軍家的榮光，也隨著足利義昭而逝去。

附 錄

日本戰國時代幕府將軍的直轄部隊規模有多大

　　日本室町幕府建立於亂世，自建立初始，室町幕府既不像之前的鎌倉幕府那樣有「關東御分國」那樣成令制國規模的領地，也不像後來的江戶幕府那樣有「天領」以及號稱「旗本八萬騎」的直轄武裝，所以讓人覺得足利將軍的實力非常弱小。那麼，室町幕府時代特別是戰國時代時期，足利將軍的軍事實力究竟如何呢？

　　室町幕府一大特色體制就是被稱為「守護在京」的制度，除了遠國大名以外，大多數分國的守護都需要在京都奉公，守護們在京奉公期間所率領的軍隊，便是足利將軍在京畿的重要軍事力量。

　　在室町幕府建立初期，日本仍處於南北朝亂世，由於足利將軍過於依賴守護們的武裝力量，導致守護勢力在南、北朝之間搖擺不定時，多次被逐出京都，這也讓後來的足利將軍下定決心建立起自己的直轄武裝。

　　實際上，室町幕府也還是有相當規模的直轄領的，目前僅

可考的足利家直轄的莊園就有兩百多處，大多數都分布於富庶的地方。室町幕府的第三代將軍足利義滿以這些直轄莊園作為經濟基礎，建立起了一支被稱為「奉公眾」的直轄武裝，在明德二年（1391年）山名氏掀起的「明德之亂」以及應永六年（1399年）爆發的「應永之亂」中，足利義滿都親自率領奉公眾出陣作戰。

奉公眾的總人數大約在三千至五千人左右，一共被分為五支部隊，輪流負責護衛京都的將軍御所，其成員大多數都來自各國守護家的庶流。例如明智光秀的出身就有可能是「奉公眾明智家」，這些成為將軍直臣的守護家庶流在室町時代也成為幕府將軍箝制守護家的工具之一。

除了奉公眾以外，在朝廷內有一部分親近幕府的公卿，也會在足利將軍出陣時率領軍勢參陣，這些人被稱為「武家昵近公家眾」，雖然武力值不怎麼樣，但是也是足利將軍立足於京都的重要支持者之一。

「應仁・文明之亂」爆發以後，雖然山名宗全、細川勝元為首的東、西軍在京都各處激戰，但是由奉公眾守衛的將軍御所卻成為了一處世外桃源，幾乎沒有人會主動進攻此地。可是，也正是進入戰國時代以後，曾經的莊園制經濟解體，幕府將軍在日本各地的直轄領都被新興的戰國大名吞併，導致足利將軍難以從直轄領中獲得收入。

為了彌補財政的虧空，八代將軍足利義政將原本由侍所所

司兼任守護的山城國改為將軍的直轄領，到了十代將軍足利義材（足利義稙）的時代，足利義材甚至試圖將將軍家的勢力進一步擴張至大和國（注：此為足利義材復任將軍後之事，非明應政變以前）。

然而，也正是在足利義材外出征戰的明應二年（1493年）時，前將軍御台所日野富子與幕府管領細川勝元、政所執事伊勢貞宗一同在京都發動政變，擁立足利義材的堂兄弟足利義澄出任幕府將軍。

明應政變之後室町幕府宣布將會沒收繼續追隨足利義材的奉公眾領地，導致奉公眾分裂，一部分忠於足利義材的奉公眾選擇繼續追隨他，而另外一部分擔心領地不保、或與細川家、伊勢家關係較好的奉公眾則返回京都，向新將軍足利義澄效忠，奉公眾的分裂也使得足利將軍家的直轄武裝力量走向了衰弱。

戰國時代將軍的奉公眾成員已經不僅僅局限於曾經的守護家庶流了，為了彌補奉公眾的人數不足，許多京畿的在地豪族，甚至僧侶出身的人，都被足利將軍破格提拔，成為幕府將軍的直臣。

永正十七年（1520年）三月二十七日，由三好之長率領的阿波國眾進入了京都，向將軍足利義稙獻上太刀與戰馬，宣誓效忠。僅僅一個多月後，被逐出京都的細川高國便在近江國大名六角定賴的支持下反攻京都。

「高國入洛。兩佐佐木合力。數萬軍勢自諸口討入……公方諸奉公眾二千餘。勢州已下祗候殿中雲々……」——《永正十七年記》五月三日條目

當時足利將軍的直轄武裝約有兩千餘人，而到了十三代將軍足利義輝時期，足利義晴、足利義輝父子長年離京，其麾下奉公眾實力雖不比往常，但是依舊保有相當多的人數。根據山科言繼的記載，天文二十一年（1552 年）細川晴元攻打京都時，將軍足利義輝也派出了奉公眾出陣。

「伊勢守以下奉公眾西邊打廻有之、都合二千計有之……」——《言繼卿記》天文二十一年十月廿日條目

除此以外，足利義輝的弟弟、室町幕府的末代將軍足利義昭在元龜元年也曾率領奉公眾兩千餘出陣攝津國，與織田信長一同包圍了三好三人眾籠城的野田、福島兩砦。

「早旦武家御動座、參見舞申、御人數二千餘有之、枚方迄雲々……」——《言繼卿記》永祿十三年八月卅日條目

在足利義昭出陣以前，就有部分奉公眾、武家昵近公家眾隨織田信長先行一步出陣，所以加上這部分人數的話，足利義昭麾下的兵力大約也有三千人左右。

可以看出，戰國時代的足利將軍麾下，依舊有兩千至三千人左右的奉公眾存在，而「明德之亂」時隨將軍足利義滿出陣的奉公眾也不過只有三千人，說明奉公眾的總人數大體上並沒有縮水太多。

然而，戰國時代不同於室町時代，此時戰亂此起彼伏，足利將軍能夠號令的守護大名大多走向衰弱甚至滅亡，新興起的戰國大名則與將軍沒有那麼強的主從情誼。與這些動輒徵召數萬大軍的戰國大名相比，幕府將軍的奉公眾人數著實是杯水車薪。所以，進入戰國時代以後，足利將軍但凡想要在京都立足，就必須有有力大名的軍事支持，否則就只能像足利義晴、義輝父子那樣，長年蟄伏於近江國不敢進京。

雜兵物語：戰國時代與足輕部隊

　　足輕，是一個日本的名詞，指戰場上的低階士兵。在一般人的印象之中，足輕就是一堆由農民們組成的雜兵，他們穿著簡陋的鎧甲，戴著一頂斗笠，作戰用的武具也算不上精良，甚至在交戰的時候，也是一呼而起，一鬨而散。

　　足輕的誕生，與武士的出現是密不可分的。進入平安時代以後，日本興起了以莊園為單位的新型土地支配體制，而這些莊園中的武裝農民，便是早期的武士形象。

　　武士們出現以後，時常會在地方上發生衝突，在這種時候，武士們會召集自己的勢力範圍內的農民等住民作為軍隊的輔助兵參戰。這些輔助兵通常跟隨在騎著戰馬、穿著重型大鎧的武士身後，負責幫主人牽馬或者保管弓矢等武具，在武士進行一騎討（單挑）之時，還需要在後方吶喊助威，在必要的時候也會投入戰鬥。

足利家

　　這些輔助兵就是早期的足輕，早在平安時代就已經出現。不過由於當時的分封制度並不成熟，這些輔助兵與武士們並沒有牢固的主從關係，通常都是被武士們強行拉壯丁才上戰場的。對當時的足輕們來說，他們的另一個身分農民要遠比士兵身分重要，所以他們的忠誠心與戰鬥意志都非常低下。

　　在《將門記》的記載之中，平將門當年就是因為遇上了農忙時分，麾下的許多士兵都返回自己的家裡務農，最終導致他不得不以四百人的孤軍獨自面對三千人的官軍，不幸戰敗而死。

　　「足輕」一詞第一次真正出現於記載「保元之亂」的《保元物語》一書中，在源義朝火燒白河殿之際，源氏軍隊中除了有騎馬的武士以外，還有「郎黨足輕四五十人」。

　　可以看出，在《保元物語》裡的「足輕」一詞並非是指下級士兵，而是指徒步的輕步兵。足輕們與穿著著笨重大鎧、騎著戰馬的武士不同，僅僅穿著簡便的腹卷鎧，手持薙刀或太刀作戰。

　　隨著莊園制的逐漸成熟，足輕們逐漸成為了莊園領主們的私人武裝力量，到了「源平戰役」的時代，足輕們不光要作為戰鬥員上戰場，有時候還需要負責工兵與後勤運輸等工作。

　　值得一提的是，木曾義仲大敗平家以後，率領著龐大的軍勢上洛，一路上勢如破竹直接進入了平安京。可是，當木曾軍來到京都這個繁華的都市之時，木曾義仲麾下的足輕們卻開始對平安京的住民進行掠奪。

木曾義仲上洛的前幾年，日本各地爆發了大饑荒，天災給予了平家巨大的打擊，讓平家無法按時出陣討伐木曾義仲，這才讓木曾義仲做大。當然，饑荒是不會因人而異的，木曾義仲所在的北陸道同樣也遭到了飢餓的襲擊，在這樣的情況下，北陸道的許多住民都加入了木曾軍，離開了正在鬧饑荒的老家，前往戰場尋覓食物。

　　這些人加入木曾軍以後，名為足輕實為流民，讓京都的貴族們頭一次嘗到了足輕的鐵拳，平安京的治安變得比平家統治時期還要混亂。在京都掠奪之後，足輕們在領主的帶領之下大多都攜帶著戰利品返回了北陸道，也正是因此，木曾義仲的軍勢四分五裂，最終被源賴朝的鎌倉軍擊敗。

　　源賴朝的鎌倉政權下的足輕，逐漸演變得有些像歐洲騎士的侍從。武士們騎馬上戰場之後，通常會攜帶備用的馬匹，這些足輕就需要管理主人的備用馬，在戰場上有敵軍士兵來襲之時，足輕們還需要圍在騎馬的主人身邊，一邊保護主人一邊與敵軍的足輕作戰。

　　這時候的足輕被稱為「郎黨」，是代代侍奉某個武士家族的武裝農民，在一些富裕的武士家族之中，有時候也會給地位較高的郎黨裝備戰馬。

　　鎌倉時代的足輕一般戴著烏帽子、穿著胴丸鎧、手持薙刀，臉上戴著「半首」面具，穿著草鞋或者甚至乾脆光著腳，三三兩兩地圍繞在騎馬武士的身邊。

足利家

　　在鎌倉時代過後的室町時代以及戰國時代，足輕實際上成為了輕步兵的代名詞，例如明智光秀就有可能是室町幕府的「足輕眾」的一員。

　　這個時代的「足輕」並沒有嚴格的身分劃分，無論你是流浪的武士、地侍、或者是商人還是農民、盜賊，都可以加入到「足輕部隊」之中。同理，所謂「足輕是農民兵」其實是個偽命題，如何才算是「農民」呢？若是以務農為標準的話，當時很多不是武士身分的「地侍」階層也需要務農，若是指身分低下的務農人員的話，那麼非常不好意思，在戰國時代這些身分低下的人是不需要上戰場的，即便他們被徵召進入軍隊，也是負責「陣夫」的工作，也就是負責後勤與工兵的工作。

　　室町幕府時期，因為長祿到寬正年間的饑荒與瘟疫，大量的難民湧入了平安京，這些人與平安京原本的住民成為了「應仁之亂」裡足輕部隊的主力。當時幕府的侍所負責京都的治安，但是侍所麾下的許多工作人員（目付）卻都是就地招募的地痞流氓，「應仁之亂」爆發後，因為作戰兵員不足，東軍主帥細川勝元命令曾出任過侍所所司的京極持清招來了侍所的目付、京都的黑社會頭目骨皮道賢，讓他組織起了一批京都的地痞流氓，組建成一支足輕部隊，四處襲擾西軍的陣地。

　　因為無力支付這支足輕部隊的軍餉，細川勝元給予了他們在戰場劫掠的許可作為酬勞，這無疑是開啟了新世界的大門。以至於在戰國時代，許多大名都靠僱用關係僱傭軍隊，透過劫

掠許可來免除自己的軍餉負擔,這也是為什麼戰國時代很多大名看似孱弱,卻往往能夠組織起超過自己財政負擔的軍隊。

根據雲泉太極和尚的日記《碧山日錄》裡的記載,應仁之亂裡的足輕們穿著華麗的防具,裝備著精良的武器,靈活地在戰場上四處活動。在地方上,實力壯大的大名們也會庫存許多防具與武器,在作戰時租借給貧困的武士或者足輕使用,也就是說,與僱傭軍形式的足輕需要自備武器不同,大部分戰國大名麾下的足輕並非是想像中的那種沒有鎧甲,拿著削尖的竹子就上戰場的炮灰,而是作為一種正式兵種投入了戰鬥。

安土桃山時代,統一政權開始施行一個名為「兵農分離」的政策,雖然在光榮的遊戲以及大部分的通俗讀物裡,「兵農分離」的意思是指將「作戰」和「務農」分開,讓士兵專職打仗,農民專事生產。

實際上並非如此。

「兵農分離」的真正意義在於將「士兵」與「農民」的身分分開來,並沒有規定說專職打仗的士兵就不能務農。也就是說,不管你下不下地,只要將你劃分在「兵」的範疇裡,你就必須參陣打仗,不管你有多能打,只要將你劃分在了「農」的範疇裡,你就只能務農,將武士與平民明確地劃分開來。

例如武田家就施行了這樣的政策,在武田家的領地內,專門參軍作戰的領民被稱為「軍役眾」,他們透過參軍減免了許多賦稅與徭役,而不需要參軍的則被稱為「惣百姓」,他們只需要

專心生產，但是卻必須滿額上交年貢。

配合上「刀狩」，「兵農分離」極大地限制了地方大名的軍事力量，防止出現室町幕府時代那樣的割據勢力。另外，「家臣集住」政策更是讓許多士兵離開自己的領地居住到了城下町中成為市民階層，所以到了江戶時代，居住在城下町的武士們不再務農，甚至以務農為恥，「足輕」也由輕步兵部隊的稱謂變成了最下級武士的代稱。從這以後，足輕變成了純粹的下級武士部隊，不再混雜浪人、農民、盜匪等等亂七八糟的人了。

這樣也有個壞處，江戶時代的武士們就發現「兵農分離」以後，因為武士們不再種田，腐朽的市民生活讓他們的戰鬥力大大下降，甚至有人提出要重新讓武士們返回領地務農。當然，在上級武士們眼中，軍隊戰鬥力下降要遠遠比在地方上割據的威脅小得多，自然不會再開歷史倒車。

六角家

室町時代的六角家

　　六角氏本姓佐佐木氏，乃是宇多天皇的皇子敦實親王的後裔。在平安時代末期的平治之亂中，六角家的祖先佐佐木秀義因為加入了源義朝的一方，導致佐佐木家失去了近江國的領地。後來在「治承‧壽永內亂（源平戰役）」期間，佐佐木秀義與兒子們加入了源義朝之子源賴朝麾下的軍隊作戰，最終因功重新獲得了近江國的領地。

　　鎌倉幕府時期，朝廷和幕府之間爆發了「承久之亂」，佐佐木家的總領佐佐木廣綱因為加入了朝廷的一方遭到處刑，佐佐木家的總領之位傳給了廣綱的弟弟信綱。佐佐木信綱的長子重綱因為得罪了幕府被剝奪了繼承權，次子高信則獲得了近江國高島郡的領地，成為後來高島郡眾多佐佐木氏的祖先，而三子泰綱則繼承了老爸的總領之位，並因為居住在京都的名為六角東洞院的住宅的緣故，便以「六角」為自家苗字。值得一提的是，信綱的四子因為居住在京都的京極高辻，便以「京極」自居。

　　進入南北朝時代以後，因為庶流出身的京極道譽深受足利

尊氏、義詮父子的信賴，導致六角家一度失去了近江國守護頭銜與佐佐木一族的總領之位。室町時代的近江國守護雖然大都由六角氏出任，但是庶流京極氏卻在北近江建立起了強大的勢力，最終形成了「兩佐佐木並立」的局面，六角家雖然出任近江國守護，但是分家京極家卻在北近江有著大片獨立於六角家統治之外的領地。

永享六年（1436年）十月，因為延曆寺得罪了幕府將軍足利義教，並且涉嫌勾結關東公方足利持氏作亂的緣故，幕府下令攻打延曆寺。六角家的祖產佐佐木莊裡有不少延曆寺的寺領，時任六角家家督的六角滿綱在收到將軍的命令後，立即出兵占領了這些寺領，還大肆屠殺居住在寺領裡的僧人，是為「永享山門之亂」，六角家也因此深深地得罪了延曆寺。幾年之後，將軍足利義教遭到暗殺，延曆寺趁機煽動近江國國人們以要求「德政」為名締結一揆，與六角家對抗，六角滿綱也因此下野，六角家家督由滿綱的嫡子六角持綱出任。

文安元年（1444年），六角家發生了著名的「文安內訌」事件。因為德政一揆的影響，六角持綱與一些參加了一揆的家臣們產生了嚴重的對立，最後被家臣們流放。家臣們擁立了持綱的弟弟時綱出任家督，並逼迫六角持綱與已經隱居的六角滿綱自盡。六角家家臣團的行為觸怒了室町幕府，幕府下令讓在相國寺出家的六角持綱的另一個弟弟還俗出任家督，取名為六角久賴。不久後，六角久賴便在幕府與重臣伊庭氏的支持下剿滅

了六角時綱與作亂的家臣們。

康正二年（1456年），六角久賴因為統治近江國的原因與京極家發生衝突。京極家是幕府的「四職」家族之一，地位比六角家要高不少，自然被幕府偏袒。六角久賴一時想不通，便在家裡切腹自盡而死。此時久賴的嫡子龜壽丸年僅兩歲而已，在家臣的護衛下逃亡，在幕府的介入之下，六角家的家督之位便由先前被討伐的六角時綱的遺子六角政堯繼承。

不過，六角久賴時代的重臣伊庭氏與六角政堯有著殺父之仇，雙方在六角家內部明爭暗鬥、劍拔弩張。長祿四年（1560年）七月，六角政堯擅自處死了家宰伊庭滿隆，惹怒了幕府將軍足利義政，被驅逐出了六角家，時年六歲的龜壽丸便在幕府的任命下，成為了六角家的家督。由於龜壽丸年紀太小的緣故，六角家的實權掌握在擔任後見人的山內政綱與家宰伊庭貞隆的手上。

應仁元年（1467年）五月，京都爆發了「應仁・文明之亂」，因為六角家的宿敵京極持清加入了細川勝元方的「東軍」，所以六角家偏向於加入山名宗全主導的「西軍」一方。但是由於應仁之亂初期東軍占優，六角家的態度便有些曖昧不明，直到「西軍」的援軍大內政弘上洛以後，六角軍方才燒毀了自家在京都的府邸，擁戴家督龜壽丸前往西軍處參陣。在這樣的情況下，先前被幕府流放的六角政堯便又冒了出來，加入了東軍的一方。

十月十四日，龜壽丸與六角軍突然離開京都返回了近江

國。隨後東軍一方的京極持清、六角政堯也率領著京極軍回到近江國,與六角軍在近江國蒲生郡的馬淵展開激戰,六角軍不敵敗北。

次年三月,京極持清派遣大軍攻陷了六角家的根據地觀音寺城,雖然龜壽丸的具體動向不明,但是考慮到觀音寺城此後又處於龜壽丸統治之下,所以推測六角家此時一度投降於京極持清。不久後,六角家再度舉兵發起反擊,在四月下旬攻陷了東軍方六角政堯駐守的長光寺城。然而薑還是老的辣,在京極持清的主導之下,六角家很快就陷入了下風。十一月五日,六角家一方的守山城、觀音寺城分別被六角政堯、京極持清攻陷,龜壽丸一方的重臣戰死二十三人。在遭受巨大的打擊以後,龜壽丸暫時蟄伏了下來。

文明元年（1469年）十一月,足利義政下令由京極持清出任近江國一國守護,六角家為了表示反抗,派兵侵入了京極家的領地,結果再度被京極持清打得大敗而逃。龜壽丸君臣一行人一路逃出了近江國,前往大和國依附當地的國眾去了。

次年,十六歲的龜壽丸舉行了成人禮,取名為六角行高（後改名高賴,下文統一稱其為六角高賴）。這年八月,六角高賴眼中的老妖精京極持清去世,由於京極持清的嫡子京極勝秀早逝,京極家便陷入了內訌之中。京極家的家臣多賀清直（飛驒守護代）因與家宰多賀高忠（近江守護代）不和,便擁戴京極持清的次子京極政光為主,占領了北近江國。為了抵擋多賀高忠的

反擊，京極政光、多賀清直甚至勾結西軍方的六角高賴與美濃國守護代齋藤妙椿，將多賀高忠驅逐出了近江國。

多賀高忠逃回京都以後，擁戴京極持清的嫡孫孫童子丸為京極家家督，以京極持清的另一個兒子京極政經為後見人，並請求東軍出兵支援自己。不久後，孫童子丸因病夭折，多賀高忠便直接擁戴京極政經為京極家家督，而京極政光、多賀清直則擁立孫童子丸的弟弟，也就是後來的京極高清為主。

在東軍的細川成之、武田國信的支援下，多賀高忠又殺回了近江國，擊敗了六角高賴，直逼京極政光、多賀清直而來。無奈之下，多賀清直只好再度請求齋藤妙椿出兵支援。齋藤妙椿不愧為當世名將，齋藤軍抵達近江國以後，先是擊潰了多賀高忠軍的左翼，再乘勝追擊，打得多賀高忠損兵折將，不得不逃往武田國信的領地若狹國。此後，近江國形成了江北由京極政光、多賀清直統治、江南由六角高賴統治的局面。

面對這樣的情況，東軍幕府便命令六角政堯返回近江國討伐六角高賴，還下令讓延曆寺以及近江國的國人支援六角政堯的行動。由於先前齋藤妙椿的善戰十分引人注目，東軍幕府將軍足利義政甚至下令讓信濃國守護小笠原氏出兵騷擾美濃國。可是，此時近江國已經落入西軍的手中，國人們對東軍的命令拒絕奉詔，反而加入六角高賴的一方作戰。文明三年（1471年）十一月，六角高賴攻陷了六角政堯據守的神崎郡清水城，六角政堯兵敗後自盡而亡。

長享・延德之亂

　　文明九年（1477 年）十一月十一日，西軍主將大內政弘率軍歸國，歷時十一年的應仁之亂宣告結束。然而，京都的戰亂雖然停止了，但是應仁之亂的餘波卻讓日本各地動盪不止。

　　加入西軍一方的六角高賴，直到應仁之亂的次年才與幕府達成和議，被幕府赦免。當然，赦免也是有條件的，那就是要求六角家歸還在應仁之亂期間占走的將軍御料所以及公卿、寺社的領地。比如應仁之亂時站在東軍方的比叡山延曆寺，就有不少領地正處於六角高賴的占領之下。

　　不過，到嘴的鴨子怎麼可能讓它飛走呢？六角高賴並未將幕府的命令當一回事，導致延曆寺對六角家的抗議越來越多。文明十四年（1482 年）閏七月，六角高賴將魔爪伸向了幕府將軍奉公眾朽木氏的領地，竟然光明正大地直接出兵取之。

　　那麼，幕府真的就對六角家的惡行不聞不問嗎？

　　當然不是了。幕府政所執事伊勢貞宗曾經收了六角家不少禮物，預感不妙的他連忙寫信給六角高賴，勸說他遵守幕府的命令，但是六角高賴卻不以為然。六角高賴的反應不是沒有道理的，當時大御所足利義政正在營建東山山莊，六角高賴出錢出力，還派出民夫為將軍搬運木材。此外，六角高賴和細川家的關係也還算不錯，阿波守護細川成春前往伊勢神宮參拜時，六角家也派人充當嚮導，好好地招待了細川成春一番。

在六角高賴的馬屁攻勢下，幕府非但沒有追究他的責任，反而還推舉他出任大膳大夫的官職。

大概是和幕府關係好轉的緣故，六角高賴反而與曾經的盟友交惡。美濃國守護代齋藤妙椿曾是六角高賴的堅強後盾，可是自從齋藤妙椿去世以後，六角高賴與秒椿的養子妙純關係急轉直下。

齋藤妙椿本是守護代齋藤利永的弟弟，在利永死去之後，齋藤妙椿取代姪子利藤成為了守護代，並迎接利永的次子利國（持是院妙純）為養子。臨終之前齋藤妙椿雖然將守護代之位還給了姪子利藤，但是卻向守護土岐成賴請求重用養子妙純。這導致利藤、妙純兄弟倆的關係急遽惡化。

文明十二年（1480年）五月，齋藤利藤、妙純兄弟倆因為齋藤妙椿的遺領發生了爭吵。這些遺領是齋藤妙椿趁著應仁之亂期間從寺社那邊占來的，約有八萬石左右，齋藤利藤認為這是前任守護代的領地，應該由現任守護代繼承，而秒純則表示這明明是養父的私人領地，理應由繼承了秒椿家業的自己統治。雙方吵來吵去也沒個結果，最後鬧到了守護土岐成賴那邊去了。土岐成賴也不知道該怎麼裁判家務事，最終守護大人一拍板，既然誰也說不清這些莊園到底屬於誰，那就乾脆歸給我好了。

於是，兄弟倆便因為這些領地結怨，在三個月後爆發了戰爭。因為齋藤妙椿曾經託孤的緣故，守護土岐成賴站在了齋藤妙純一方，而室町幕府則為了削弱土岐家的勢力，選擇支持齋

藤利藤。結果化身幕府舔狗的六角高賴立刻宣布舉雙手支持幕府的決定，同時出兵美濃國支援守護代利藤。可是，一代名將齋藤妙椿之所以看好妙純並非是沒有道理的。十一月三日，齋藤妙純取得大勝，並在二十二日逼得利藤逃亡，奪取了守護代的實權。

六角高賴站錯了隊，使得原本關係極好的六角家、齋藤家同盟變為仇敵，雙方的恩怨甚至延續到後來齋藤道三的時代。令六角高賴沒有想到的是，六角家很快就要因為自己的這個行為買單。

長享元年（1487年）七月二十三日，幕府將軍足利義尚因為接到太多關於六角家侵占領地的訴狀，實在忍受不了六角高賴的惡行，宣布出兵征討六角家。管領細川政元大概是收過六角高賴的銀子，痛哭流涕地勸阻將軍收回成命，但是足利義尚依舊堅持按原計劃出兵，召集各地大名前來參陣。

六角高賴得知此事時都懵了，可是仔細一想，自己這些年又是舔大御所足利義政又是舔管領細川政元、政所執事伊勢貞宗的，唯獨忘了舔足利義尚這個幕府將軍。沒辦法，六角高賴只好下令加固領內的城池，準備抵禦即將襲來的大軍。

出乎所有人預料的是，幾乎沒有人響應足利義尚的號召，出兵之際除了將軍自身的奉公眾以外，只有加賀國守護富樫政親率軍隨同，連管領細川政元都未有行動。在幕府軍出征以後，雖然武田國信等與幕府交好的大名也率軍前來，但是幕府

軍的兵力仍然捉襟見肘。

就在這時，管領細川政元給六角高賴派去使者，表示將軍出兵近江國只是一時衝動，等冷靜之後事態就會好轉，希望六角高賴不要與將軍交戰。六角高賴收到細川政元的消息之後，立刻拋棄了包括觀音寺城等城池不戰而退，帶兵躲到甲賀郡打游擊去了。

足利義尚原本以為自己是含著金鑰匙出生，乃是天生貴冑。但是直到這時候才意識到，原來幕府將軍也不是萬能的。此次出兵非但大名們拒絕配合，連六角高賴都不願意與自己交手，顯得十分鬱悶。不願意返回京都的足利義尚就此在近江國的一個名為「鉤」的地方紮營，之後便天天縱情聲色犬馬。

長享三年（1489年）三月，足利義尚在陣中吐血而亡。因為足利義尚沒有子嗣，幕府頓時又陷入了繼嗣之爭中，沒有閒工夫再管六角高賴這檔事了。於是，在足利義尚去世後的四個月，幕府下令赦免六角高賴，「第一次六角征伐」就這樣無疾而終了。

躲過人生中一大劫數的六角高賴鬆了一口氣，但是也僅僅是一口氣而已。正如前文說的，這只是「第一次」六角征伐。

延德二年（1490年）正月十三日，足利義尚的堂兄弟義材被幕府指認為下代幕府將軍人選。足利義材在七月正式出任「征夷大將軍」，可是在他出任將軍僅兩個月左右，就收到了大量的關於六角家侵占領地的訴狀。於是，足利義材便產生了和足利義尚一樣的想法，那就是出兵征伐六角家。

因為此前風聞細川政元在「第一次六角征伐」時與六角高賴暗通款曲，所以足利義材便心生一計，下令讓細川政元出任近江國守護，以此離間細川家與六角家的關係。隨後，足利義材下令讓各地大名率軍上洛，一同前往近江國討伐六角高賴。

有意思的是，在足利義材召集軍隊、糧餉的時候，六角高賴也透過細川政元向幕府獻上了數千貫鉅款用來「討伐自己」。可是，六角高賴向足利義材表示自己也是忠臣良將的示好行為並未被將軍接受。足利義材雖然收下了六角家的錢，但是仍然向朝廷請求詔書宣布六角高賴為「朝敵」，並請來了天皇下賜的「御錦旗」，準備好好收拾一頓六角家。

與「第一次六角征伐」不同的是，這一次許多守護大名都帶著各自的小心思帶兵前來參陣，例如越前國、尾張國、遠江國守護斯波義寬便帶來了大隊人馬。斯波義寬空有三國守護頭銜，但是越前國被曾經的家臣朝倉家占走了，遠江國則被駿河國守護今川家占走了，所以他希望將軍在討伐完六角家以後，能順帶著將占據越前的朝倉家一併討伐。

在朝廷下詔的次日，六角高賴帶著家臣們逃出了京都的府邸，隨後又依葫蘆畫瓢帶著軍隊躲進甲賀郡露營去了。可是，足利義材討伐六角高賴的心意已決，他故意放出話願意與六角高賴和談，將六角高賴的重臣山內政綱誘騙至陣中殺死。

六角高賴見足利義材這麼不是個東西，也來了脾氣，偷襲了在甲賀郡駐軍的細川軍。結果足利義材親自率軍前來，在以

織田一族為主力的斯波軍的猛攻之下，六角軍戰死數百人，六角高賴兵敗逃亡，不知所蹤。

足利義材本想乘勝追擊，可是奈何幕府軍中充滿著厭戰氣息，大家都不願意對六角高賴斬盡殺絕。因此，足利義材只好借坡下驢，宣布此戰大勝，率軍凱旋貴京。

六角氏綱的早逝

明應二年（1493年）四月，京都發生了一件讓所有人始料未及的事情。趁著幕府將軍足利義材出陣河內國期間，管領細川政元與日野富子、伊勢貞宗一同在京都罷黜了足利義材的將軍之位，擁戴足利義澄為新任幕府將軍，是為「明應政變」。

儘管京都的政局大變，六角高賴卻依舊沒有擺脫朝敵身分。足利義澄就任將軍以後，任命六角家家臣山內政綱之子就綱為近江國守護，與延曆寺的僧兵武裝一同繼續著與六角家的戰爭。可是此時美濃國守護土岐氏與守護代齋藤妙純突然又站在了六角高賴的一邊，導致山內就綱、延曆寺一方大敗。最終，幕府不得不承認六角高賴的近江國守護之位，赦免了六角家的罪過。

六角高賴早年無子，為了改善在齋藤家內亂後日益惡化的近江、美濃兩國的關係，便迎接了土岐政房的兒子美濃法師為養子。正是因此，在「明應政變」以後，美濃國才重新站到了六角高賴的一方。不過，在六角高賴的嫡子氏綱出生以後，六角

高賴便產生了廢掉美濃法師的想法。明應三年（1494年）六月，美濃法師病逝，當時世間傳聞美濃法師是被六角高賴毒死的，土岐政房雖然對此事感到不滿，但是卻也沒有證據。

不久後，土岐家發生內亂，六角高賴再一次發揮了自己的反向站隊才能，站到了土岐政房、齋藤妙純的對立面，支援想要奪嫡的土岐元賴。沒想到的是，齋藤妙純、妙純父子在美濃國經營多年，盟友多得是數不勝數，除了秒椿的女婿織田寬廣派出大軍來援以外，那古野今川家、越前朝倉家都給齋藤軍派來了援軍。此外，近江國北部的京極高清是齋藤妙純的女婿，也趁著這個機會起兵，在近江國、美濃國邊境擊敗了六角軍，殺死六角軍五百餘人。

失去了六角家援軍以後，土岐元賴等人很快就被齋藤妙純剿滅。隨後，齋藤妙純便夥同京極高清一同率軍入侵了近江國，準備討伐六角高賴。六角高賴自知不是齋藤妙純的對手，便放棄了根據地觀音寺城，躲到了蒲生郡的馬淵城防守。最終因為戰局陷入僵持階段，六角高賴與齋藤妙純達成和議。

不過，這個時候老天爺卻給了六角高賴一份大禮。齋藤妙純雖然和養父秒椿一樣都是名將，但是傑出的軍事才能卻並不意味著他的道德水平有多高。齋藤妙純對於老百姓卻沒有絲毫憐憫之心，以至於齋藤軍進入近江國以後四處燒殺劫掠、無惡不作，惹得天怒人怨。在齋藤妙純撤兵之際，齋藤軍突然遭到了大量的近江國百姓的襲擊，驍勇善戰的齋藤軍見識到了老百

姓不可阻擋的怒火，竟被打得全軍崩潰，戰死一千餘人，連齋藤妙純、利親父子也在亂戰中被殺害。齋藤妙純戰死以後，六角高賴恢復了在近江國的勢力，而京極高清則在失去齋藤妙純的支援以後只得逃出了近江國。

穩定了近江國的局勢後，六角高賴竟然收到了一封讓他極其意外的書信。書信的作者是「明應政變」中被罷黜的幕府將軍足利義材，他在被罷黜一度被幽禁在京都，但是不久後又逃出了近江國四處流浪，此時正在越前朝倉家接受庇護。足利義材心心念念想著要反攻京都，可是他在畿內的根基尚淺，沒有什麼盟友，只好厚著臉皮請求朝倉家、六角家出兵支援自己。

「明應政變」之後的幕府與六角高賴的關係不佳，所以六角高賴答應了足利義材的請求，並準備將嫡子氏綱送到足利義材處當人質。但是當足利義材出陣至近江國坂本時，六角高賴發現朝倉家並未出兵，便改變了主意，轉投至足利義澄麾下。六角軍沿水路自琵琶湖上而來，攻向足利義材的陣地坂本，殺了足利義材個措手不及。足利義材兵敗逃亡，最後逃到了周防國依附大內家去了。

因為出兵討伐足利義材的緣故，六角高賴在幕府內部的地位開始上升，連幕府將軍足利義澄看他的表情都多了幾分寵愛，將其召到京都奉公。不過在此期間，六角家的家宰伊庭氏與重臣馬淵氏兩家卻發生了內訌。伊庭氏是六角家的累世重臣，更是六角高賴年少時的左膀右臂，然而伊庭氏也犯了所有

權臣大都會犯的一個錯誤,那就是功高震主。為了打壓伊庭氏的勢力,六角高賴在這次內訌中站到了馬淵氏的一方,導致君臣最終兵戎相見。

　　為了尋找對抗六角高賴的大義名分,伊庭貞隆擁立了之前一度出任過近江國守護的山內就綱為主,同時還找來了細川政元的重臣赤澤朝經為後援,打得六角高賴節節敗退。最終,六角高賴又又又放棄了觀音寺城退往蒲生郡,在細川政元的調解之下,雙方方才達成和解。不過,伊庭氏之亂並未因此而結束,雙方的衝突反而從此便深深地埋下了。十幾年後的永正十一年(1514年),伊庭貞隆再次與六角高賴對立,在戰敗以後逃到了北近江國投靠京極家去了。

　　話說回來,文龜四年(1504年)時,六角高賴便著急地讓十三歲的嫡子氏綱舉行成人禮,確立了六角氏綱的繼承人之位。然而和平的日子沒過幾天,京都便又發生大亂。永正四年(1507年)六月,幕府管領細川政元在入浴時被養子細川澄之派出的殺手殺死,細川家陷入了內亂中。六角氏綱與細川澄之的私交甚好,二人甚至一同商議要如何討伐細川政元的另一個養子細川澄元,還收了細川澄之兩百貫的禮金。但是大概是看出成為眾矢之的細川澄之的前景悲涼,六角高賴、氏綱父子在七月二十五日突然逃出了京都。

　　果不其然,僅僅數日之後,細川澄之就在細川一族的圍攻下兵敗自盡,追隨細川澄之的香西元長、藥師寺長忠等人也被

盛怒之下的細川一族悉數殺死。

京都政局的鉅變給了身在大內家的足利義稙（即足利義材，此時改名為足利義尹，後改為足利義稙，為了方便閱讀，下文統一稱其為足利義稙）一個巨大的機會。在大內家的支援下，足利義稙成功返回了京都，重新出任幕府將軍，而細川政元擁立的將軍足利義澄則被迫出逃，躲到了近江國接受伊庭貞隆的庇護。

雖然足利義稙對六角家恨得是牙齒癢癢，但是此時的他早已不再是當初的那個行事衝動的年輕人了。為了鞏固自己在京都的地位，足利義稙選擇拉攏六角家。在六角氏綱正式繼承家督之際，足利義稙還推舉六角氏綱出任近江守的官位。

遺憾的是，被六角高賴看好的繼承人六角氏綱的身體一直不太好，也沒有子嗣。為了防止六角家絕嗣，六角高賴只好讓在相國寺出家的次子光室承龜回到六角家負責處理政務。永正十五年（1518年）七月，六角氏綱英年早逝，享年二十七歲，臨終之前六角氏綱命家臣找來弟弟光室承龜，給其頒發了繼承家督之位的命令文書。光室承龜在兄長去世以後便還俗繼承家業，取名為「六角定賴」。兩年之後，老父親六角高賴結束了自己波瀾壯闊的一生，享年六十六歲，六角家正式迎來了六角定賴的時代。

「天下人」六角定賴

六角定賴繼承家督時，恰好是京都政局動盪的時代。當時足利義稙依靠著大內義興、細川高國等大名的軍事力量盤踞在京都，但是由於大內義興的歸國，導致足利義稙一派的實力大減，急需外援填補出現中空的軍事力量。

永正十七年（1520年）二月，細川高國在與細川澄元的戰爭中敗北，倉惶逃出京都。細川高國出逃以前，曾想帶著將軍足利義稙一同出逃，然而足利義稙卻判斷細川高國大勢已去，決定背叛高國與細川澄元結盟，所以沒有隨同。令足利義稙沒有想到的是，之前對「兩細川之亂」並不怎麼上心的六角家居然在細川高國的邀請下派出大軍上洛。此外，北近江的京極家此時也與細川高國結盟，「兩佐佐木」與細川高國的聯軍人數高達五萬人，僅一日就奪回了京都，細川澄元方大將三好之長等人也被迫自盡而死。六角定賴在這次上洛作戰中派遣了兩萬餘左右的軍隊，正式取代大內家在京都的地位，成為細川高國的強力盟友。

大永元年（1521年）三月，由於先前的背叛行為，細川高國與將軍足利義稙的對立加強，足利義稙一怒之下逃出了京都。對此，細川高國也沒有多做挽留，而是擁立了前將軍足利義澄的遺子足利義晴為新任幕府將軍。六角定賴作為細川高國的盟友，自然也從足利義稙派轉向了足利義澄、義晴派。

成為幕府的中堅力量以後，六角定賴便開始著手平定近江國的敵對勢力。大永二年（1522年）七月，蒲生郡國人蒲生秀紀在居城日野城舉旗反叛，六角定賴親率兩萬大軍前往平叛。然而因為日野城的防禦過於堅固，導致六角軍戰死八百餘人。在蒲生秀紀投降以後，六角定賴為了以防萬一，下令拆除領內的堅固城池，六角家自此統一南近江國。

大永五年（1525年）五月，北近江國的淺井亮政擁立京極高清舉兵，六角定賴隨後發兵江北，包圍了淺井家的根據地小谷城。七月，小谷城被六角定賴攻陷。然而，反六角勢力卻趁著六角定賴出兵江北之際起兵，早先沒落的伊庭氏、九里氏等家族的殘黨蜂擁而起，對六角家的根據地觀音寺城發起攻擊。九月二日，六角定賴在觀音寺城外的「島鄉」、「黑橋口」與敵對勢力展開大戰，在朝倉教景、細川高國的支援下，六角軍取得大勝。京極高清、淺井亮政戰敗逃亡，京極家家宰上坂氏則投降六角家，六角定賴達成統一近江國的目標。

然而好景不長，六角定賴很快就迎來了一次關鍵的命運轉捩點。享祿四年（1531年）六月，細川高國在攝津國戰敗，逃到尼崎之後被細川晴元（細川澄元之子）麾下的大將三好一秀逮捕，最終被處死。細川高國死後，六角定賴成為了幕府將軍足利義晴唯一的後援，足利義晴也在六角定賴的擁戴下住進了觀音寺山中的桑實寺中居住。

不過，取勝的細川晴元一方的情況也並不樂觀。細川晴元

麾下的柳本氏、三好氏關係不和，在除去共同敵人細川高國以後兩家關係更是急遽惡化。天文元年（1532年）正月二十二日上午，三好元長突然襲擊了柳本甚次郎的居所，柳本一族猝不及防戰死多人，柳本甚次郎也自盡而死。

三好元長的擅自舉動讓細川晴元感到非常不滿，為了對付實力日益強大的三好一族，細川晴元煽動畿內的一向宗寺院起兵攻擊三好元長。六月二十日，一向一揆包圍了三好元長的住所，三好元長為首的三好一族共八十餘人戰死。不過，細川晴元煽動的一向一揆逐漸失控，最終在六角定賴以及法華宗等宗教勢力的支援下，京畿諸勢力共集結了四、五萬餘的軍勢，攻陷了一向宗的根據地山科本願寺，這才平定了這場動亂。

天文三年（1534年）五月，細川晴元與將軍足利義晴達成和解，足利義晴在六角定賴的嫡子六角義賢、近臣進藤貞治的護衛下上洛。六角定賴本人並未隨同將軍上洛，而是留在近江國處理政務。次年，由於美濃守護土岐家分裂，朝倉家趁機介入，六角定賴也率軍前往支援，但是卻在戰場上被土岐家重臣齋藤道三擊敗。

另外一方面，在平定一向宗過程中大放異彩的法華宗成為了幕府要面對的下一個問題。法華宗趁著一向宗衰弱的時機，大肆在京畿擴張勢力，影響到了延曆寺、園城寺、東寺等寺院的利益，雙方隨即爆發了衝突。為了預防京都也被捲入戰亂，足利義晴下令命若狹武田家、越前朝倉家派出軍隊保衛京都，

六角定賴則負責居中調解法華宗與其他宗派的關係。

七月十一日，雙方的和談破裂，六角定賴隨後宣布將在二十三日出兵征討法華宗。等到了出兵之日時，六角軍以及延曆寺、園城寺等寺院武裝共六萬餘進入了洛中，隨即與法華一揆展開大戰。法華一揆並不是六角軍的對手，很快就被打得大敗，戰死數千人，最後只得舉旗投降。由於六角軍前鋒進攻時在四條口縱火的緣故，導致下京大部分、上京部分全都被焚毀。

天文六年（1537年）四月，六角定賴將養女送入洛中，與細川晴元舉行婚禮，六角家同管領家締結了姻親關係。自六角高賴時代開始，六角家便與細川家長期保持著友好關係，以維持自己與幕府若近若遠的關係。此時，兩細川之亂已經結束，幕府將軍也順利入主京都，在六角定賴的協助之下，京畿理應是局勢穩中向好才是。

在此期間，室町幕府給予了六角定賴極大的厚遇，先是賜予其「毛氈鞍覆」的特權，而且與一般大名不同，幕府許可六角定賴使用赤色的毛氈，這在當時是隻有幕府將軍才可以使用的顏色。此外，在幕府處理政務時，也幾乎都是遵從六角定賴的意思下發指令，六角定賴成為了幕府的實際掌權人。

在室町幕府時期，由幕府統治的京畿被稱為「天下」，因此六角定賴成為了事實上的「天下人」。六角定賴在京的居所本能寺，也成為了後來織田信長的住所。不過，與後來的「天下人」三好長慶、織田信長等人不同，六角定賴自身對於奪取「天下」

並未有多大的野心,自然也沒有後者流放將軍、建立自家政權的想法。與三好家、織田家相比,六角家不過是坐擁近江一國的守護大名罷了,其實力也遠不如他們。但是由於京畿長年發生內亂、缺少強而有力的大名的原因,資質不凡的六角定賴才得以「時勢造英雄」,成為京畿的霸主。

野良田戰役

京畿並未因為六角定賴、細川晴元的同盟而進入和平時期。相反,因為「兩細川之亂」的餘波,使得京畿再度陷入了巨大的動亂之中。首先便是原河內國守護畠山家的家臣木澤長政發起了叛亂,在木澤長政之亂結束後不久,細川高國的養子細川氏綱又掀起叛亂。

此時的六角定賴正臥病在床,所以對畿內的動亂沒有做出回應。天文十三年(1544年)七月,六角定賴強撐著病體進入洛中,在京都覲見了將軍足利義晴與管領細川晴元,而後又進入皇宮中覲見天皇。一個月後,六角定賴患了重病,不得不返回近江國。是年六角定賴已經五十一歲,在當時的人們眼中,這已經是垂垂老矣的年紀了。

天文十五年(1546年)九月二日,細川氏綱一黨對京都發起強攻,細川晴元不敵敗北,逃到了丹波國。擔心遭到戰亂波及的將軍足利義晴也連忙逃到了近江國坂本避難,六角定賴則派出了三千餘軍隊前往護衛。此時的足利義晴對細川晴元的無能

有些惱怒，甚至想要奪取細川晴元的家督之位，轉而由細川氏綱出任家督。另外，擔心政局不穩的足利義晴決定在坂本給嫡子菊幢丸舉行元服禮，同時將將軍之位傳給他。

按照慣例，將軍家的嫡子舉行元服禮時應該由幕府「三管領」出身的人物為其加冠，但是由於細川晴元、細川氏綱對戰的緣故導致幕府無法找到管領出席元服禮，因此足利義晴便命令由六角定賴出任「加冠役」。六角定賴雖然以沒有先例為由再三推辭，但是在足利義晴的強求下，最終還是為菊幢丸舉行了加冠禮。菊幢丸元服之後取名為「足利義藤」（後改名義輝，下文統一稱其為足利義輝），在同日接到了朝廷的「將軍宣下」旨意，成為了新任幕府將軍。

足利義晴、義輝父子在次年正月於六角軍的護送下上洛，但是因為足利義晴與細川晴元的關係產生裂痕的原因。將軍父子在京都僅滯留了兩個月便再度逃出京都，在京都郊外的北白川城籠城，下令討伐細川晴元。當時世間流傳說將軍準備與細川氏綱聯合，一同討伐細川晴元。

細川晴元隨即派兵包圍了北白川城，出人意料的是，六角定賴並未站在將軍的一方，而是派出軍隊支援女婿。不過，六角定賴也沒有與將軍敵對的意思，在他的介入之下，足利義晴、義輝父子以「本來不能赦免細川晴元，但是因為六角定賴求情的原因方才赦免其罪過」的台階與細川晴元達成和解。隨後足利義晴、義輝父子又來到了坂本，接受六角定賴的庇護。與將

軍家和解之後，細川晴元又在六角家的支援下成功平定了細川氏綱之亂。

然而，畿內的政局絲毫沒有給細川晴元、六角定賴一絲喘息之機。細川氏綱之亂結束不久，細川家重臣三好長慶便舉旗反旗作亂。三好長慶是先前被一向一揆殺死的三好元長之子，理論上與細川晴元有著間接的殺父之仇。為了獲得舉兵的正當名分，三好長慶擁立了不久前才戰敗逃亡的細川氏綱為主，是為「第二次細川氏綱之亂」。

晚年的六角定賴已經無力介入京畿的戰亂中，他所能做的最多也就是保護身在近江國的將軍父子的安危而已。大概是擔心亂世中六角家的安危，六角定賴在晚年非常積極地與各地大名展開外交，與今川義元、上杉謙信等大名均維持著較為友好的關係。在上杉謙信贈送獵鷹與太刀之後，六角定賴給謙信送去太刀與馬鞍作為回禮，後來上杉謙信上洛時獲得了「毛氈鞍覆」許可時，用的正是六角定賴贈送的馬鞍。

天文二十一年（1552年）正月二日，六角定賴在觀音寺城病逝，家督之位由嫡子六角義賢繼承。大概是擔心六角義賢不是三好長慶的對手，六角定賴留下遺言，希望六角家能與三好長慶和談，讓滯留在近江國的幕府將軍足利義輝進入洛中。對此，三好長慶也積極回應，將嫡子千熊丸送到六角家做人質，六角家、細川家則將細川晴元的嫡子聰明丸送到三好家當人質，雙方正式達成和睦。

永祿元年（1558年）五月，足利義輝、細川晴元在萬餘六角軍的護衛之下進入洛中，當時的人們都認為六角義賢作為六角定賴的繼承者，將會成為主宰「天下」的下一個「天下人」。不過，顯然六角義賢是遠遠不如他的父親的，別說主宰天下了，即便是六角家的領地近江國，在六角定賴死後也發生了內亂。

永祿二年（1559年），北近江的國人淺井久政的嫡子元服，六角義賢為其下賜一字，取名為「淺井新九郎賢政」（後改名為淺井長政，下文統一稱其為淺井長政），同時迎娶了六角家重臣平井定武的女兒為妻。然而，年僅十五歲的淺井長政可謂是初生之犢不畏虎，僅僅四個月以後便與妻子離婚，宣布叛離六角家。在《江濃記》的記載中，淺井家的家臣不願意屈居六角家之下，便締結了一揆發動政變，逼迫淺井久政讓出家督之位隱居。淺井家發生政變的同一時期，六角義賢也宣布剃髮出家，法號「承禎」，同時將家督之位讓給嫡子六角義治。

次年八月，為了討伐淺井長政，六角義賢宣布出兵江北，由重臣蒲生賢秀、永原重興、進藤賢盛等作為前鋒，率軍攻兩萬五千餘朝著小谷城進軍。六角軍渡過近江國愛知川以後在河對岸的野良田布陣，而作為抵擋六角軍攻擊前線的肥田城則向淺井長政發去了求援信。

為了守衛領地，年輕的淺井長政率軍萬餘前來應戰。淺井長政將軍隊一分為二，一路與六角軍正面對抗，假裝不敵誘敵深入，再趁機以另外一隊以逸待勞的後備部隊攻擊追擊的敵

人。當六角軍的前鋒遭到伏擊軍心動搖之際，淺井長政親率精銳部隊朝著六角義賢的本陣發起突擊，六角義賢大驚失色，丟下部隊逃亡，淺井軍取得大勝。野良田戰役被稱為二分近江國的關鍵之戰，淺井長政取勝以後，宣布自六角家獨立，在北近江國建立起了獨立的政權。

觀音寺騷動

除了有淺井長政這個外憂以外，六角義賢統治下的六角家也陷入了內訌之中。六角義賢的嫡長子義治與次子高定發生對立，而後逐漸發展為六角義治與六角義賢、高定父子對立的局面。

大概是六角義治自幼便集萬千寵愛於一身的原因，他並未將隱居的父親六角義賢放在眼裡，而是擅自與六角家長年來的敵人美濃國的齋藤家聯姻，迎娶了齋藤義龍的女兒為妻。當時近江國周邊的局勢已經發展為朝倉家、六角家、織田家與淺井家、齋藤家、三好家敵對的局面，六角義賢正準備讓兒子迎娶朝倉家的女子為妻，以延續六角家、朝倉家的盟約。結果，年輕的六角義治一反父親的外交路線，竟然與齋藤家結親，這無疑是背叛盟友的行為。

六角義賢被兒子氣得七竅生煙，給兒子寫信大罵齋藤家，從現家督齋藤義龍的祖父長井新左衛門尉開始罵起，一直罵到齋藤道三、義龍為止。不過，六角義治依舊把父親的言語當做耳旁風。此外，六角義治的舉動瞬間改變了近江國周邊原本的

勢力分布，原本是敵人的六角家、齋藤家結盟以後，淺井家便與齋藤家的敵人織田家締結了盟約，同時還與齋藤家的另一個敵人、六角家的世代盟友朝倉家眉來眼去。

永祿四年（1561年）五月，厭倦了世俗紛爭的細川晴元在攝津國富田莊的普門寺隱居，細川家的繼承人便成為了頭號問題。誠然，此時的細川家家督乃是細川氏綱，但是在三好長慶的支持下，細川晴元的長子細川昭元被擁立為後繼者。與之相對，六角義賢則想擁立自己撫養長大的細川晴元次子細川晴之繼承家督，從而與三好家爆發了戰爭。

七月二十八日，六角義賢與河內國守護畠山高政勾結，隨後朝著京都進軍，在當日進入了勝軍山城。三好長慶也在京都周邊部署防禦，用以抵擋六角軍的進攻。然而，雙方在京畿對峙了四個月之久，也沒有爆發大規模的戰役。十一月二十四日，趁著六角軍加固勝軍山城的機會，三好軍對六角軍發起猛攻，兩軍在京都東郊的神樂岡爆發大戰。三好軍在戰場上一度取得優勢，可是當三好軍攻至六角義賢的本陣前時，卻遭到了六角軍弓箭隊的伏擊損失慘重。六角義賢是當時的弓術名人吉田一鷗的獨門弟子，因而十分重視六角軍的弓隊戰鬥力。不過，神樂岡戰役中六角軍、三好軍都損失甚大，許多重臣也戰死沙場。因此戰後兩家便再也沒有發生大規模的衝突，最終只得和談。

永祿六年（1563年）十月一日，六角義治突然在觀音寺城內

六角家

殺死了重臣後藤賢豐父子，敲響了六角家滅亡的喪鐘。後藤一族自南北朝時代以來就是六角家的譜代重臣，後藤賢豐更是六角義賢安排給兒子義治的左膀右臂。可是，自從義治因為與齋藤家聯姻的緣由得罪了父親義賢以後，作為義賢親信的後藤賢豐與六角義治的關係也開始惡化。年輕的六角義治便決定以雷霆手段殺死與自己唱反調的後藤賢豐，還將其餘家臣召集到了觀音寺城宣布此事。

六角義治還是太年輕了，在六角家的家臣團中，許多家族都締結了多重婚姻關係，勢力錯綜複雜，也正是靠著這些複雜的聯姻，方才使得家臣們能夠團結在六角家的周圍。然而，眾人來到觀音寺城以後，一看倒在血泊中的後藤父子，心頭立刻涼了一截。大家在六角義治面前隱忍不發，等到離開觀音寺城以後，家臣們紛紛回到自己的根據地舉起了反旗，是為「觀音寺騷動」。趁著六角家內亂的機會，淺井長政也立即發兵六角領，奪取了多處土地。

面對六角義治的肆意妄為，六角義賢是既惱又氣。觀音寺城雖然是六角家經營多年的根據地，但是與其他大名的居城不同，觀音寺城除了作為家督的居住地以外，還是六角家的「市民行政服務中心」，許多商人、百姓都曾進入過觀音寺城打過官司，對觀音寺城的構造有些了解，從而弱化了觀音寺城的軍事防禦價值。此時六角家中有頭有臉的家臣幾乎全都反了，再加上江北的淺井長政虎視眈眈，六角義賢、義治父子只得拋棄居

城出逃。觀音寺的本堂、觀音寺城的城下町也在這次騷動中被叛軍焚毀。

不過，家臣們雖然造反，但是更多的目的只是為了表達對六角義治的不滿而已。因而在蒲生郡國人蒲生定秀、賢秀父子的仲介調解下，家臣們和六角義賢、義治達成和睦，父子二人這才返回了觀音寺城。然而，經過這次「觀音寺騷動」以後，六角家破碎的人心已經是破鏡難重圓了。

永祿十年（1567年）四月十八日，為了挽救支離破碎的六角家，六角義賢、義治父子頒布了近江國的分國法《六角氏式目》。與其他戰國大名制定的分國法不同，六角家的分國法是以家臣團的一方起草，六角家追認的形式確定下來的。其中的許多條法令其實就是近江國之前通行的習慣法，透過這次制定分國法將其確定為成文法，以保障國人、寺社、百姓們的利益。

然而《六角氏式目》的影響卻十分有限。在制定分國法的次年八月，已經消滅美濃齋藤家、占據尾張、美濃、北伊勢的大名織田信長給六角義賢送來書信，表示自己奉命護衛足利義昭上洛出任幕府將軍，希望六角家能夠出兵協助。在書信中，織田信長甚至用上了「恐惶謹言」作為落款。日本戰國時代書信的標準落款為「恐恐謹言」，類似中文書信的「此致敬禮」，無論是同僚、君臣、父子都可以用上。只有面對比自己地位高的人時，才會使用「恐惶謹言」作為落款，相當於「我對你的敬仰之情有如滔滔江水……」。

六角義賢顯然沒有把織田信長的尊重當一回事，而是與足利義昭、織田信長的敵人三好三人眾結盟，擺出了拒絕配合的姿態。可是六角義賢忘了一點，六角家方才經歷過「觀音寺騷動」不久，君臣之間互不信任，根本無力組織軍隊防禦。果然，在九月十一日織田信長對箕作城、觀音寺城發起攻擊之際，六角家的家臣們齊刷刷地陣前倒戈投入織田家麾下，六角義賢、義治父子不得不再次丟下觀音寺城逃亡。

雖然我們習慣將這次戰爭稱為「信長上洛」，但是實際上此次上洛的主角乃是足利義昭，織田信長、德川家康、淺井長政等人只是響應義昭的號召出兵組建幕府軍而已。因此對六角義賢來說，此次危機不過是與祖父六角高賴時期「長享・延德之亂」的重演，只要自己躲進甲賀打游擊，等到風頭過去照樣可以返回觀音寺城當自己的近江國守護。

然而六角義賢明顯是低估了織田信長。元龜元年（1570年）五月二十日，趁著淺井長政背叛足利義昭、織田信長，織田軍不得不從越前國撤軍之時，六角義賢組織起兩萬大軍進入甲賀郡的石部城。六月四日，六角軍在近江國小浜大敗於佐久間信盛、柴田勝家率領的織田軍，六角義賢、義治父子兵敗逃亡。到了十一月時，六角父子不得不來到織田信長陣中投降，戰國大名六角家也自此滅亡。

天正元年（1573年）三月末，隨著足利義昭與織田信長的關係惡化，六角義賢響應幕府將軍足利義昭的號召在甲賀郡舉

兵，同時足利義昭還給六角家派來了一員重磅人物——甲斐武田家的前家督武田信虎作為大將。可是令大家沒有想到的是，武田信虎的兒子信玄在西進過程中病逝，足利義昭被迫與織田信長和談，武田信虎自認為不是織田信長的對手，便沒有返回足利義昭處，而是逃回了武田家領有的信濃國。

另外一方面，織田信長並未理會在石部城、鯰江城籠城的六角義賢、義治父子，而是率軍一路北上，相繼消滅了朝倉家、淺井家等宿敵，這才回頭來收拾六角家。九月四日，鯰江城被織田軍攻陷，守將六角義治逃亡父親義賢防守的石部城。次年，隨著織田家的優勢日益壯大，六角義賢、義治父子沒了翻盤希望，只得逃出近江國。六角義賢逃到了甲斐武田家避難，從此失去了消息，直到慶長三年（1598年）三月十三日在山城國宇治病逝為止。

六角義賢的兒子義治則是追隨將軍足利義昭四處流浪，在織田信長死後同足利義昭一起回到了京都，成為羽柴秀吉養子秀次的弓術師父。羽柴秀次死後，六角義治又被秀吉徵召，成為秀吉親兒子秀賴的弓術師父，居住在京都的賀茂。

慶長十七年（1612年）十月二十二日，六角義治在賀茂病逝。由於六角義治沒有子嗣，便將弟弟高定的兒子定治迎為婿養子繼承家業。六角定治在江戶時代出仕前田家，成為了加賀藩的藩士。

三好家

三好之長與阿波細川家

　　根據三好家的系圖所言，三好一族乃是信濃源氏名門小笠原氏的後裔。小笠原長房在承久之亂以後成為阿波國的守護，而他的後裔便居住在阿波國三好郡，以「三好」為苗字。

　　到了戰國時代，信濃國守護小笠原長時被武田信玄流放後，也來到了三好家的根據地芥川山城接受庇護，其子還拜領了三好長慶名字中的「慶」字，取名為小笠原貞慶。本國寺戰役時，小笠原長時也站在三好家的一方攻擊幕府將軍足利義昭，從這可以看出，小笠原氏與三好氏的關係確實不大一般。

　　文明元年（1469年），阿波國守護細川成之的奉行人飯尾真覺曾向阿波國的郡代「三好式部少輔、片穗常陸入道、逸見豐後守」三人下令徵收當地的賦稅，這是「三好」這個家族第一次出現在史料之中。片穗、逸見都是來自東國的武士後裔，他們的姓氏也是來源於東國的地名，與以阿波國「三好郡」為苗字的三好氏有著很大的不同。正如同戰國時代崛起的許多家族一樣，三好家的真正出身恐怕只是阿波國的一介國人，只是因為當地

許多豪強都以小笠原氏後裔自居,三好氏便也以此自稱。

不過,上述的三好式部少輔並非是後來在戰國舞臺上大放異彩的三好長慶的直系祖先,長慶一系世代以「築前守」的官職自居,只是「式部少輔家」的分家而已,後來「築前守家」取得了莫大的權力,這才取代「式部少輔家」成為嫡系。

三好家的主人乃是阿波國守護細川家,阿波細川家是室町幕府「三管領」之一「細川京兆家」的分家,大概是為了制衡「細川京兆家」的緣故,幕府對「阿波細川家」十分禮遇,將其視作獨立大名看待。

文明十一年(1479年)四月,細川成之將阿波細川家家督之位傳給兒子細川政之,然而年輕的細川政之卻與守護代東條氏、奉行人飯尾氏產生衝突。為了對付這些與自己不和的家老,細川政之便大力提拔自己的近侍三好之長,將其視作自己的左膀右臂。

此時的三好家與「大名」倆字壓根沾不上邊,三好之長在京畿的名聲與匪盜無異,甚至與「應仁・文明之亂」時臭名昭彰的足輕頭子骨皮道賢有些相似。文明十七年(1485年)六月,三好之長手下的士兵因為盜竊被公卿高倉永繼家裡的守衛捉拿,為了救出手下,三好之長竟然率領著郎黨襲擊了高倉宅。此事雖然在管領細川政元(京兆家)的介入下暫時告一段落,但是罪魁禍首三好之長卻因為細川政之的包庇未遭到處罰。

為此,東條一族、飯尾一族無法忍受三好之長的崛起,便

揹著細川政之，帶領著一族回到了阿波國以示抗議。沒曾想，失去家中制衡勢力的三好之長變本加厲，竟然在京畿與「德政一揆」（要求幕府廢除債務的武裝群體）勾結襲擊當地的代官。負責管理京畿治安、時任侍所所司代的多賀高忠一氣之下，組織軍隊包圍了細川政之的府邸，要求細川政之交出三好之長。可是，細川政之卻表示京兆家的細川政元、備中國守護細川勝久的家臣也參加了德政一揆，如果要處罰請先處罰這些人，隨後自己便會讓三好之長自盡。

細川政之的包庇使得三好之長再次逃避了處罰，有恃無恐的三好之長變本加厲，在多賀高忠的軍隊撤離以後，竟然組織起三千餘人的一揆襲擊了京畿的酒屋、土倉（金融業商舖），掠奪走許多財物。

得知細川政之與三好之長在京都的暴行以後，返回阿波國的東條氏、飯尾氏掀起叛亂，最終被細川成之、政之父子與三好之長鎮壓。此後，三好之長便被細川政之留在了阿波國處理政務，沒有返回京畿，畿內也獲得了短暫的和平。

長享二年（1488年），細川政之因病早逝，家督之位由政之的弟弟細川義春繼承。在此期間，幕府將軍足利義尚也因酒色過度早逝，足利將軍家絕嗣。在足利義尚的母親日野富子的指示下，幕府擁立了義尚的堂兄弟足利義稙出任幕府將軍。

足利義稙是「應仁・文明之亂」時「西軍幕府將軍」足利義視的兒子，因此與曾是東軍大將的細川政元關係不和。為了制

約細川政元，足利義稙大力拉攏阿波細川家，甚至將足利家代代相傳的通字「義」字賜給了細川義春。此外，繼承將軍之後的足利義稙極力想要排除日野富子在幕府的影響力，也引得日野富子對其感到十分不滿。

明應二年（1493年）四月，日野富子、細川政元等人聯手廢黜了足利義稙的幕府將軍之位，改立義稙的堂兄弟足利義澄為將軍。足利義稙不久後流亡北陸，細川義春則因為與細川政元等人不和返回了阿波國。當時坊間都傳聞說細川義春準備回國召集軍隊上洛，擁立足利義稙重返將軍之位。然而天不假年，細川義春在返回阿波國後不到一個月便病逝，局勢瞬間又變得有些撲朔迷離起來。

明應政變後的細川政元一時間風光無二，一度想要組織軍隊討伐阿波細川家，卻在淡路國被三好之長擊敗。最終，細川政元只好迎接細川義春之子澄元為養子，與阿波細川家達成和睦。永正三年（1506年）二月，三好之長擁戴細川澄元上洛，正式將其確立為細川京兆家的繼承人。

然而，三好之長以細川澄元近臣的身分介入了攝津國、讚岐國等地的內務，引發兩地的守護代藥師寺長忠、香川滿景等人的極度不滿。為了將阿波細川家的勢力排除出京兆家，細川京兆家的家臣們聯手暗殺了細川政元，改為擁立政元的另一個養子細川澄之為京兆家的家督。

細川政元死後，細川澄元、三好之長的處境變得十分危

險，二人不得不逃出京都，前往近江國藏匿。另一方面，奪取家督之位的細川澄之等人遭到了細川一族的攻擊，細川澄之與香西元長、藥師寺長忠、安富元治、香川滿景等參與暗殺細川政元的叛臣均被殺死。隨後，細川澄元在三好之長的擁戴下進入京都，正式出任京兆家的家督。

然而，三好之長為首的「阿波派」家臣與京兆家的譜代老臣們的衝突並未消除，雙方的關係反而隨著細川澄元的繼位更加惡化。

三好家的危機

永正五年（1508 年）三月，細川高國逃出京都，隨後在丹波國守護代內藤氏的擁戴下舉兵。當時，前將軍足利義稙在西國大名大內義興的擁戴下，也準備趁著細川政元死去的機會上洛奪回將軍之位，細川高國便與二人結成同盟。作為恩賞，足利義稙下令承認由細川高國繼承細川京兆家的家督之位。得知細川高國動向的三好之長自知無法守住京都，便帶著幕府將軍足利義澄與細川澄元再次逃到了近江國，京都落入了足利義稙、大內義興、細川高國等人的手中，足利義稙也得以重返將軍之位。

永正六年（1509 年）六月，三好之長在得到京都附近的自治都市「大山崎」的支持以後，與兒子三好長秀一同率領三千餘軍勢朝著京都出發，並在京都郊外的如意嶽布下本陣。然而，此時盤踞京都的足利義稙一派勢頭正盛，在將軍的命令之下，細

川高國、大內義興與畠山尚順等人組成一支三萬人的聯軍，朝著如意嶽進軍。

面對十倍於己的敵人，三好軍人心惶惶，頓時喪失了戰意。這天夜裡，三好之長趁著大雨率軍後撤，三好軍也因此解體。三好之長的兒子三好長秀因為被足利義澄授予了伊勢國守護的頭銜，便前往伊勢國募兵，結果被占據伊勢國的國司北畠材親逮捕。八月，三好長秀一行人在伊勢國自盡而死，首級被送往京都示眾。

另一方面，由於足利義稙與足利義澄都有各自的支持者，所以一時間誰也奈何不了誰，京畿形成了占據京都的足利義稙與身在近江國的足利義澄對立的局面。

永正八年（1511年），足利義澄一派發起大規模的反擊，為了取得大名們的支持，足利義澄將長子義維送到了阿波細川家、將次子義晴送到了播磨赤松家處做人質，換取兩家的支持。不過，年事已高的細川成之此時已經臥病在床，無法對孫子澄元的求援做出回應，而阿波國的國人們又不聽從澄元的號召，甚至連三好之長也沒有出兵，導致足利義澄組織的「義稙包圍網」少了最重要的一環。八月二十四日，義澄軍在船岡山大敗於細川高國與大內義興，主將細川政賢戰死，細川澄元在戰敗之後逃回了阿波國。

九月十二日，細川成之病逝，細川澄元以細川家家主的身分，讓長子晴元成為京兆家繼承人，次子氏之則繼承阿波細川家。三好

之長也在細川成之死後，重新回到了細川澄元的麾下效力。

隨著船岡山之戰的結束，京畿暫時出現了短暫的和平。蟄伏阿波國的細川澄元、三好之長，也趁著這個機會舔舐傷口，等待著下一個進攻京都的時機。

永正十六年（1519年）十一月，由於前一年大內義興返回領國，京都內的足利義稙與細川高國漸漸產生嫌隙。趁著這個機會，細川澄元命令三好之長動員起細川京兆家與阿波細川家的軍隊上洛，三好之長在殺死淡路國守護細川尚春以後，便帶著軍隊渡海抵達了攝津國。次年正月，與三好之長有著老交情的京畿百姓們締結了德政一揆，在京都附近舉兵。細川高國在重圍之下只好拋棄京都向近江國撤退，可是將軍足利義稙卻沒有跟著高國離開，而是私底下與細川澄元達成和解，背叛了高國。

三月十七日，三好之長率領著兩萬餘大軍進入京都，隨後免除了一揆眾的債務，同時還允諾將一揆眾的賦稅減至半額，因此得到了中下層百姓的廣泛支持。然而，此時的細川澄元卻突然生了重病，滯留在攝津國伊丹城，遲遲未上洛的細川澄元讓他的支持者們產生了動搖之心，紛紛返回了自己的領地。

五月，細川高國在六角家、朝倉家、土岐家等大名的支持下率軍五萬餘上洛。此時的三好之長麾下僅剩下四、五千人左右，但是在三好之長的指揮下依舊與高國軍打得有來有回。不過，隨著三好軍內的阿波國、讚岐國的國人相繼在陣前倒戈，寡不敵眾的三好之長獨木難支，三好軍隨之崩潰。十日，藏匿

在京都的三好之長之子三好長光、芥川長則向細川高國投降。次日，三好之長與姪子三好長久也放下了武器。

在細川尚春的遺子細川彥四郎的強烈要求之下，三好之長、長光、長則父子與姪子長久在京都切腹自盡。得知京都的敗報以後，細川澄元在絕望中一命嗚呼。細川家的家督之位傳給了年幼的兒子晴元，三好家的家督之位也落到了三好之長的孫子元長的手中。

永正十八年（1521 年），將軍足利義稙因與細川高國不和逃到了淡路國，沒曾想細川高國一點也不做挽留，直接從播磨赤松家迎接了前將軍足利義澄的次子義晴進入京都，隨後高國為其舉行了元服禮，繼承了幕府將軍之職。再度失去將軍之位的足利義稙只好前往阿波國，尋求細川澄元之子晴元的協助，隨後將足利義澄的長子義維收為養子。

大永五年（1525 年）十二月，因為細川高國的堂弟細川尹賢與高國的家臣波多野元清、香西元盛、柳本賢治三兄弟出現內訌，細川晴元、三好元長等人決定從阿波國發起反擊。細川晴元派出三好之長的姪子三好長家、宗三兄弟作為先陣渡海進入和泉國。由於細川高國失去柳本賢治兄弟的支持，只好再次拋棄京都東逃。不過，晴元軍在進入京都以後，三好元長卻與主君細川晴元產生了衝突。

與側近出身的祖父三好之長不同，三好元長與細川晴元的關係十分寡淡。並且，三好元長還一改三好家在貴族們中的

不良口碑，積極保障公卿、寺社的領地權益，在貴族中間也有著比較好的口碑。由於三好元長勢力的不斷擴大，三好家在阿波國、山城國等地擁有廣闊的領地與盟友，威脅到了主君的地位。所以，正如同父親澄元的親信都是阿波國出身的武士一樣，細川晴元的親信諸如三好宗三等人也都是阿波國出身，自然與已經在京畿立足、擺脫了側近身分的三好元長有著衝突。

另外，細川晴元雖然並不承認細川高國的地位，但是卻認可高國擁立的幕府將軍足利義晴的正統性。反之三好元長則是支持由足利義維繼承將軍之位，隨後再以細川高國將京兆家家督之位讓給晴元的形式和解。細川晴元有著柳本賢治兄弟的支持，而三好元長也有著足利義維、阿波細川家的細川氏之的支持。

享祿四年（1531年）六月，三好元長在攝津國天王寺擊敗細川高國，隨後將其處死。可是在處理細川高國的遺產之時，三好元長卻又得罪了另一個重要人物。

河內國本來是畠山家的地盤，然而以河內國北部飯盛城為根據地的畠山義堯的家臣木澤長政卻在細川家內訌期間被細川高國策反，成為了細川家的家臣。等到細川高國沒落以後，木澤長政又成為了細川晴元的側近。細川高國死後，三好元長占領了祖父之長曾經出任代官的河內國北部的領地，但是此地早已成為了木澤長政的地盤，雙方劍拔弩張，誰也不肯做出讓步。河內國的領地爭端影響了幕府高層的鬥爭，木澤長政也因為這件事站到了三好元長的對立面，成為了將軍足利義晴的支持者。

享祿五年（1532年）正月，三好之長的弟弟、元長的叔祖父三好一秀突然發兵殺死了柳本賢治的兒子甚次郎（此時柳本賢治已死），細川晴元與三好元長的對立擺到了明面上。因為細川晴元執意想把此事鬧大，趁機處分三好一族，所以站在三好方立場的細川氏之一怒之下便與哥哥斷交，率軍返回了阿波國。

失去阿波眾的支援以後，細川晴元在京畿的兵力捉襟見肘。為此，細川晴元突發奇想，竟然與戰國時代新晉崛起的宗教勢力一向宗勾結，動員一向一揆攻擊三好家。六月，在一向宗門主本願寺證如的命令下，一向一揆在攝津國舉兵，十餘萬一揆眾突然包圍了三好元長居住的堺。面對一向一揆的襲擊，三好元長猝不及防，在將嫡子長慶送往阿波國以後，三好元長與叔祖父三好一秀以及二十餘名重臣在堺切腹自盡。

三好元長去世之時，幾個兒子都尚且年幼，只得在阿波細川家的庇護下苟且偷生，三好家一時間陷入了生死存亡的危機之中。

三好長慶的崛起

三好元長被一向一揆剿滅以後，細川晴元逐漸對一向一揆失去了控制，畿內隨即陷入了以細川家、六角家為首，一向宗、天台宗、法華宗等宗教勢力為輔的鬥爭漩渦之中。

天文二年（1533年）正月，細川晴元與法華一揆一起對一向宗的據點大坂本願寺發起猛攻，然而本願寺證如卻與細川高國

的弟弟晴國結盟，反將細川晴元擊敗。戰敗以後的晴元無路可退，只好退往淡路島暫避鋒芒，同時向與自己斷絕關係的阿波細川家求援。

細川氏之雖然怨恨晴元的一意孤行，但是又不忍心看著哥哥被敵人逼入絕境，便派出軍隊支援晴元。順便藉著這個機會，三好元長的嫡子千熊丸也在細川氏之的推薦下重回細川晴元麾下，成為細川京兆家的家臣。雖然千熊丸與細川晴元、一向宗有著殺父之仇，但是為了儲存三好家的家業，也只好向細川晴元低頭。同時，在千熊丸的仲介下，細川晴元也與一向宗達成了和談。

天文三年（1534年），在六角定賴的主導下，足利義晴破天荒地沒有迎娶日野家出身的女子，而是娶了攝關家的近衛尚通的女兒為妻。不僅如此，六角定賴還派出軍隊鎮壓了法華一揆、細川晴國等敵對勢力，擁戴足利義晴、細川晴元返回了京都。千熊丸雖在上洛的佇列之中，但是不久後便返回了阿波國。

天文六年（1537年）九月，十五歲的千熊丸元服，取名為三好利長，後來又改名為「範長」、「長慶」。三好長慶表面上與細川晴元維持著良好的關係，實際上卻在暗中積蓄力量，等待反擊的時機。

機會很快就來了。

天文八年（1539年）正月，三好長慶率軍兩千五百人進入洛中，細川晴元十分高興，將尾張國土豪織田信秀獻上的鷹賜給

了三好長慶。作為回禮，三好長慶在家中召開能樂，招待細川晴元。三好長慶的這次上洛乃是無事不登三寶殿，不久後他便向幕府將軍的側近大館常興提出想要出任河內國的一處被稱為「河內十七箇所」的大莊園的代官。

「河內十七箇所」本被幕府賜予大館常興的兒子晴光，但是卻被細川晴元強行占走，隨後賜給了側近三好宗三。明眼人都能看出，這是三好長慶、大館常興為了驅逐三好宗三而自導自演的一齣戲罷了。為了驅逐三好宗三的勢力，三好長慶在京都舉兵，但是卻因為細川晴元等人的干涉而陷入重圍之中。最終，察覺到舉兵過於倉促的三好長慶在六角定賴的介入下，與細川晴元、三好宗三達成和解，撤出了京都。作為和談條件，細川晴元任命三好長慶為攝津國越水城的城主。

越水城是攝津國下郡的重要據點，是細川高國為了守護下郡治所西宮而修築的城池，控制著商業高度繁榮的西宮神社門前町，同時還是當地的海陸交通要地。三好長慶出任越水城城主之後，以下郡守護代之姿統治當地。正是依靠著繁華的下郡，三好長慶開闢了遠超父祖的「攝津三好家」時代。

天文九年（1540年）十二月十五日，三好長慶迎娶了丹波國豪強波多野秀忠的女兒為妻。波多野秀忠是細川京兆家的有力家臣，在丹波國有著非常強大的勢力。三好長慶在前一年舉兵時，波多野家站在了細川晴元、三好宗三的一方，因此三好長慶才藉著結親拉攏波多野秀忠。

此時的上天還是眷顧三好長慶的,在三好長慶娶親的次年,細川高國的殘黨細川氏綱勾結出雲國大名尼子晴久以及河內國大名的畠山植長舉兵作亂。由於細川高國在攝津國有著很廣泛的群眾基礎,因此這些原高國方的國眾便成為了三好長慶的打擊對象。當然,打擊叛臣是假,趁機擴大勢力才是真。藉著清剿細川高國殘黨的由頭,三好長慶一步一步地在攝津國建立起了霸主的地位。也正是在這個時期,三好長慶開始使用「長慶」這個名字以及父祖的官途「築前守」。三好長慶將三好家的通字「長」字放在了名字中的上位,充分體現了他不再甘於人下的野心。

天文十七年(1548年)五月,細川晴元將攝津國國人池田信正召到京都,隨後以內通細川氏綱的理由處死了池田信正。池田信正死後,家督之位由信正的嫡子長正繼承。由於池田長正年幼的關係,細川晴元便命令長正的外公三好宗三出任後見人。結果,細川晴元的做法引起了池田家的反噬。池田一族與部分家臣們認為池田信正是受三好宗三的讒言而死的,便在三好長慶的支持下舉兵,流放了親近三好宗三一派的家臣。

細川晴元在這次騷動中看到了三好長慶強大的身影,不禁感到一絲寒意,執意要討伐池田一族。為了對付三好長慶,細川晴元甚至想要拉攏三好長慶的弟弟十河一存,但是沒有成功。

三好長慶見到細川晴元已經明確選邊站,便宣布脫離細川晴元麾下,轉而擁立細川氏綱為主。恰好在此期間三好長慶的

岳父波多野秀忠病逝，長慶便與妻子離婚，反過來與在丹波國同波多野家敵對、細川高國的殘黨內藤備前守結盟。三好長慶的舉兵得到了攝津國國人們的廣泛支持，除了三好長慶統治的下郡以外，攝津國上郡、山城國、丹波國、和泉國、播磨國都出現了支持三好長慶的勢力。

攝津國出身的池田信正是細川家內不折不扣的「畿內派」家臣，而三好宗三則是長年受「畿內派」排斥的「阿波派」家臣。細川晴元在「阿波派」的慫恿下處死了「畿內派」的池田信正，引起了「畿內派」的反感，從而失去了支持，畢竟誰也不想成為下一個池田信正。

天文十八年（1549 年）六月二十四日，三好長慶對三好宗三防守的江口城發起猛攻。側近出身的三好宗三根本不是三好長慶的對手，只得棄城逃亡。在逃亡途中，三好宗三與細川晴元的另外幾個側近高畠長直、平井直信等八百餘人被三好軍殺死。

江口城陷落以後，細川晴元元氣大傷，連忙帶著幕府將軍足利義晴等人逃到了近江國，而三好長慶則趁機擁立細川氏綱進入京都。但是由於細川晴元有著六角定賴的支持，所以三好長慶一時間也奈何不了細川晴元。

「天下人」之路

天文二十年（1551 年），因為在前將軍足利義晴在前一年病逝的緣故，許多幕府將軍的奉公眾紛紛離開近江國，回到了三

好長慶的麾下。氣急敗壞的新將軍足利義輝便派出刺客進入京都刺殺三好長慶。

三月十四日，三好長慶前往伊勢貞孝家中欣賞猿樂。席間，在這年正月返回京都的謀反奉公眾進士賢光突然拔出長刀襲擊了三好長慶。進士賢光一連朝著三好長慶砍了三刀，其中一刀被長慶躲過，剩餘兩刀則砍在了長慶身上。負傷的長慶立刻被緩過神的家臣們圍了起來，而進士賢光則在眾目睽睽之下自盡而死。

趁著三好長慶遇襲的機會，細川晴元多次對京都發起攻擊，均被三好家給擊退。三好長慶也是命硬，雖然被砍了兩刀，但是隻受了點輕傷，無傷大雅。此時三好家在畿內的強大，早已不是一兩個刺客能夠改變的了。

天文二十一年（1552年）正月，足利義輝、細川晴元的強大後盾六角定賴病逝。六角定賴雖然在生前一直支持女婿細川晴元與三好長慶作戰，但是他看出不管是自己兒子六角義賢，還是女婿細川晴元都不是三好長慶的對手，便留下遺言，命兒子義賢與三好家和談。幾番討價還價以後，幕府將軍足利義輝以承認細川氏綱取代細川晴元出任細川家家督為條件，同三好長慶達成和解。

隨後，足利義輝便在三好家的擁戴下進入京都。細川晴元雖然成為犧牲品出家隱居，被流放至若狹國，但是他的兒子聰明丸卻被三好長慶接到身邊充當人質，被立為細川氏綱的繼承

人。為了表達對三好長慶的謝意,足利義輝任命三好長慶為幕府將軍的奉公眾、御供眾,將三好家從一介陪臣晉升為將軍直臣,成為與細川家平起平坐的家族。

不過,三好長慶的這次和談卻差點釀成大禍。畿內的國人們雖然反感細川晴元,但是大家真正的攻擊對象其實是晴元的側近三好宗三,並沒有將細川晴元趕下家督之位的想法。當細川晴元被流放以後,丹波國的國人波多野元秀便在丹波國八上城舉兵。此外,攝津國國人池田長正、三好一族出身的芥川孫十郎也紛紛舉兵對抗三好長慶。

雪上加霜的是,就在三好長慶陷入丹波國、攝津國的戰爭中之際,三好長慶的家臣卻與弟弟安宅冬康的家臣因為三好宗三的遺領起了衝突。三好長慶的另一個弟弟十河一存則趁機在讚岐國擴張勢力,大有學習哥哥三好長慶建立起一個獨立勢力的趨勢。可以看出,這時候的三好長慶,尚且沒有統率三好一族的實力。

天文二十二年(1553 年)閏正月一日,三好長慶、義興父子前往將軍足利義輝處覲見,然而此時卻再度傳出將軍想要刺殺三好長慶的消息,二者關係降至冰點。三月,足利義輝逃出了京都,前往郊外的靈山城籠城,還向隱居的細川晴元派出結盟使者。

為了對付足利義輝,三好長慶立即派出軍隊攻擊靈山城。同時,三好長慶還向世人宣布,三好家將沒收追隨足利義輝的

公家、武家的領地。如果說戰國時代的室町幕府暫且還能保持自己武家頂端的地位，那麼三好長慶便是徹底摧毀舊日秩序，敲響室町幕府喪鐘的那個人。當長慶的命令發出以後，足利義輝身邊的人馬立即少了一大半，紛紛脫離隊伍逃回了京都，室町幕府在三好長慶的謀略之下走向崩壞。

俗話說柿子要揀軟的捏，此時的朝廷見幕府將軍如此狼狽，便也產生了輕視之心，竟然破格將三好長慶的位階提升至與足利義輝、細川晴元、細川氏綱同級別的「從四位下」。這也是天皇第一次想要依靠幕府以外的勢力維持京都的秩序。此外，三好長慶攻陷細川晴元昔日的居城芥川山城以後，便將根據地從越水城遷移到了此地。越水城不過是個守護代級別的城池，而芥川山城卻是幕府管領級別的城池，三好長慶正是以此來向世人宣示三好家的地位今非昔比。

然而，這種顛覆幕府的行為很快就引起了各地大名的警覺，例如三好家原本的強大後援細川氏之便產生了警惕心理，但是還沒有做出動作，便被三好長慶的弟弟三好實休殺害。不過，三好實休的強硬做法卻打亂了三好長慶原本的計畫，長慶本想擁戴足利義維上洛出任將軍，但是因為細川氏之的死亡，使得足利義維拒絕上洛。對此，三好長慶只得在洲本城召集了三好實休、安宅冬康、十河一存，四兄弟聚在了一起討論三好家接下去何去何從。最終的結果，只怕是哥幾個誰都沒想擁立將軍，而是想建立起以三好家為頂點的「天下人」政權。

於是,「天下人」三好長慶便這麼誕生了。當然,「天下人」並不是一個虛無的稱謂,而是有具體的標準。例如京都郊外的今裡村、上植野村曾經發生過糾紛,細川家曾以幕府的身分介入裁決。不久後兩村再起爭議,三好長慶表示遵照之前的裁判即可,便讓細川家的家臣對此糾紛進行判決。然而,兩村的人們卻對細川家的判決充滿不信任,要求三好長慶親自對案件進行仲裁。三好家的判決書的權威性,也正是在這個時期超過了室町幕府判決。

不僅如此,弘治四年(1558年)二月,美濃國大名齋藤高政(一色義龍)想要抬高自身的地位,便透過三好長慶向朝廷申請任官,最終被授予治部大輔的官職。給大名推舉官職本是由室町幕府獨占的特權,三好長慶經過這次事件,取代幕府將軍成為了大名與朝廷的中間人,使得幕府的權威進一步下降。在齋藤高政任官的兩天之後,正親町天皇頒布詔書,下令改元為「永祿」,更是確定了三好長慶的「天下人」地位。

改元本是屬於天皇的權力,但是進入室町時代以後,因為朝廷的實力日益衰微,無法負擔舉行改元禮儀的費用,便形成了由將軍奏請、出資,朝廷再下令改元的規矩。即便室町幕府在戰國時代走向分裂,足利義稙、足利義澄兩系的將軍也沒有停止過向朝廷奏請改元的行為,雙方都想透過改元來證明自己政權的正當性。可是,「永祿」年號的改元並沒有經過幕府的奏請,且是由三好長慶出資贊助,其取代幕府將軍之心可謂昭然若揭。

身在近江國的幕府將軍足利義輝對朝廷的做法感到十分惱怒，便向朝廷獻上一柄廉價的太刀與區區五百疋錢向朝廷抗議。朝廷也是第一次收到沒有銘文的太刀，自認被幕府羞辱，雙方的冷戰逐漸更新。此外，足利義輝拒絕承認這次的改元，依舊使用「弘治」年號，而與足利義晴、義輝親近的大名諸如毛利元就等人也同樣拒絕承認三好長慶的地位，繼續使用舊年號。

面對事態的發展日益嚴峻，三好長慶也不想樹立太多敵人，便在攝津國尼崎城召集了三個弟弟開會，還順帶把兒子義興也給帶上了。哥幾個一通商量之後，決定還是與足利義輝和談，迎接義輝回到京都。

永祿三年（1560 年）正月，朝廷下詔任命三好長慶為「修理大夫」，三好義興為「築前守」，三好長慶也藉著這個機會將家督之位讓給了兒子義興。作為回報，三好長慶給朝廷獻上了天皇即位儀式的費用，協助朝廷舉行了天皇即位的典禮。天皇即位典禮的費用本來是由室町幕府提供的，可是戰國時代的幕府自己也不富裕，使得天皇的即位典禮只得一直延後。正親町天皇的父親後奈良天皇在繼位十年之，方才舉行了即位儀式，而正親町天皇此時不過踐祚兩年有餘，便舉行了即位儀式，使得天皇感到自己倍有面子，對三好家的偏愛也更近了一步。當時明朝的使者前往日本，誤以為三好長慶是「日本國王」麾下一人之下萬人之上的「宰相」級別的人物，甚至評價三好長慶是「日本的耶律楚材（蒙古帝國的宰相）」。

這一年，三好家的勢力達到了鼎盛時期，近畿一帶的領地遍及攝津、山城、河內、和泉、大和、丹波、淡路、播磨東部、丹後南部、若狹西部，四國方面則是阿波、讚岐以及伊予東部等地。也正是這一年，今川義元揮師西進，在桶狹間之戰中遇襲身亡。今川義元西進的目的眾說紛紜，但是如今已經甚少有人會提及今川家想要上洛的觀點，因為在這個時間點三個今川義元綁在一起都不會是三好長慶的對手。

三好家的衰亡

永祿四年（1561 年）四月，三好長慶的弟弟十河一存因病去世，年僅二十九歲，正是從十河一存的去世開始，盛極而衰的三好家開始了下坡路。十河一存生前一直出任和泉國豪強松浦家的後見人，他的死亡使得和泉國、河內國等地的反三好勢力紛紛開始蠢蠢欲動。面對這樣的情況，三好長慶急忙讓另一個弟弟三好實休進入和泉國，想要穩定當地的局勢。

不過，被三好家占走河內國領地的畠山家自然是不會放過這麼好的機會的。十月二十六日，畠山高政與根來寺的聯軍開始朝著和泉國進軍，被三好長慶委以重任的三好實休則率領安宅冬康、三好康長、三好政勝、筱原長房等人出兵，在和泉國的久米田著陣。

次年三月，兩軍在久米田爆發了戰役。畠山軍根本就不是驍勇善戰的三好軍的對手，被猛將安宅冬康、筱原長房殺得節

節敗退。然而，三好軍卻在此時犯了大意輕敵的致命錯誤，當三好軍前鋒對畠山軍發起追擊之後，冒進的前鋒部隊逐漸與本陣脫節，導致三好實休的本陣遭到了根來寺眾的襲擊。混亂之中，主將三好實休被根來寺的鐵炮部隊狙殺，失去主將的三好軍頓時士氣大跌，被畠山軍、根來寺眾殺得大敗而逃，據說三好軍戰死的人數高達五千餘人。

接連失去了兩個弟弟，讓三好長慶不得不親自出面處置亂局。久米田戰役的兩個月後，三好長慶率領兒子義興為首的三好一族在攝津國教興寺與畠山軍、根來寺眾展開激戰，悲憤交加的三好軍不再給畠山高政機會，將畠山軍、根來寺眾殺得大敗。

不過，由於在教興寺戰役期間，幕府將軍足利義輝的許多奉公眾都加入了畠山軍作戰，導致足利義輝與三好家的關係產生裂痕。在三好義興的威脅之下，足利義輝竟然將女兒送到了三好家的家臣松永久秀處充當人質。在三好家的治世之下，連幕府將軍都只是三好家下位的武家而已。

遺憾的是，向來眷顧三好長慶的老天爺這一次似乎拋棄了他。永祿六年（1563 年）六月，在兩個弟弟去世以後，三好長慶寄予厚望的嫡子三好義興也在芥川山城病逝，年僅二十一歲。兒子的死給了三好長慶一個巨大的打擊，他到死都沒能緩過勁來。

三好長慶多年來一直忙於爭霸，所以除了三好義興以外並沒有子嗣，只好迎接弟弟十河一存的兒子義繼為養子入嗣三

好家。同時為了避免讓十河家絕嗣，三好長慶又讓三好實休的兒子義堅入嗣十河家。足利義輝的母親是攝關家出身的近衛尚通的女兒，而三好義繼的母親則是同為攝關家的九條稙家的養女。三好長慶之所以選擇義繼為繼承人，目的正是想要利用有著攝關家背景的義繼來對抗室町幕府。

可是，年輕的三好義繼卻讓三好長慶有些不放心，他擔心義繼無法壓制住戰功赫赫的叔父安宅冬康。永祿七年（1564年）五月，三好長慶將弟弟安宅冬康招致居城殺害。軍記物中將安宅冬康之死的責任推到了松永久秀的身上，認為是松永久秀向三好長慶進讒言，才使得長慶自毀長城。然而實際上此時的松永久秀與安宅冬康的關係十分融洽，所以此事應當是不屬實的。實際上，三好長慶之所以誅殺安宅冬康，最大的可能還是因為安宅冬康對義繼繼承三好家之事頗有微言，三好長慶為了避免自己死後三好家走向分裂，這才出此下策。

安宅冬康遇害後，曾經由長慶四兄弟以及義興組成的五人群聊裡頭像便黑了四個，孤家寡人的三好長慶不禁有些後悔與惱怒，不久之後便臥病在床。親人的死亡讓三好長慶患上了憂鬱症，經常控制不住自己的情緒偷偷哭泣。最終，在殺死安宅冬康兩個月後，三好長慶鬱鬱而終，享年僅四十三歲。

正當壯年的三好長慶的死亡，加快了三好家衰亡的速度。三好長慶的繼承人義繼自幼含著金鑰匙出生，年輕氣盛的他根本不把幕府將軍足利義輝放在眼裡。「義繼」這個名字也是他自

己改的，目的便是表明自己是「繼」足利家之後的「天下人」。

永祿八年（1565年）五月一日，三好義繼率領一萬餘軍隊上洛，隨後襲擊足利義輝的御所。幕府將軍足利義輝以及母親慶壽院、弟弟鹿苑院周暠、側近進士晴舍等皆被三好軍殺死，是為「永祿之變」。幕府將軍在御所內被臣下公然殺害，這是日本前所未有的驚天大案。雖然室町時代經常發生幕臣派兵包圍將軍御所的「御所捲」事件，但是大家最大的尺度也就僅此而已，根本沒有什麼人敢明目張膽地真的對將軍刀兵相向。例如早年在「嘉吉之亂」中遇害的將軍足利義教，也只是被赤松家騙至赤松家中暗殺而已。

果然，三好義繼很快就為自己的莽撞行為買單，各地的大名紛紛譴責三好義繼殺害將軍的惡行，著手組織「三好包圍網」。十一月十六日，三好家的家臣三好長逸、三好政勝、岩成友通三人率領軍隊包圍了三好義繼的居城飯盛山城，逼迫三好義繼流放長慶時代的重臣松永久秀、久通父子。不久後，三好義繼也被家臣流放，三好長逸三人掌握了三好家的實權，被稱為「三好三人眾」。三好三人眾掌權後一改三好義繼的強硬姿態，轉而擁立足利義維的兒子足利義榮出任幕府將軍，表明了自己支持室町幕府體系的立場。

可是，被三好義繼殺害的足利義輝的弟弟足利義昭卻逃出了京畿，四處尋求外援。最終，在織田信長、德川家康、淺井長政等地方大名的支援之下，足利義昭順利進入洛中出任幕府

將軍，重新恢復了室町幕府在畿內的統治。

三好義繼、松永久秀君臣為了打倒三好三人眾，便積極響應足利義昭的上洛，三好義繼也因此獲得了河內國半國的領地。為了拉攏這個三好家的正統繼承人，足利義昭甚至將自己的姐妹嫁給三好義繼為妻。不過，這點領地滿足不了想以「天下人」姿態君臨畿內的三好義繼的胃口。

元龜元年（1570年），三好三人眾、朝倉義景、淺井長政組建了針對足利義昭、織田信長的「義昭·信長包圍網」。三好三人眾以復興三好家為由拉攏了原本是足利義昭一方的三好義繼、松永久秀，一時間三好家又進入了三好一族奉三好義繼為主的局面中。

可是，比起三好長慶有過之而無不及的織田信長並不是省油的燈。天正元年（1573年）十一月，在信長的圍攻之下，三好義繼在河內國若江城內殺死了自己的妻兒老小，隨後自盡而死，三好家的復興之夢就此破碎。

三好義繼去世之後，阿波三好家家督三好長治一度想要擁立入嗣十河家的弟弟三好義堅繼承三好家宗家。不過，在織田信長的軍事壓力之下，這個希望很快就破滅了。不僅如此，三好長治為了與織田信長和談，殺死了主戰派家老筱原長房，使得三好家的老家阿波國也發生動亂，阿波三好家元氣大傷。好在織田信長不久後陷入了同毛利家與本願寺的戰爭之中，一時間沒有多餘的精力對付三好長治。

天正四年（1576年）十月，阿波細川家家督細川真之突然叛逃，三好長治隨即發兵攻打細川真之。可是今日不同往日，三好家的權勢早已日益衰退，同情淪為傀儡的阿波國守護細川真之的國人們占據了上風。在三好長治出兵之後，手下大將一宮成相突然舉起反旗，三好長治最終被迫自盡而死，三好家的最後火種阿波三好家也就此走向了滅亡。

羽柴家

秀吉的出世

織田信長死後,家臣柴田勝家、羽柴秀吉、德川家康等人逐漸崛起。不久之後,羽柴秀吉在賤岳之戰中擊敗了對手柴田勝家,獨掌織田家大權,取代了信長的地位。那麼,秀吉所在羽柴家的歷史,又是如何呢?

羽柴秀吉早年的出身非常低下,因而現如今連秀吉具體的家世、生年都無從知曉,只能從江戶時代被加油添醋的軍記物語中窺得一二。現如今對秀吉出身流傳最廣的說法,便是源自江戶時代的《太閣素生記》,書中說秀吉的父親木下彌右衛門是尾張國中中村的住民,曾經是織田信秀麾下的鐵炮足輕,後來因傷隱居,不久後去世。秀吉的母親隨後帶著秀吉和瑞龍院(秀吉的姐姐)改嫁給了織田信秀的「同朋眾」築阿彌,再生下了秀長與南明院(秀吉的妹妹)。

不過,《太閣素生記》之中卻有許多自相衝突的說法,例如書中記載木下秀長出生於天文九年(1540 年),但是木下彌右衛門卻是天文十二年(1543 年)才去世的。並且,鐵炮也是天文

十二年才傳入日本九州的，此前木下彌右衛門又是如何以鐵炮足輕的身分負傷呢？

在儒醫小瀨甫庵創作的《甫庵太閤記》之中，並沒有出現木下彌右衛門這個人，秀吉在出仕信長時自我介紹說是清洲織田家的雜役築阿彌之子，因而信長也給秀吉取了個外號叫「小築（竹）」（值得一提的是，在後世的作品中，小築是秀長的小名）。小瀨甫庵曾經侍奉過池田恆興、羽柴秀次，他的記載是不是會更可信一些呢？

根據傳教士路易士的記載，秀吉出任關白以後，出現了自稱是秀吉同母異父的兄弟姐妹，這些人大多數都被秀吉給處死了。秀吉有個妹妹在尾張國已是農婦，也被秀吉誆騙到京都殺死。種種跡象表明，羽柴秀吉自始至終承認的兄弟姐妹，只有瑞龍院、秀長、南明院三人，因而這三人可能才是秀吉的同胞。至於其他的兄弟姐妹，則有可能是秀吉母親大政所私生活混亂的產物，秀吉發達後為了抹掉家族的不光彩歷史，這才將他們殺死。

秀吉年輕時不過是個低賤之輩，他的經歷沒有人知道，只知道在大約天文二十三年（1554年）左右，秀吉開始出仕在尾張國崛起的織田信長。考慮到《太閤素生記》、《甫庵太閤記》中都記載築阿彌是侍奉織田家的下人，因而秀吉出仕信長也可能只是子承父業而已。

永祿四年（1561）左右，秀吉迎娶了織田家弓眾淺野右衛門的養女阿禰（寧寧），阿禰的實家是播磨國的「龍野木下家」，

因而百姓出身的秀吉才會開始使用「木下」這個苗字。在此期間，軍記物中還有一個流傳甚廣的謠言，即秀吉在織田信長侵攻美濃國期間，巧妙地利用計策在墨俣川畔修築起了「墨俣一夜城」，為信長奪取美濃國立下莫大的功績。

實際上，墨俣一夜城的故事原型也是出自小瀨甫庵的作品，不過在更為可信的《信長公記》等史料的記載中，墨俣城其實是織田信長趁著齋藤義龍去世之時攻入美濃國奪取的一座城砦，此後信長又對墨俣城進行改建，將其修築成一座堅固的要塞。不過，儘管墨俣一夜城事件是偽造的，但是木下秀吉在信長侵攻美濃國期間受到了信長的賞識、從而被提拔成武士這件事是沒有錯的。等到織田信長上洛之後，木下秀吉甚至與丹羽長秀一同作為織田家的奉行參與幕府的政治。

永祿十二年（1569 年），織田家對南伊勢國的大名北畠家發起攻擊，由於織田軍來勢洶洶，北畠家只能在堅固的大河內城內防守。此戰中，木下秀吉也奉命率領一支軍勢攻擊大河內城的支城阿坂城，為了盡快攻陷城池，木下秀吉甚至親自上前線指揮戰鬥，結果腋下中了一箭（一說是大腿）。

次年，織田信長發起了「越前征伐」，木下秀吉同樣追隨信長出陣越前國。就在織田軍高歌猛進之際，織田信長的盟友淺井長政卻突然叛變，舉起了反旗。為了防止後路被包抄，織田信長只得下令撤軍，但是在信長詢問有誰願意殿後之時，卻只有秀吉一人站了出來。面對淺井、朝倉兩家的夾擊，充當殿軍

羽柴家

之人很可能就是被拋棄的棄子。

織田信長誇獎了秀吉一番，隨後抽調了一批鐵炮足輕、弓箭足輕到秀吉麾下。好在木下秀吉十分擅長作戰，在他的指揮下，木下軍作為殿軍邊打邊撤，最終秀吉不光成功掩護信長逃走，自己也順利退入了越前國邊境的疋壇城，將朝倉軍擋在了越前國。從這場金崎大撤退開始，織田信長才真正認識到了木下秀吉傑出的軍事才能，從而將一些更重要的軍事任務交給秀吉。例如在姊川之戰以後，織田信長命令木下秀吉進駐橫山城，一邊監視淺井長政的動向，一邊保障岐阜城至京都的交通安全。

元龜二年（1571年）五月六日，淺井長政得到一向宗的支持後，兵分兩路率軍南下，淺井長政自己率領著本陣朝著橫山城進軍，另一邊又派遣一門眾淺井七郎率領淺井軍、一向一揆共五千人，包圍了堀秀村的鐮刃城。

此時秀吉麾下的兵力非常有限，他將橫山城委任給與力竹中半兵衛防守，自己則帶著百餘人偷偷出城，前去救援鐮刃城。抵達鐮刃城附近的箕浦時，木下秀吉與堀秀村、樋口直房合流，兵力勉強達到五百人左右，與淺井軍仍舊有著十倍的差距。

令人意外的是，秀吉並沒有坐以待斃，而是下令全軍在顯眼的位置揚起織田軍的軍旗。由於橫山城正被淺井長政包圍，鐮刃城附近的淺井軍根本想不到箕浦的織田軍其實是橫山城分兵出來的小股軍勢，都以為是織田信長率領大軍到來，淺井軍後陣的一向一揆見到織田軍軍旗後不戰自潰。

發現敵軍陣中出現異樣後，秀吉判斷自己的疑兵之計起了作用，立即下令全軍大張旗鼓地對淺井軍發起攻擊。而淺井軍這邊，見到織田軍竟敢主動進攻，更加堅信了這支軍隊就是信長率領的大軍，頓時陣腳大亂，士兵們紛紛丟棄武器與旗幟逃亡。木下秀吉便以五、六百人的軍勢，追著五千多敵軍跑，一路追擊到了長浜一帶，討取了一千八百多人的首級。箕浦戰役取勝後，淺井長政也不得不放棄攻打橫山城，撤軍返回了小谷城。此時的橫山城已經危在旦夕，外廓都被淺井軍攻取，僅剩下竹中半兵衛防守的本丸還在織田軍的手上。箕浦戰役是木下秀吉第一次親自指揮的戰鬥，秀吉神出鬼沒的游擊戰法讓淺井家攻取橫山城的計畫功虧一簣。

戰後，秀吉命人將砍下首級的耳鼻割下，送給信長檢閱，信長得知秀吉在近江國的活躍後，也褒獎了秀吉一番。

織田家臣時代

天正元年（1573年），織田信長成功滅亡淺井家、朝倉家，同時將幕府將軍足利義昭流放。由於攻略近江國時秀吉立下了很大的功勞，織田信長將淺井家的部分舊領賜給了秀吉，木下秀吉便在長浜修築了長浜城作為居城。

此時的秀吉已經不比從前，擁有北近江領地的他成功躍身成為織田家的上級家臣，因而再繼續使用岳家的苗字便有些不妥。為此，木下秀吉特意將自己的苗字從「木下」改為「羽柴」。

根據《豐鑑》的記載,「羽柴」的由來是從織田家家臣丹羽長秀與柴田勝家二人的苗字裡各取一字而成,秀吉此舉是想拍二人馬屁。不過,當時織田家的筆頭家老乃是佐久間信盛,其次也是林秀貞等老臣,根本輪不到柴田勝家與丹羽長秀。再者,柴田勝家的地位比丹羽長秀要高,若真從二人苗字中取字創作的話,理應也是「柴」字在「羽」字前邊。目前採信度較高的「羽柴」苗字由來,應該是取長浜城附近的擺渡口「橋場」,或者取秀吉母親從業時的工作地「土師場」的讀音而來的。

值得一提的是,羽柴秀吉終其一生使用的苗字都是「羽柴」,後來朝廷下賜的「豐臣」乃是「氏」,與「苗字」並不衝突。近年來的日本史學者們也不再依照往常稱其為「豐臣秀吉」,而是按照其他戰國大名一樣,開始使用「苗字」+「名字/法號」稱呼其為羽柴秀吉。

天正五年（1577年）,羽柴秀吉被任命為織田家西國軍團的總大將,率軍出陣播磨國。除去秀吉本身傑出的能力以外,早些年西國大名的使臣來京都是由秀吉負責接待,因而信長才會派秀吉前往西國。

此時的織田家與毛利家領地並不接壤,例如在山陽道一邊,兩家還隔著播磨國、備前國兩個分國。這兩個分國都是室町幕府「四職」之一赤松家的領地,進入戰國時代以後,守護代浦上氏奪取了備前國的實權。天正元年（1573年）浦上家家督浦上宗景對信長表示臣服,信長也慷他人之慨,將備前、美作、

播磨三國領地賜給浦上家。不過,到了天正五年,浦上家的家臣宇喜多直家投靠了毛利家,將浦上宗景流放,奪取了備前國,因此織田信長才會為了守衛播磨國派遣羽柴秀吉出陣。

羽柴秀吉進入播磨國後,安穩了當地的局勢,隨後又與竹中半兵衛一同率軍侵入山陰的但馬國,與但馬山名家交戰。但馬山名家就是應仁之亂時西軍總大將山名宗全的後裔,不過此時的山名家哪裡是織田家的對手,被秀吉打得節節敗退。但馬國位於播磨國的北方,秀吉留下弟弟秀長留守但馬國後,自己再度對播磨國境上的敵方城池發起攻擊,並在上月城戰役中擊敗了宇喜多直家,攻陷了上月城。上月城內的守軍全部被秀吉斬首,女人、孩子則被秀吉帶到了播磨國、美作國、備前國三國的邊境上,以「磔刑」、「串刺」等殘忍的刑罰處死,極大地震撼了西國的豪族們。

天正六年(1578年)二月,播磨國最大的國眾別所長治宣布舉兵對抗織田家,毛利家也對織田家發起反擊,命小早川隆景、吉川元春、宇喜多直家率軍侵入播磨國,包圍了上月城。此時上月城的守將乃是尼子一族的尼子勝久與尼子家家臣山中幸盛等共兩千餘人,而毛利軍則有五萬之眾。

儘管羽柴秀吉、荒木村重等將想要支援上月城,但是織田信長卻對這件事不大感興趣,導致上月城最終被毛利軍攻取,尼子勝久自盡,山中幸盛遭俘虜後被刺殺而死。信長放棄上月城是有原因的,此時羽柴秀吉的兵力根本不足以救援上月城,

若堅持支援上月城,織田軍很可能陷入毛利家、別所家的夾擊之中。待收縮防線以後,織田信長才重新部署軍勢,對敵軍發起反擊。

然而,就在織田軍於播磨國反擊毛利軍之時,攝津國有岡城的守將荒木村重卻突然舉起了反旗。按照太田牛一的記載,荒木村重本來只是個打雜的下人,被信長賞識才提拔為一國之主。不過,根據荒木村重當時的文書來看,荒木村重曾經以「池田村重」自居,說明他的出身可能並不是什麼下人,而是攝津國豪強池田氏的家臣,曾經獲得「池田」苗字的使用權。正是由於這種出身,信長才會將攝津國交給他。

荒木村重謀反以後,織田信長將重心放在了攻略攝津國上。而與有岡城戰役同時進行的,就是羽柴秀吉在播磨國的戰爭。天正七年(1579年),羽柴秀吉調略了宇喜多直家,同時包圍了別所長治籠城的三木城,截斷了水源與糧道,等到十一月之時,羽柴秀吉就已經在播磨國各地貼出告示,表示戰事即將結束,命令百姓們安心返回原居住地。此時秀吉還未攻取三木城,但是從秀吉的告示來看,被包圍得水洩不通的三木城根本就是風中殘燭一般,掀不起大浪。次年正月,羽柴軍攻入三木城內,別所長治在殺死妻兒後自盡,三木城的守軍則全部被織田軍斬殺。

羽柴秀吉的攻勢非常凌厲,平定了播磨國之後,秀吉便率軍繼續侵入山陰方面的因幡國,包圍了鳥取城。鳥取城守將山名豐國對織田軍的善戰早有耳聞,見秀吉到來後便派出使者前

來議和，秀吉也表示將會安堵因幡國國眾們的領地。

不過，當秀吉返回播磨國後，因幡國的部分國眾又掀起了反旗，還驅逐了山名豐國，迎接毛利軍進入鳥取城。這一次毛利軍做好了和織田軍打持久戰的準備，帶了非常多的錢財用來購買糧食（戰國時代軍隊遠征一般不會攜帶過多糧食，都是現地向米商購買），可是當毛利軍籌備軍糧時才發現，因幡國早已買不到糧食了，不光是毛利家麾下的因幡國眾缺糧，連織田家麾下的因幡國眾也在為糧食問題發愁。毛利軍一打聽才知道，羽柴秀吉離開因幡國以前，早就花大價錢把因幡國的糧食買光了。當然，秀吉的目的不是為了炒米，而是他不知道因幡國眾裡有哪些人會背叛織田家，所以乾脆一鍋端將糧食全買走，等到自己離開後，國眾們發起叛亂、局勢明瞭以後，再命人輸送糧食進入織田家麾下國眾的城池內。

正是由於秀吉的機智，第二次鳥取城戰役時僅僅一個月鳥取城的存糧就空了，守軍們餓極了甚至開始搶食戰死士兵的屍體。在這樣的情況下，毛利軍大將吉川經家以自己切腹為條件，換取了守軍士兵的性命。奪取鳥取城後，織田家在西國已經占據了優勢，九州的大友家收到信長的命令後，不斷地煽動毛利家領內的叛亂，九州南部的島津家也對織田信長表達了臣服意願。

只有一個人的日子過得不大好——宇喜多直家。織田信長不信任反覆無常的宇喜多直家，再加上秀吉調略宇喜多直家時

並未先通報給信長，當時信長正在與毛利家洽談和談事宜，宇喜多直家的叛變導致和談直接告吹，惹得信長大為惱火，不承認宇喜多家的臣服。信長的表態，使得宇喜多家兩面不是人，雖然秀吉有心支援宇喜多家，但是信長有言在先，也不好直接出兵，宇喜多直家只能靠自己抵抗毛利家的攻擊。不過，隨著天正九年時鳥取城等地的陷落，織田家已經沒有必要與毛利家和談了，秀吉利用這個機會向信長提議出征毛利家，織田信長也答應在次年秋季會親自出陣討伐毛利家。

可惜的是，宇喜多直家看不到這一天了。天正十年（1582年）正月，心力交瘁的宇喜多直家病逝，毛利軍趁著宇喜多家大喪之際大舉進攻，宇喜多領國瀕臨崩潰。織田信長自然不能坐視毛利家捲土重來，便決定提前出征，立即下令羽柴秀吉先行出陣備前國，救援宇喜多家。

羽柴秀吉西進以後一路高歌猛進，不但穩定了備前國的局勢，還率領織田軍與宇喜多軍、南條軍等一同攻入備中國，包圍了毛利家在備中國的據點高松城。備中高松城雖然是一座平城，但是處於盆地之中，三面環山且多沼澤、溼地，十分易守難攻。羽柴秀吉為了圍困高松城，便下令鑿開高松城附近的足守川堤壩，將河水倒灌進低地之中，將高松城淹沒。

在江戶時代的軍記物語中，羽柴秀吉在十二天內，便在高松城不環山的南面修築了全長二十一町的堤壩（約三公里），完成了對高松城的合圍。不過，根據現代學者的考證，秀吉修築

堤壩所需要的砂土量即便是放在當下也需要由十噸重的卡車運輸六萬多次才可以運完，更別提修築堤壩的工程量根本不是當時的人們所能承受的。

實際上，高松城的南面雖然不環山，但是因為足守川的侵蝕，早已形成了一個天然堤壩。秀吉真正修築堤壩的地點其實是在高松城南面的一個叫「水通」的地方，也就是高松城所在盆地的一處排水口，實際上長度只有三百公尺左右，只有傳說中的十分之一而已。高松城遺址所在地在1985年曾遭到暴雨的襲擊，而後當地再次被洪水淹沒，重現了當時羽柴秀吉水淹高松城的景象。

水淹高松城以後，羽柴秀吉所要做的就是在高松城等候織田信長率領的本陣大軍的到來。可是，織田信長卻再也不會來了。

將軍？關白？

天正十年（1582年）六月三日夜裡，備中高松城外的羽柴秀吉收到了本能寺之變的消息。羽柴秀吉出身寒微，全靠織田信長一手提拔才成為軍團長，為此他決意返回京畿為主君報仇，同時這也是一個立功的好機會。

眼下織田軍正包圍著高松城，毛利軍的本陣停在高松城的幾里外，羽柴秀吉便派遣使者前往毛利軍陣中提議和談，秀吉提出的條件為：讓高松城守將清水宗治自盡、毛利家割讓備中、備後、美作、伯耆、出雲五國，同時向織田家交納人質，秀吉

則會在信長處力保毛利家的地位。

對於秀吉的條件,毛利家全盤接受,在和談後秀吉撤軍時,毛利軍也沒有對羽柴秀吉進行追擊。此時本能寺之變的消息已經傳遍各地,毛利軍為何不對撤退的織田軍進行追擊呢?答案是毛利軍根本沒有能力追擊羽柴秀吉。

此次高松城戰役,毛利家家督毛利輝元親自率軍前來迎戰秀吉,但是麾下可動用的兵力只有萬餘,即便如此,五月末時毛利輝元依舊不斷地向家裡去信,表示本陣的糧草、兵器嚴重不足,請求後方輸送。毛利軍後勤不足的原因,便是兒島水軍眾、村上水軍眾等瀨戶內海水軍的叛變,水路本是毛利軍輸送後勤補給的要道,但是水軍眾們叛變以後,導致毛利家失去了制海權,便也失去了補給路線。除此以外,九州的大友宗麟接受織田信長的命令,不斷地在毛利家領內煽動叛亂,毛利家必須分兵防守,再加上雖然羽柴秀吉率軍後撤,高松城附近仍舊留有宇喜多軍、南條軍等軍勢防衛,毛利軍即便追擊秀吉,也不一定能突破這幾條防線。權衡利弊,自然是先與秀吉和談,返回領內平定叛亂才是首要任務。

話說回秀吉這邊,羽柴秀吉從六月五日開始後撤,秀吉於六月七日夜裡抵達一百零五公里外的播磨國姬路城,其餘的部隊則陸續在六月八日才趕到姬路城。稍作休整以後,羽柴秀吉下令於六月九日繼續東進,四天之後與織田信孝、丹羽長秀率領的四國軍團會合,隨後朝著山崎進軍。

此時的明智光秀不過是孤家寡人而已，光秀本來能夠指揮的軍隊也就只有萬餘而已，但是與力細川藤孝卻拒絕參陣，筒井順慶倒是來了，發覺光秀是在謀反以後，又立即率軍返回了大和國。除去逃亡的士兵外，明智光秀還得分兵駐守安土城、長浜城等地，兵力嚴重不足，但是織田軍已經近在咫尺，光秀也只能硬著頭皮迎戰。六月十三日下午，明智軍全軍總崩，明智光秀逃入勝龍寺城之中，夜裡又丟下軍隊帶著十幾個家臣逃亡，結果在路上被當地的農民襲擊，最終自盡而死。

平定叛亂以後，織田信孝、丹羽長秀、羽柴秀吉等人立下大功。七月六日，柴田勝家、羽柴秀吉、丹羽長秀、池田恆興、堀秀政五人在尾張國清洲城會面，重新分配利益。織田家的另外一個家老瀧川一益由於在神流川打了敗仗，所以沒被允許參會。

最終，織田家確立起以柴田勝家、羽柴秀吉、丹羽長秀、池田恆興四人為家老，堀秀政為信忠之子三法師側近的體制。除了上述五人外，信長的次子織田信雄、三子織田信孝、德川家康也都需要互相交換誓書，宣誓效忠織田家。與通說不一樣的是，織田信雄、織田信孝並未在清州會議上爭奪家督之位，而是在爭奪代理家督「名代」的位置。除此以外，當時信忠的遺領尾張國被分給織田信雄，美濃國被分給織田信孝，但是兄弟二人卻因為國境問題產生糾紛，令人意外的是，這時候羽柴秀吉站在了信孝的一方，而柴田勝家則站在信雄的一方，這與影

視劇中剛好是反過來的。

可是，在織田信長的喪禮過後，羽柴秀吉卻與織田信雄、織田信孝、柴田勝家等人關係急遽惡化，這最終讓織田信孝與柴田勝家走到了一起對抗秀吉。十二月，織田信孝拒絕將三法師送往安土城，而是奉三法師為主舉兵討伐秀吉，柴田勝家、瀧川一益也紛紛起兵響應。

羽柴秀吉這邊呢，秀吉表示織田信孝拒絕履行清洲會議的約定，挾持了家督，為了維護織田家的安泰，秀吉擁立織田信雄為主，同時還知會了丹羽長秀、池田恆興與德川家康等人，後者也對此事表示默許。次年四月，羽柴秀吉在賤岳之戰中擊敗了柴田勝家，柴田勝家退往越前國北莊城自盡，織田信孝也開城投降，後被勒令切腹，羽柴秀吉取代了柴田勝家的地位，成為織田家的筆頭家老，開始了自己的竊權之路。為羽柴秀吉成為天下人做鋪陳的並不是本能寺之變後的山崎戰役，而是統一織田家的賤岳之戰。

為了對付日益驕橫的秀吉，織田信雄開始與德川家康聯繫，二人很快就舉兵對付秀吉，同時佐佐成政、北條氏政、長宗我部元親、紀伊國一揆等勢力也起兵響應，組成了「秀吉包圍網」。

德川家康一開始判斷的交戰地是距離秀吉最近的伊勢國，因而他派遣家臣酒井忠次率軍前往伊勢國。可是，池田恆興、森長可率領的織田軍卻在三月十三日攻陷了尾張國的犬山城，

導致德川家康不得不回師救援尾張國。三月二十八日，德川家康親自率軍來到小牧山城布陣，羽柴秀吉也在平定了紀伊國一揆後率軍來到小牧山城附近的樂田布陣。此時織田‧德川聯軍僅有一萬六、七千人左右，而羽柴軍則有六萬餘。

四月六日，羽柴秀吉派出外甥三好信吉為總大將，率領池田恆興、森長可等共兩萬四千人進軍三河國，但是羽柴軍卻在九日上午於長久手遭到德川家康的奇襲戰敗，池田恆興、森長可等人戰死。

可惜的是，儘管德川家康在區域性的作戰取得了大勝，整體上的局勢卻對德川家越來越不利，不擅長戰爭的織田信雄麾下的城池不斷地被羽柴軍攻取，德川家背後的信濃國國眾們也被秀吉調略，木曾義昌、真田昌幸等人都背叛了德川家，對德川家的後背虎視眈眈。

天正十三年（1585年）七月十一日，朝廷下旨冊封秀吉為從一位關白，這是日本歷史上第一個非藤原氏出身的關白。江戶時代的文人造謠羽柴秀吉本想出任將軍，但是由於地位低下因而沒能成功，這其實是錯的。朝廷早就有旨意讓秀吉出任將軍，但是秀吉卻拒絕了推舉，理由嘛，自然是因為足利義昭還未卸任「征夷大將軍」。日本的「下克上」文化與其他國家不同，不像其他國家的人那樣，帶著幾個武士衝進城裡把老闆做掉，然後就可以自己做老闆。日本的「下克上」通常都是留著這個老闆，然後自己重新再成立一套團隊，把老闆的實權架空。再

者，連昔日主君信長都沒有讓朝廷解除義昭的官職，秀吉自然沒必要跟一個沒落的將軍爭奪官位。

與之相比，關白一職在朝廷中非常顯赫，並且任官難度比將軍高，除了藤原北家以外，還沒有外姓出任過這個職位，因此出身低賤的秀吉才選中了這個貴族中的貴族才能出任的官位。

就任關白以後，羽柴秀吉派遣軍隊分別平定了長宗我部元親與佐佐成政，隨後宣布將會在次年（天正十四年，1586年）正月全面討伐德川家。然而，十一月二十九日，日本發生了著名的「天正大地震」，羽柴秀吉的領內遭到地震襲擊損失巨大，美濃國的大垣城也在地震央毀壞，此地是羽柴家為討伐德川家的兵糧囤積據點，這些兵糧也因為地震全部燒失。既然天公不作美，秀吉只好改變策略與德川家康和談，德川家康恰好也是焦頭爛額，便就順勢表示臣服於羽柴家。

天正十四年（1586年）九月，朝廷冊封羽柴秀吉為「太政大臣」，同時下賜「豐臣」作為秀吉的「氏」，日本迎來了由羽柴政權統治的時代。此後，羽柴秀吉相繼以武力平定了九州的島津家、關東的北條家，統一了戰國時代的日本。不過，巨大的成功讓羽柴秀吉有些昏瞶，他開始覬覦起他國的土地，悍然發動了侵略朝鮮的戰爭，秀吉一度想要親自出征，因為德川家康的勸阻才沒有出行。可是秀吉打消了去朝鮮的念頭，相鄰的明帝國卻對朝鮮派出了援軍，將日軍拖入戰爭的泥沼之中，羽柴秀吉剩餘的精力，也慢慢地消耗在了這場國際戰爭中，直至病死。

天下人篇

　　羽柴秀吉死後，其子秀賴十分年幼，羽柴政權陷入危機，日本再次變得動盪起來。而在這一次的動盪中，一個新的英雄又涅槃重生，取代秀吉成為新的「天下人」。

德川家

德川家康的先祖

　　德川家康的氏族出自三河國的豪族松平氏，松平氏是政所執事伊勢氏的代官，負責管理三河國的莊園。由於松平氏的家紋是葵紋，而賀茂神社使用的神紋也是葵紋，二者可能有著某種聯繫，再加上松平氏的三代目家督松平信光曾自稱「加茂朝臣信光」，因而現代的學者推測松平氏很可能就是賀茂氏（加茂氏）出身。

　　不過，即便如此這也只能說明松平氏的出身是賀茂氏，而不能說明德川家康的出身也是賀茂氏。為什麼這麼說呢？因為德川家康自稱祖上是入贅松平氏的，也就是說家康的祖先松平親氏本來是其他氏族出身，後來才入繼賀茂松平氏繼承家業。松平信光在給妙心寺奉納的願文之中，曾經祈禱源氏的武運昌盛，德川家康的爺爺松平清康也是以「源清康」、「世良田次郎三郎」自居，說明至少德川家康的這一支松平家對自己的源氏出身是非常有自信的。

　　德川家康的爺爺松平清康出身安城（安祥）松平氏，他繼承

家督時年僅十三歲而已，後來松平清康率軍攻打岡崎松平氏，攻陷了岡崎城，還將主城遷至此地，這才成為了三河國諸多松平氏的一門總領。江戶時代的軍記物中記載松平清康異常驍勇，在他的領導下，松平家統一了西三河國，還不斷地對東三河國、尾張國發起攻擊。然而，從良質史料來看，松平一族內的松平信定也在同松平清康爭奪總領之位，說明松平清康其實還未統一松平家，因而後世記載的清康的功績，可能也是德川家後人在吹捧祖先而已。

天文四年（1535年）十二月三日，因為松平信定投靠了尾張國守護代織田達勝，還與織田達勝的家臣織田信秀締結姻親關係，受封尾張國守山城，松平清康率軍自岡崎城出陣，想要討伐松平信定。根據《三河物語》的記載，當時松平清康動員的軍勢有一萬人，可是在《當代記》的記載中卻只有一千人，考慮到松平清康此前從未集結過萬人的軍勢，再加上其征討對象只是個小小的守山城，因而後者的記載可信度會大一些。

十二月五日，在松平軍陣中傳出謠言，說松平清康的家臣阿部定吉與織田信秀內通，想要謀殺松平清康。阿部定吉得知此事後，給兒子阿部定豐交代後事，隨後自己穿著白色的素服前往清康本陣自陳清白。松平清康自然知道謠言可能是敵軍用來擾亂軍心的，因而非但沒有責罰阿部定吉，還對其好言安撫。

可是，就在這個時候本陣裡有一匹馬的韁繩斷了，松平清康便對著下人喊到：「不要讓它跑了。」結果這句話被尾隨父親

來到本陣的阿部定豐聽到，他誤以為松平清康想要抓捕他的父親，便提刀從暗處躍出，一刀將松平清康給斬殺了。松平清康死後，阿部定豐立即被清康的側近殺死，可惜的是由於主將稀裡糊塗地被家臣殺死，松平軍便只能撤軍回國。根據《三河物語》的記載，織田信秀得知松平軍撤軍後，率軍八千人侵入三河國，時年十歲的松平廣忠（千松丸）率軍抵抗，在井田野擊敗了織田軍。不過，這次戰役不見於一次史料之中，因而很可能也是後世編造的。

此後，松平信定奪取了岡崎城，流放了松平廣忠，後來松平廣忠在今川家的幫助之下才復歸本城，但是松平氏的實力已經大不如前了。以往根據江戶時代史料的研究都認為，松平廣忠自知無法統御松平家，便想要臣服於今川家，想將嫡子竹千代（德川家康）送到駿府，但是在途中竹千代被豪族戶田氏綁架，以一百貫的價格賣給了織田信秀，這才導致德川家康幼年時在尾張國的生涯。可是，根據現在發現的北條氏康與織田信秀的書信顯示，最遲在天文十六年（1547年）時，安城松平氏的老家安城城、本城岡崎城就被織田信秀攻陷了。這樣一來，竹千代前往尾張國之事很可能並不像江戶時代史料裡那樣被綁架去的，而是岡崎城淪陷後，松平廣忠主動送到尾張國做人質的。當然，由於不久之後松平廣忠不顧嫡子竹千代的安危叛變，導致這件事成為了江戶幕府難言的黑歷史，這才會捏造出綁架事件。另外，竹千代在尾張國時居住在熱田，作為人質的

他與織田信長相見、認識甚至一起遊玩的機會幾乎等於零，所謂二人的童年交情，也不過是藝術作品裡的一廂情願而已。

近年來的新說則對竹千代人質說有不同的看法，認為竹千代其實並未前往尾張國當人質，也並非是松平家送到今川家的人質。如果竹千代壓根就沒有前往尾張國做人質的話，松平廣忠在織田軍撤退以後反水，那就不是什麼不可以理解的事情了。支持此觀點的，是新發現的史料《駿遠軍中眾矢文寫》，這封文書是今川義元在天文十八年（1549年）九月攻打三河國吉良家時所寫，文中提到吉良家不但與「今川數代大敵武衛殿（斯波家）」通婚結盟，還在今川家「為了竹千代出陣渡、筒針」時，派遣軍隊支援織田家。

天文十七年（1548年），因為松平廣忠的叛變，織田信秀率軍侵入三河國，與來援松平家的今川軍在小豆坂展開激戰，織田軍先勝後敗，最後織田信秀無力再戰，只能撤軍回國，留下長子織田信廣留守安城城。在今川家對安城城發起攻勢期間，吉良家給織田家派去了援軍，引起了今川義元的不滿。

不過，這封文書的解讀依舊是有爭議的，問題就在於今川義元所說的「為了竹千代出陣渡、筒針」這句話。這句話既可以解讀成「為了（救回）竹千代而出陣渡、筒針」，也可以解讀成「為了（支援）竹千代而出陣渡、筒針」。

如果是第一種解讀，那就和上述的新說一沒有什麼衝突，竹千代被松平廣忠送到織田家做人質，但是實際控制了西三河

的今川家為了獲得統治西三河的正當名分,便想把竹千代從織田家給「救」回來。實際上,在今川義元創作這封書信的兩個月後,今川軍便攻陷了安城城,俘虜了守將織田信廣,後來今川家正是用織田信廣將竹千代給換回了駿府。

但是,這種解讀也並不是完美無瑕的。比如,今川義元在攻陷安城城以前,怎麼會知道今川軍能夠俘虜織田信廣,並順利用信廣換回竹千代呢?即便今川軍攻陷安城城,若是織田信廣突圍成功或者戰死,「為了(救回)竹千代」的說法就不能夠成立了。與其說今川軍一開始出陣的目的就是「為了(救回)竹千代」,倒不如說是事後救回了竹千代,再用結果來逆推前文罷了。

第二種解讀方式,那就是「為了(支援)竹千代出陣渡、筒針」。今川軍支援的對象不是松平廣忠而是竹千代,說明松平廣忠有可能在岡崎城陷落、向織田家投降以後便退位隱居,將家督傳給了兒子竹千代,自己則以後見人身分活躍。或者乾脆此時松平廣忠已經去世,竹千代順利繼承了家督之位。如此一來,一直待在三河國的竹千代便本就是今川家在西三河的代理人。由於前一年織田家在與今川家的「小豆坂之戰」中落敗,被織田家占領的安城城也岌岌可危,因此吉良家才向安城城派去援軍,引起了今川義元的不滿。

正是在今川軍攻陷安城城的這一年,松平廣忠去世。年幼的竹千代失去了父親的支持,無力獨自統治西三河,在動亂的

局勢下，竹千代很可能會被敵對勢力挾持。為了保證今川家在西三河的「旗頭」松平家，也就是竹千代的安全，今川義元才將竹千代給接到了駿府居住。

在駿府時期的竹千代並非是今川家的人質，而是今川家的重臣。當時三河國從屬於今川家的國眾不止松平家一家，但是一般國眾的人質都是送往後方東三河的吉田城居住，只有竹千代比較特殊，直接接到了駿府。這既體現了竹千代並非一般國眾的身分，還可以拉進今川家與竹千代的距離。

天文二十四年（1555年），竹千代元服，由今川家的「御一家」關口氏純為其加冠，今川義元下賜一字取名為「松平元信」。之後，今川義元更是將關口一族出身的女子嫁給元信為妻（築山殿），松平元信也因此獲得了僅次於今川一門的「準一門」地位。後來，元信從祖父清康的名字裡取了個「康」字，又將名字改為了元康。

當時幕府將軍足利氏的「御一家」吉良氏居住在三河國內，雖然吉良氏不是三河國守護，但是卻具有準國主的地位，非常受到當地武士的尊崇。按照松平家的傳統，松平家的家督應該從吉良家家督的名字裡拜領一字，今川義元改變了這個傳統，將松平家納入今川家麾下，也否定了吉良氏在三河國的傳統地位，建立起今川家才是三河國最高權威的新秩序。

如果沒有發生意外的話，松平元康將會以今川家一門眾、重臣的身分活躍在戰國舞臺上，直至戰死或老死為止。然而，上天

就是不喜歡按照常理出牌，給了松平元康一個非常大的大禮包。

永祿三年（1560年）五月，今川家麾下的鳴海城、大高城被織田信長包圍，今川義元率軍西進解救二城。此戰亦是松平元康的初陣，他作為今川軍的前鋒率領松平軍出陣，很快就與朝比奈泰朝一起攻陷了最前線的丸根砦、鷲津砦，將糧食送入大高城之中，解除了大高城之圍。

按照原定的計畫，松平軍應該繼續北上解救鳴海城，但是因為經過了一夜的作戰，松平軍已經疲憊不堪，松平元康便讓全軍暫時進入大高城休整。另外一邊，織田信長得知今川軍來襲以後也率軍趕赴前線，試圖尋找今川軍的前鋒（松平軍）交戰，結果自然是沒遇到松平軍。

不過，織田信長也沒有撲空，他從中島砦開始向東進軍，穿過了本應該由松平軍防守的位置，誤打誤撞衝進了位於桶狹間的今川義元的本陣之中。今川軍猝不及防，今川義元的本陣幾乎是瞬間崩潰，義元本人也在戰鬥中被織田軍殺死。不幸中的萬幸是，雖然松平元康的初陣遭遇瞭如此巨大的慘敗，但是今川軍的慘敗對松平家來說，卻不一定就是壞事。

德川家的誕生

桶狹間之戰發生之後，織田信長並未乘勝追擊，而是率軍返回了清洲城，戰敗的今川軍也並未過多停留，而是迅速撤回了領地。西三河頓時成為中空地帶，亂成了一片。在這樣的情

況下，松平元康帶著家臣們返回了岡崎城。

舊說中，松平元康一直以來都想著復興松平家，這才趁著今川義元戰死的機會，返回已成為空城的岡崎城謀求獨立。實際上，此時的松平元康並未想著要獨立，他退回岡崎城的原因很簡單，那就是保障松平家西三河的領地不被織田、水野兩家攻擊。而在今川義元戰死以後，今川家在西三河的統治搖搖欲墜，此時必須要派遣一位重臣前往維持大局，身為今川家「準一門」的松平元康自然成為了不二人選。因此，元康返回岡崎城一事，其實是得到今川氏真的認可的，今川家在不久之後將身在駿府的元康妻子築山殿送還岡崎城，僅按照慣例扣留元康的幼子竹千代（後來的信康）留在駿府。

松平元康與織田信長、水野信元的戰爭一直持續到了永祿四年（1561年）。這年，織田信長率軍侵入了三河國的賀茂郡，給松平家造成了極大的威脅，松平元康不得不向駿府派去使者，請求今川氏真的援軍。然而，此時的今川氏真重心卻沒有放在三河國上，今川家非但沒有給三河國派去援軍，氏真反而還親自率軍前往關東，支援盟友北條家與上杉家的戰爭，這樣的做法導致松平元康感到心寒。

今川氏真的做法雖然有爭議，但是從他的角度出發也並不算是什麼大錯特錯的決定。在今川義元戰死以後，今川家大受打擊，為了與織田信長對抗，氏真不得不尋求盟友武田家、北條家的支援。今川氏真之所以如此重視關東的局勢，就是想透

過支援盟友的方式，換取盟友也支援自己與織田家作戰。

可是在日本戰國時代，主君與家臣形成的分封關係之中，主君是有義務保障家臣的生命、財產安全的，反之家臣在受到主君保護以後，有責任平時納貢、戰時出兵。今川氏真沒有支援西三河的做法，和後來武田勝賴沒有支援高天神城的做法如出一轍，宣告著今川家與西三河國眾們的君臣關係的瓦解。

為了保障松平家的存亡，松平元康在沒有得到今川家許可的情況下與織田家進行和談，恰好織田信長此時也處於與美濃齋藤家的戰爭之中，不想在三河國開闢第二戰線，雙方立即便達成了和睦。

通說之中，松平元康在舅舅水野信元的仲介下，奔赴織田信長的居城清洲城與信長結盟（清須同盟）。不過，這只是後世的創作而已，在當時的環境下，松平元康並沒有條件離開岡崎城奔赴尾張，雙方也僅僅只是達成停火協議，並未締結同盟。清洲同盟的形成，應該是在兩家長期的溝通協商之下締結的，其結果便是元康之子竹千代與信長女兒德姬的婚約。

在與織田家達成和睦後，松平元康便開始著手自己的制霸三河國之路。從這個時候開始，松平家才走上了獨立之路。

松平家的獨立被稱為「三州錯亂」。在此期間，幕府將軍足利義輝下令調停松平元康、今川氏真之間的戰爭，同時還命令今川家的盟友北條氏康、武田信玄居中調停。可惜將軍的努力依舊是徒勞的，為了爭奪三河國的所有權，松平家與今川家的

戰爭在決出勝負以前是無法停下的。

永祿六年（1563年）四月，今川氏真以「三州急用」為名，下令在今川家的所有領地徵集糧草、賦稅，準備大舉征討松平家。許多原本獲得了今川家免稅特權的寺院也都成為了課稅對象，這反而加大了今川家領地的動盪。不過，今川氏真的進軍十分有效果，在氏真率軍進入三河國以後，立即與松平家爆發了一場戰役，今川軍取得大勝。

面對捲土重來的今川軍，三河國的國眾們也紛紛倒戈，連松平家的重臣酒井忠尚都在上野城舉起反旗，讓松平元康十分頭痛。可是就在這緊要關頭時，今川氏真卻突然掉了鏈子，撤軍回國了。氏真撤軍的原因很簡單，早在四月的時候，岳父北條氏康就因為領地遭到上杉謙信的攻擊而向今川家、武田家求援，只是當時的氏真因為忙於征討松平家，沒有及時出兵關東。眼下三河國的國眾們已經受到敲打，松平元康也因為重臣叛亂而焦頭爛額，今川氏真判斷一時間元康也掀不起什麼大浪，便撤軍回國，隨後立即出兵關東。

讓今川氏真沒有想到的是，不補刀真的是一個壞習慣。

七月，為了表明與今川家斷絕關係，元康捨棄了名字中由今川義元下賜的「元」字，改名為「家康」。之所以採用「家」字，大概是因為今川家一直以來都以源義國子孫自居，而家康則認源義國之父源義家為先祖，採用其名字中的「家」字，討個口頭便宜。

今川氏真的判斷不無道理，三河國的局勢對松平家來說依然十分不利，先前被家康驅逐的東條吉良家奪回了東條城，還爭取到了松平一族的櫻井松平家、大給松平家、大草松平家等家族的支持，做出與家康敵對的姿態。況且，松平家康在這個時候也做出了一個差點逼得自家滅亡的錯誤決定。

為了與敵對勢力作戰，松平家康對今川氏真的「三州急用」有樣學樣，下令對領內許多原本有「不輸不入」特權的寺院徵收兵糧。所謂「不輸」，簡單來說就是不需要繳納賦稅，所謂「不入」，就是指領主不可以擅自進入寺院，領主在寺院裡不能行使警察權力。家康下令徵收兵糧，顯然是破壞了「不輸」的特權，尤其是三河國的一向宗寺院對此反應劇烈，一部分武裝和尚甚至攻擊了松平家的家臣府邸，奪回了被徵走的兵糧。年輕氣盛的家康不願意慣著一向宗寺院，便下令派遣軍隊前往寺院逮捕犯人，這下又破壞了寺院的「不入」特權，最終家康的做法引起了一向宗寺院的反抗。

十一月，「三河一向一揆」事件爆發，一向宗的寺院號召信徒們締結一揆，舉兵攻打松平家康。由於家康的許多重臣都是一向宗的信徒，這些家臣們也響應了寺院的號召，舉兵加入了叛軍，將家康給逼到了危急存亡的地步。如果今川氏真這時候發兵攻打三河國的話，滅亡松平家簡直易如反掌。

但是今川家並沒有出兵，原因也很簡單，氏真、家康這對難兄難弟幾乎同時遭遇了一樣的困境。十二月，在三河國還處

於松平家與一向一揆的戰爭之際，駿河國與三河國之間的遠江國爆發了大規模的反今川叛亂，是為「遠州總劇」。「遠州總劇」爆發的原因與「三河一向一揆」幾乎一模一樣，也是因為今川家以「三州急用」為名對國眾們苛以重稅，結果今川氏真收了錢，非但不一鼓作氣滅了松平家，反而用這筆錢出兵關東去支援岳父，引起了廣大國眾們的不滿。

如果明年松平家又緩過這口氣的話，今川家是不是又要以「三州急用」為名再徵一次重稅？國眾們心裡紛紛犯起嘀咕。於是，當一家國眾掀起針對今川家的叛亂以後，其餘的國眾們也紛紛掀起了叛亂，其中還混進不少想要奪嫡的國眾庶族，遠江國一時間陷入分裂的內亂之中。

「遠州總劇」的爆發給了松平家康一個很好的機會，他需要利用這個機會在今川家平定遠江國以前平定三河，防止叛亂勢力與今川家勾結。於是，在盟友織田信長的授意下，家康的舅舅水野信元率軍進入三河國岡崎城，開始調停家康與一向宗的戰爭。在水野家的支援下，家康很快就平定了叛亂，同時還再度征討了東條吉良家以及東三河的親今川勢力。

等到今川氏真花費近一年時間鎮壓了遠江國的叛亂以後，松平家康已經幾乎占領了三河國全境，今川家僅剩下吉田城、田原城、牛久保城等位於東三河的城池還在頑強地抵抗松平家的攻擊。此外，「遠州總劇」使得遠江國疲憊不堪，原本作為今川家攻打三河國前鋒的遠江國眾們紛紛插管躺進了 ICU，這讓

松平家與今川家在三河、遠江的攻守形勢發生了逆轉。

永祿九年（1566年），松平家康已經成長為三河國的國主（三河國的一小部分仍處於織田家治下）。為了區分自家與其餘松平一族的不同，家康決定從自家的家系開始下手，將原本的賀茂氏的出身改為源氏。

通常武家的改姓是需要得到幕府將軍的承認的，例如美濃國大名齋藤義龍改姓「一色」，就是獲得了幕府將軍足利義輝的認可的。可是，將軍足利義輝在前一年遭到了三好義繼、松永久通的殺害，此時的幕府正亂成一團，沒有閒工夫幫一個鄉下大名偽造家系。因此，家康決定繞過幕府，找上了「攝關家」出身的近衛前久，直接向朝廷申請改姓源氏與「德川」苗字。

家康自稱是清和源氏新田氏一族的「得川氏」出身，與幕府將軍足利氏同出一源。此外，家康將「得川」中的「得」字改為較為好看的「德」，申請朝廷許可自己以「德川」為苗字，認源氏為家系。

消息傳到朝廷以後，正親町天皇一頭霧水，一個地方小土豪怎麼突然變成了清和源氏。正常在這種情況下，朝廷可以派出使者去找「源氏長者」（源氏一族的長老）查族譜，可是當時的「源氏長者」也就是幕府將軍足利義輝在前一年就被幹掉了，所以朝廷也無法查證家康的這個「源氏」到底是真是假，便暫時擱置一旁。

當時家康周邊的敵人，諸如今川家、吉良家、武田家都是

清和源氏出身，改姓問題有助於確立自己統治三河國的正當名分。最後，家康決定再花點錢，找「藤原氏長者」近衛前久想想辦法。沒多久，近衛前久就向朝廷表示自己查系圖發現，雖然松平氏確實是源氏出身，但是其中的一支卻變成了藤原氏血統，而這一支恰好就是家康的祖先。

有了「藤氏長者」的背書，朝廷很快就下令承認家康改姓「德川」，不過氏姓自然也變成了「藤原氏」而不是源氏。同時，朝廷下令讓德川家康敘位從五位下，出任三河守的官職。三河守不同於「三河守護」，是屬於朝廷任命的國司，雖然在室町時代大多數國司都失去了實權，但是其統治當地的大義名分卻依然存在。

永祿十一年（1568年）九月，織田信長動員起麾下的軍勢，擁戴足利義昭上洛出任幕府將軍。德川家康雖然沒有親自出陣，但是也命令藤井松平氏的松平信一率軍來援。德川家康其實早在永祿八年就收到足利義昭的求援書信，不過因為自己正處於與今川家的戰爭之中，所以家康沒有及時響應。值得一提的是，德川家並不單單是作為信長盟友出兵的，而是作為與織田家同等的大名，響應足利義昭的命令出兵上洛的。

德川家康和織田信長一樣，早期也是個幕府忠臣，後來室町幕府滅亡後，德川家康甚至一度想將足利義昭接到德川家居住。此時德川家和織田家如同曾經擁戴足利義稙上洛的細川高國、大內義興、畠山尚順等人一樣是同盟關係，德川家可以直

接與將軍聯繫，接受幕府指揮。值得一提的是，由於德川家康的改姓與任官沒有透過幕府仲介，足利義昭在文書裡依舊稱呼家康為「松平藏人佐家康」，而不是「德川三河守家康」。

德川家康的崛起讓今川家的盟友、領有甲斐、信濃等地的大名武田信玄大為震撼。武田家是織田、德川兩家的敵人今川家的盟友，但是武田家卻並未直接與織田家、德川家發生過衝突，三方一直保持著曖昧的關係。

永祿八年（1565年）四月，織田軍與武田軍在東美濃發生衝突。武田軍在天文年間曾侵入美濃國，征服了當地的國眾遠山氏。遠山氏作為邊境國眾，需要在強大的大名之間搖擺才得以生存，所以他們同時向齋藤家、武田家表示臣服，在織田信長占領美濃國以後，遠山氏又變成了織田家、武田家的「兩屬家臣」。

織田信長並不想與武田家對立，得知東美濃發生戰鬥以後，立即下令讓織田軍撤軍，隨後又派遣使者與武田信玄接觸，申請與武田家結盟。武田信玄此時的重心也在關東抵禦上杉謙信，不願意在美濃國開闢戰場。雙方經過商議以後，決定讓武田信玄的四子諏訪勝賴迎娶織田信長的養女龍勝院為妻，兩家締結了盟約，甲尾同盟也因此建立。

既然武田、織田兩家締結了同盟，那德川家自然也就成為了武田家的盟友。只是在武田信玄眼中的「清洲同盟」與事實上有些出入，信玄認為德川家並不算是一個獨立大名，而是像水

野家一樣，只是織田家下屬的一介國眾而已。

織田信長以為武田信玄知道德川家是織田家的對等盟友，德川家康也是這麼認為的，但是武田信玄卻不知道這件事。讓所有人都沒有想到的是，這個誤會最終成為三方陷入敵對的導火線。

甲尾同盟的建立對武田家內部造成了巨大影響。武田信玄的繼承人武田義信迎娶了今川義元的女兒嶺松院為妻，所以在外交立場上一貫是保持挺今川反織田的姿態。甲尾同盟的建立讓武田義信認為武田家即將改變外交方針與今川家敵對，如此便會威脅到自己繼承人的地位。所以武田義信堅決反對讓弟弟諏訪勝賴迎娶信長的養女。

其實武田信玄的想法並沒有武田義信那麼複雜，他在與織田家結盟前後，還與織田家的敵人齋藤家締結了盟約。當時足利義昭正號召各地大名擁護自己上洛，織田信長、齋藤龍興、武田信玄雖然互相看對方不爽，但是卻都是響應義昭命令的地方大名。此外正如前文所述，武田信玄與織田信長的同盟與其說是軍事同盟，倒不如說是和談同盟，信玄不願意在美濃國投入軍隊作戰，影響武田家與上杉家的戰爭。

但是武田義信卻沒有體會到老父親的想法。恰好此時武田家發生了大規模的饑荒，這讓武田義信以及一眾支持者決定發動政變，廢黜武田信玄的家督之位。在當時的時代，饑荒等天災被人們視為「天罰」，而「天罰」大多都是因為執政者的德行不

端才引起上天的不滿，通常這個時候家督一般都得頒布「罪己詔」，然後再引咎退位。武田信玄年輕時，也是以這個名義把父親信虎流放，奪取了家督之位，所以武田義信也振臂一呼，說這世界上哪有三十年的太子，決定照葫蘆畫瓢把信玄給廢了。

然而，在甲尾同盟建立後約一個月左右，武田義信的密謀便被武田信玄察覺，義信派的重臣飯富虎昌被勒令自盡，武田義信也被囚禁在甲府的東光寺之中。武田家一時人心惶惶，信玄不得不給諸多重臣去信，表示雖然陰謀被自己粉碎，但是父子間的關係並沒有問題，自己沒有打算廢掉武田義信的繼承人之位。

可是儘管如此，武田義信被幽禁在東光寺裡卻是不爭的事實。得知武田家發生內訌以後，今川氏真逐漸對武田信玄產生了不信任感。永祿十年（1567年）八月，武田信玄在「第六次川中島戰役」前夕命令家臣提交效忠自己的起請文（在神佛面前起誓的文書），加大了今川家對武田家的不信任。今川氏真認為武田信玄此舉是將要處置義信的訊號，便下令對武田家進行制裁，禁止往甲斐國販賣食鹽。

兩個月後，武田義信在東光寺病逝，享年僅三十歲。義信死後，今川氏真請求武田家送還自己的妹妹、義信的遺孀嶺松院，但是武田信玄擔心這意味著兩家破盟，便拒絕了氏真的請求。此後，在北條氏康的仲介之下，雙方約定即便送還嶺松院也不影響盟約，這才讓嶺松院返回了駿河國。

嶺松院返回領地後不久，今川氏真便偷偷派出使者前往越後國，與武田家的敵人上杉謙信商議結盟。結果被武田家探得消息，惹得武田信玄大怒不已，決定對今川家動手。當然動手也是需要理由的，信玄動手的理由就是支援足利義昭的上洛。為了防止今川家在織田軍傾巢而出時偷襲後方，所以足利義昭、織田信長許可武田信玄在信長上洛期間對今川家發動特別軍事行動。

　　在織田信長的居仲介紹下，武田信玄與德川家康締結了瓜分今川家領地的同盟。然而，武田信玄卻在結盟時要求德川家向武田家送出人質，家康不得不將異母弟弟久松勝俊與重臣酒井忠次的女兒送到甲府。與之相反，德川家康卻不敢要求武田家向三河國送來人質，這意味著甲三同盟從締結的那一刻起，德川家的地位就是低於武田家的。

　　既然是瓜分今川家的同盟，那麼雙方的邊境在哪就是首要的解決問題。遺憾的是，在一次史料中並沒有雙方約定邊境線的相關記載，過去都是按照《三河物語》、《甲陽軍鑑》等後世編纂史料的觀點，認為兩家約定以河川為界瓜分今川家。只是，武田家認為的邊境是遠江國的天龍川，而德川家卻認為是大井川。

　　天龍川位於遠江國東部，如果以天龍川為界的話，遠江國西部的懸川城、二俣城、高天神城等地都將歸屬武田家，這幾乎相當於將近三分之二的遠江國。而大井川則在遠江國與駿河

國的邊境，以大井川為界的話，就意味著武田家、德川家分別占領駿河國和遠江國。

不過近年來歷史研究者丸島和洋卻提出了不一樣的觀點，他在文書中發現武田信玄曾向德川家康表達了自己將出陣遠江國的意思，德川家方面並沒有提出異議。此外，德川家康也有調略駿河國國眾的行為，說明武田、德川兩家很可能並沒有約定明確的邊境線，而是各自以自己的能力各憑本事占地盤。

永祿十一年（1568年）十二月六日，武田信玄發兵自甲府侵入駿河國，由於武田信玄事先做好了策反工作，今川軍幾乎一觸即潰，許多家臣在陣前倒戈投降武田家。僅僅十天不到，今川氏真便不得不拋棄根據地駿府今川館，逃往遠江國的懸川城。在武田信玄出兵之後，德川家康也派兵侵入遠江國，相繼奪取了井伊谷、二俁城等地，隨後又包圍了今川氏真所在的懸川城。

武田信玄在出兵今川家以前便向北條家去信，表示今川氏真與武田家的敵人上杉謙信勾結，密謀滅亡武田家，所以自己才不得不破盟攻打今川家，希望北條家能夠理解自己。然而在武田軍攻打駿府時，今川氏真的妻子、北條氏康的女兒早川殿卻在武田軍的追擊下徒步出逃，激怒了疼愛女兒的北條氏康。於是，北條家下令與武田家斷交，與上杉謙信締結了「越相同盟」，同時還派出軍隊進入駿河國，占領了河東地區的駿東郡、富士郡，與忠於今川家的國眾切斷了武田軍返回甲府的歸路，

武田軍陷入了苦戰之中。

然而,讓德川家康沒有想到的是,老辣的武田信玄並未因為駿河國的戰事就放棄遠江國,在武田信玄的命令下,重臣秋山虎繁率軍自信濃國侵入了遠江國,不僅順利占領了遠江國北部地區,秋山虎繁還著手調略天龍川以西的國眾,這使得遠江國的國眾們內部發生分裂,一部分人想要投靠相近的德川家,另一部分人則想投靠更強大的武田家。

不過,秋山虎繁率領的軍隊畢竟只是別動隊而已,武田信玄率領的主力軍隊此時正在駿河國與北條軍、今川軍作戰,無暇關顧到遠江國的局勢。因此,德川家康的心中便產生了一絲不太友好的想法。

永祿十二年(1569年)正月,德川家康給正在與北條軍對峙的武田信玄陣中送來書信,質問武田信玄為何派遣秋山虎繁侵入遠江國,表示這是違反「甲三同盟」的行為。武田信玄在收到書信後震驚不已,當初的約定並沒有說明遠江國必須由德川家占領,德川家康此舉明顯是欺侮自己正與北條軍作戰,無法出兵遠江國。

為了避免受到德川家、北條家的兩面夾擊,武田信玄只好認可了德川家康的不合理要求,派出使者前往遠江國,命令秋山虎繁率軍自遠江國撤退,前往駿河國與主力會合。同時,武田信玄還與德川家康互相交換了保證書,約定雙方都不與今川氏真和談。然而,在與武田家交換的保證書墨跡未乾的情況

下，德川家康私自與懸川城的今川氏真達成和睦，雙方約定將被武田信玄從駿河國趕出，讓氏真重新領有駿河國一國。此後在德川家的護衛下，今川氏真乘船前往北條家的領地相模國。

這下武田信玄真的生氣了，他向「甲三同盟」的擔保人織田信長派去使者，對德川家康的做法表達了強烈的抗議。在武田信玄的眼中，織田信長身為德川家康的主君，在收到自己的抗議以後，應該好好制裁一下這個不聽話的從屬。但是武田信玄不知道的是，身為對等盟友，此時的織田信長根本沒有能力干涉德川家的內政。事實上，直到武田家滅亡前夕，織田、德川兩家才真正確認了主從關係，而駿河侵攻時的德川家康與織田信長一樣，都是從屬於足利義昭政權的大名，雙方仍然是對等關係。

從桶狹間之戰後家康繼續追隨今川家與織田、水野兩家敵對，到同織田家締結和約，再到平定三河國、同武田家結盟攻打今川家，可以看出德川家康並不是一個墨守成規的人，而是一個懂得靈活變通，十分狡猾的戰國大名，一隻名副其實的「狸」。

三方原戰役

元龜元年（1570 年），德川家康將根據地從三河國的岡崎城遷到了遠江國的濱松城。此後，家康祕密派出使者前往越後國，與武田家的敵人上杉謙信締結了同盟。

德川家與上杉家的結盟早在攻打遠江國時就已經開始商談，當時的德川家康與武田信玄還未撕破臉皮，但是家康已經決定日後一定會與武田家敵對，所以在明面上與武田家保持盟友關係，背地裡卻悄悄地與上杉家開始接觸。不僅如此，德川家康還試圖破壞織田信長與武田信玄的同盟，想要讓織田、德川、上杉三家締結盟約，加上本已與武田家敵對的今川、北條兩家，武田家將陷入重重包圍網之中。屆時，德川家便可在滅亡武田家之後，從一眾大名之間分走一杯羹。

幸而織田信長並未採納德川家康的建議，沒有背叛武田家。而北條氏康也在不久之後病逝，繼任者北條氏政認為在北條家與武田家作戰時，上杉家並未支援北條家，便撕毀了與上杉家的盟約，重新與武田家結盟。甲相同盟復活以後，接受北條家庇護的今川氏真便離開了相模國，與妻子早川殿一同前往德川家接受家康的庇護。諷刺的是，大概是怨恨武田信玄的背盟，此後的今川氏真便以織田、德川方支持者的身分活躍，對從屬武田家的今川舊臣展開調略。但是由於氏真的威望過低，響應者寥寥無幾，根本沒有能力重返駿河國。

元龜二年（1571年）九月，武田勝賴（諏訪勝賴）的妻子嶺松院病逝，為了維持與織田家的盟約，武田信玄派出使者與織田家進行交涉。次年閏正月，武田信玄與織田家約定讓信長的長子信忠迎娶信玄的女兒松姬為妻，鞏固了尾三同盟。

然而這一切只是武田信玄的煙霧彈而已，早在織田信長無

力制止德川家康的暴行時，武田信玄便認為信長在縱容臣屬家康，覺得信長與家康在唱雙簧戲弄自己，決定與織田家、德川家敵對。恰好在元龜三年（1572年）正月時，信玄的連襟、本願寺的法主顯如便對武田家派出使者，希望武田信玄出兵支援大坂本願寺與織田家的戰爭，武田信玄同意了本願寺的請求。不過為了迷惑信長與家康，信玄仍舊與織田家締結婚約，畢竟家康的敵對行為也未公開，三方便維持著表面兄弟的關係，但言之鑿鑿的盟約書下卻是暗流湧動。

在武田信玄的調略下，三河國東北部奧三河地區的山家三方眾、遠江國北部的國眾奧山氏、天野氏、松井氏祕密投靠了武田家，德川家康雖然知曉此事，但是苦於沒有證據，也無可奈何。由於前一年比叡山延曆寺被織田信長給燒了，八月京都盛傳武田信玄將要上洛復興延曆寺，正親町天皇知曉後便在次月下令命武田信玄支援朝廷復興延曆寺。只是，大家都以為信玄會友好訪問京都，沒有料到信玄不是逛過來的，而是打過來的。

幾乎在武田信玄收到天皇命令的同時，上杉家也迎來了意想不到的使者——幕府將軍足利義昭、織田信長的使者來到上杉家，想要調解武田家與上杉家的關係。在和議將要達成的前夕，武田信玄卻突然翻臉，表示除非是朝倉義景居中調解，不然不與上杉家和談。此時的上杉謙信正出兵越中國，武田信玄趁機做出了攻打越後國的姿態，得知此事的信長急忙給信玄去

信，希望信玄不要做出與上杉家敵對的行為。武田信玄則回信說自己會遵從信長的建議，停止攻打越後國，讓信長放心。

織田信長鬆了一口氣，給武田信玄送去回信表示感謝。然而，這依然是武田信玄的煙霧彈，他就是要讓織田信長以為，武田家的首要敵人依然是上杉謙信。

織田信長不知道的是，在他回感謝信的兩天前，也就是元龜三年（1572 年）的十月三日，武田信玄已經率軍自甲府出陣，隨後進入駿河國，朝著遠江國而來。另外在武田信玄出兵以前，他派出山縣昌景率領一支別動隊前往信濃國與秋山虎繁會合，織田信長也好上杉謙信也好，都以為這支軍隊是朝著越後國去的，但是山縣昌景卻並未北上，而是自信濃國南下侵入遠江國，奔著德川家而來。

實際上，早在信玄出兵的一個月以前，雙方的破盟就已經因為東美濃的局勢出現了破綻。前文提到過，東美濃遠山氏是織田、武田兩家的「兩屬家臣」，因此在武田軍攻打飛驒國時，岩村城主遠山景任與弟弟苗木城主遠山直兼均響應武田家的命令出兵飛驒，但是兄弟倆很不幸都負傷回國，不久後便相繼因感染去世。遠山兄弟之死讓遠山家陷入動盪之中，織田信長連忙派遣庶兄織田信廣與重臣河尻秀隆前往東美濃，想要接管遠山氏的地盤，這反而引起了遠山氏家中親武田勢力的反感。在織田家的介入下，信長將兒子御坊丸送入岩村城繼嗣，又讓遠山一族出身的遠山友勝進駐苗木城。

德川家

　　信長認為自己只是應遠山家的請求出兵穩定局勢，武田家應該不會對此有過大的反應，但是此時已是應激狀態的武田信玄早已將一切行為都視為是織田家、德川家的背盟行為了。

　　德川家康即將為自己背盟占領遠江國、私自與今川家和談、與上杉家結盟等一系列背盟行為付出代價。

　　早在江戶時代創作的史料《三河物語》中便提到，武田信玄的舉兵是為了上洛取代織田信長號令天下。此後，《三河物語》的記載便成為長時間以來的定說，認為是足利義昭想要打倒霸道的信長，便命令各地大名舉兵上洛，信玄便是其中的一員。

　　足利義昭組建「信長包圍網」的依據是兩份年分不明的書信，一封成書於五月十三日，是足利義昭寫給武田信玄求援的書信。另一封則是武田信玄寄給松永久秀的家臣岡周防守的，表示自己將要上洛支援將軍，日期為五月十七日。以往的研究認為武田信玄寄給岡周防守的書信成書於元龜二年，而足利義昭給信玄的書信則成書於元龜三年，也就是三方原戰役的當年。

　　不過，近年來的歷史研究家卻提出了不一樣的觀點，例如鴨川達夫在《武田信玄與勝賴》一書中的研究指出，這兩封書信的成書年分並非元龜二年和三年，而是成書於元龜四年（1573年）。這一年的五月時，武田信玄已經病逝，足利義昭並不知道信玄去世的消息，所以給武田家去信求援，而武田家正好也想掩蓋信玄去世的消息，便故意偽造了信玄的書信寄給松永家，以迷惑織田、德川兩家。

此外在元龜四年二月時，淺井長政分別給武田家的穴山信君以及越中國的盛興寺送去書信，在淺井長政的書信中提到，將軍足利義昭已經下決心要與信長訣別，還給朝倉、淺井兩家下發了打倒信長的御內書。從這點來看，足利義昭與織田信長敵對的時間點其實是在三方原戰役以後，自然不可能事先組建「信長包圍網」，召喚信玄上洛。恰恰相反的是，武田信玄西進期間，他的敵人是足利義昭和織田信長，在三方原戰役獲勝以後，足利義昭認為織田家大勢已去，便決定拋棄織田家與反信長勢力結盟，這才召喚信玄上洛。

　　那麼，既然武田信玄的出兵不是為了上洛，那他的作戰目標又是什麼呢？

　　戰後的歷史學者高柳光壽曾對前文《三河物語》的「信玄上洛」觀點提出異議，認為武田軍的上洛並不現實。信玄舉兵後或許會因為一系列戰鬥的勝利而上洛，但是這決不能說明信玄一開始舉兵的目的便是為了上洛。

　　江戶時代的編纂史料通常為了神化織田信長，通常喜歡增強歷史事件的戲劇性，例如織田信長成功打倒了想要奪取天下的今川義元，而武田信玄打倒織田信長奪取天下的計畫卻失敗了，說明天命屬於織田家。

　　鴨川達夫同樣對「信玄上洛」表示疑義，他認為武田信玄在「三方原戰役」以後沒有在遠江國糾纏，而是轉進三河國，說明信玄的目並不是占領德川家的領地，而是想給予德川家一

定的打擊，防止德川家干擾武田家的作戰計劃。而武田家在西進期間，曾派遣秋山虎繁率領一支別動隊占領了東美濃，再加上信玄給朝倉義景的書信中提到自己出兵的目的是打倒織田信長，所以鴨川氏的觀點認為武田信玄是想要率軍前往美濃國與織田信長決戰，攻打德川家只是這個計劃的一環而已。

　　鴨川達夫的觀點不無道理，但是也有其餘的學者對此提出不同的看法。例如柴裕之表示武田家占領東美濃遠山家領地的別動隊其實並不存在。遠山家原本作為兩屬國眾，是有一定的獨立性的，但是因為遠山兄弟的去世，遠山家被織田信長給編入了織田家的體制之內，引起了遠山家親武田派的不滿。在武田信玄西進期間，遠山家自發加入武田家，武田信玄得到這個消息後，才派遣家臣進入東美濃。此外，信玄派出的家臣並非是通說中的秋山虎繁，而是秋山虎繁麾下的吉岡城城主下條信氏。因此柴裕之認為鴨川氏的「岐阜決戰說」從條件上就不成立。

　　除了上述兩個學者以外，本多隆成則是糅合了二人的觀點，認為武田信玄出兵的目的既不是信長也不是家康，而是信長和家康。本多隆成認為武田軍在西進以前，武田信玄便出兵飛驒國，其目的正是為了將來能夠從飛驒、信濃兩地侵入東美濃。而武田信玄攻打遠江、三河的目的，正是為了敲打德川家，讓家康不敢輕舉妄動。

　　十月十日，武田軍本隊在武田信玄的率領下進入遠江國，

隨後在十一月時包圍了天龍川畔的二俣城。經過一個月的圍城戰以後，二俣城開城投降，武田軍在進入二俣城稍作休整之後，便於十二月二十二日上午出陣，沿著遠江國的秋葉街道直接南下，直奔著德川家康的根據地濱松城而來。

然而，在德川家康做好守城的準備時，武田軍卻在濱松城外的一處名為「大菩薩」的地方突然調轉方向，朝著西邊的三方原臺地進軍。德川家康見武田軍西進以後，立即率領濱松城內的軍隊進行追擊。

德川家康為何要離開安全的濱松城，率軍出城與武田軍野戰也是三方原戰役中的一個謎團。在《三河物語》的記載中，德川家康認為放任武田軍在自己眼前西去，以後世人就將認為家康是一個膽小鬼，家臣們也會對家康失去信心。因此，德川家康為了儲存自己武士的顏面，必須抱著必死的決心出城與武田軍決戰。

此外，德川家家臣的許多家眷都居住在三河國的矢作川一帶，如果武田軍西進奪取了三河國，這些家眷們一旦成為武田軍的俘虜的話，德川軍就將不戰而潰。再加上德川家作為織田家的盟友，就這麼一槍未發便放任武田軍西去，將會引起信長的不悅。因此，無論如何德川家康都必須出城與武田軍一決雌雄，這是一場明知會輸卻也要強行交戰的戰鬥。

雖然上述的觀點也十分符合邏輯，但是著實與德川家康「狸」的外號違和，作為一個不管怎麼樣都不願意自己吃虧的人，真

的會在意武士的面子嗎？

　　歷史學者平山優在近年提出一個新的觀點，根據《信長公記》的記載，武田軍在離開三方原臺地後，其實並未朝著三河國行進，而是再次改道，朝著浜名湖畔的堀江城進軍。武田軍的再次改道，讓德川家康大吃一驚，遂做出追擊武田軍的決定。

　　當時濱松城與尾張國、三河國的聯繫的通路一共有四條，分別為鳳來寺道、本坂道、東海道與浜名湖的水運。鳳來寺道早就被秋山虎繁、山縣昌景的別動隊占領，東海道又被武田軍本隊阻斷，僅剩下本坂道與浜名湖水路兩條通路，而堀江城正好處於控制本坂道與浜名湖的交通要道上。如果武田軍奪取了堀江城，那麼濱松城將會變成一座孤城，失去與外界的聯繫。這樣一來，濱松城的落城就只是時間問題。

　　也就是說，武田信玄在大菩薩、三方原的改道並不是單純的侮辱德川家康，誘使家康出城野戰，而是經過深思熟慮的作戰計劃，他的最終目標依然是濱松城內的德川家康。

　　實際上根據《甲陽軍鑑》品第三十九的記載，因為忌憚驍勇善戰的德川家康，再加上當時盛傳織田軍主力已經在三河國的岡崎、山中、吉田等地著陣。雖然織田軍的來援只是謠言而已，但是朝著三方原方向進軍的武田信玄並不知道此事的真偽，因而才會試圖避免與德川軍爆發直接衝突。否則，即便武田軍戰勝德川軍，已成疲敝之師的武田軍是無法正面迎戰來勢洶洶、以逸待勞的織田軍的。正是因此，奪取堀江城圍困濱松

城，使德川家康不戰而降才是上上策。

早在三方原戰役以前的十月二十一日，武田信玄便在給「山家三方眾」奧平定勝的書信中表示：「因為這邊（高天神城）的城主小笠原（氏助）已經提出投降，明日我將會朝著國中進軍，五日內越過天龍川出兵濱松，以驅散我心中累積三年的怨念。」

三年前，正是德川家康與今川氏真和談，暗地裡偷偷對武田家下手的時間。

武田、德川兩軍遭遇以後，立即展開了激戰。是時，德川軍人數約在八千五百人左右，由佐久間信盛、水野信元、平手汎秀率領的織田軍則有三千人，而他們面對的武田軍人數則有兩萬餘，從人數來看是武田軍占優。

德川家是新崛起的家族，軍中的年輕武士們迫切地想要立下戰功，便緊緊地尾隨在武田軍的身後。武田信玄先是派出軍中擔任民夫的百姓，向德川軍投擲石子誘敵攻擊，德川軍的年輕武士們在遭到挑釁之後，立即對武田軍發起反擊，人數約有千餘左右。前鋒交戰以後，德川家康不得不將主力軍隊派出。由於德川軍人數少於武田軍，家康只能採用一字型排開的陣型，也就是俗說中的「鶴翼之陣」。在家康布陣完以後，原本陰沉沉的天空突然下起了大雪，使得這場戰鬥變得更加艱難。

在《甲陽軍鑑》的記載中，武田軍的前鋒是甲斐國郡內國眾小山田信茂，其後是山縣昌景、武田勝賴、馬場信春等武將。戰鬥開始後，德川軍的精銳部隊，也就是德川家康的旗本武士

本多忠勝、榊原康政等人對山縣昌景部發起猛攻，一時間將山縣隊給擊退。就在這個時候，山縣昌景麾下的奧三河國眾「山家三方眾」因為畏懼家康旗本的戰鬥力，向武田軍後方逃竄，使得武田軍陣腳大亂。趁著這個機會，家康重臣酒井忠次再次對山縣昌景發起攻擊，山縣隊以及北條家派出的援軍均被德川軍擊敗，陷入了苦戰。

在山縣昌景所部瀕臨崩潰之際，馬場信春突然率隊殺入，抵禦住了德川軍的攻擊。而後，武田勝賴率軍從側面對家康的旗本們發起攻擊，將家康的旗本武士們給擊退。山縣昌景見狀趁勢重整隊形，對酒井忠次發起反擊。不僅如此，武田信玄見到前方陷入苦戰，連忙命令負責運輸兵糧的甘利信康放棄糧隊，率領所部配合山縣昌景一同對酒井忠次發起攻擊。

在武田軍的多重打擊之下，德川軍逐漸成為強弩之末，隨後發生崩潰。令人意外的是，武田信玄並未大規模追擊德川軍的敗兵，而是見好就收，重整陣型準備迎擊傳說中在岡崎、山中等地布陣，實際上卻並不存在的織田軍。

雖然在三方原戰役時武田軍的人數占優，但是實際上武田軍的參戰部隊只是殿軍的山縣昌景、馬場信春、武田勝賴等人以及武田信玄的旗本武士、甘利信康的運輸隊而已。雖然山縣昌景一度陷入危險之中，但是武田信玄依舊沒有將武田軍的主力、側翼部隊投入戰鬥。這是因為武田信玄聽信了織田家散布的謠言，擔心在與德川軍交戰時會遭到織田軍的偷襲，所以武

田軍的主力在整場戰鬥中都處於待機狀態,一直防禦著三河國的方向。

是役,除了德川家康的重臣夏目廣次、本多忠真等人戰死以外,織田援軍中大將的平手汎秀也被武田軍殺死。家康在榊原康政的掩護下隻身逃回了濱松城,其餘德川家臣也化整為零四下逃竄,石川數正、大久保忠世等人則沒有返回濱松城,而是在濱松城外的犀崖聚攏敗兵,用「釣瓶擊(伏擊戰)」的誘敵戰法擊敗了武田軍的追兵。

五國大名時代

三方原戰役以後,雖然德川家戰敗,但是德川家康對決武田家的決心並沒有消失,與之相反,德川家康在敗仗後發起一系列的反擊與調略,奪回了許多座城池。除此以外,武田信玄在撤軍途中因病逝世,也給了德川家一個喘息之機。

武田信玄死後,其子武田勝賴繼承了家督,同時武田家對外祕不發喪,宣稱武田信玄只是因病隱居。不過,這件事的保密工作做得並不怎麼樣,很快武田信玄去世的消息就傳到了織田信長、德川家康的耳中,德川家康也趁勢對武田家領地發起進攻。

天正三年(1575年),德川家發生了一件大事。當時德川家康已經將居城遷至濱松城,岡崎城由嫡子德川信康駐守。由於德川家的領地從松平時代的西三河擴張至東三河、遠江國等

地，德川家的家臣團也發生了變化，許多新晉家臣（濱松眾）追隨在德川家康身邊，受到重用，相反許多三河時代的老臣（安城眾）則日益失寵。不僅如此，安城眾早年追隨松平清康、松平廣忠與織田家多次作戰，對織田家本就沒有什麼好感，再加上武田家侵略德川家領地時織田信長來援的力度非常有限，導致德川家接連丟失領地，引起了許多人的不滿。

德川家康倒是鐵桿的「織田派」，但是三河的家臣們卻認為德川家康是一個固執的主君，開始懷疑家康的器量。這些家臣們團結到了以德川家康妻子築山殿、嫡子德川信康的麾下，祕密地與武田勝賴勾結，邀請武田軍侵入三河國，到時候家臣們再擁立德川信康為主，將德川家康流放。

武田勝賴當即點兵，命山縣昌景等人率軍侵入三河國，自己則率軍侵入遠江國，故意釋放一顆武田家要攻打遠江國的煙霧彈。只是，謀反事件很快因為告密被德川家康獲知，他立即逮捕了謀反的大岡彌四郎等人，將謀反事件給扼殺在萌芽之中，導致武田軍攻取岡崎城的計畫失敗。在這樣的情況下，武田勝賴決定轉換方向，與山縣昌景的別動隊會合以後，開始對東三河發起攻擊，武田軍接連攻陷了幾座城池後，包圍了奧三河的長筱城。武田勝賴包圍長筱城的目的是想吸引德川家在東三河的據點吉田城的守軍出城野戰，但是守將酒井忠次卻堅守不出，導致武田軍的攻勢一直都沒有什麼進展。

東三河告急，德川家康扛不住壓力向織田信長求援，同時

表示信長上洛時德川家一直出錢出力，這次信長要是再不拉兄弟一把，到時候兄弟就去武田家打工了。這年的織田信長剛好解決了長島一揆等麻煩事，收到求救信後立即派遣佐久間信盛等人率軍先進入三河國支援，自己則在岐阜城召集了三萬大軍，同時隨軍帶著三千挺鐵炮，進入三河國。不得不說，織田軍的戰鬥力的確給力，武田勝賴被織田信長的誘敵計策欺騙，陷入被前後夾擊的境地，不得不對織田軍發起攻擊，而後不出意外的，武田軍慘敗。

長篠之戰之後，德川家康在東線戰場轉守為攻，武田家也因為這場戰役元氣大傷，在這之後武田勝賴又因為御館之亂時首鼠兩端，導致武田家與盟友北條家破盟，德川家康與北條家結成盟友，一東一西夾擊武田家。

此時隨著織田信長地位的日益提高，德川家康的身分開始從盟友向家臣轉變，這點從織田信長與德川家康往來書信的用詞、格式可以看出，織田信長已經開始將德川家視為織田政權下的一個大名了。

天正七年（1579年），德川信康與德川家康的衝突激化至不可調和，德川家康率領濱松城的軍勢進入岡崎城，將岡崎城的守軍全部撤換，還下令德川家臣不得與德川信康私下往來，一個月後，德川信康在二俁城自盡。

以往「信康事件」都被認為是織田信長在幕後搞小動作的，但是實際上從一次史料來看，德川信康被捕時織田信長根本不

知情,直到德川家使者來了以後方才知曉。德川家康也不敢拿信康怎麼樣,畢竟信康除了有兒子的身分,還有信長女婿的身分。信長也不好插手太多,便回覆德川家到:「讓家康自己處置吧。」

儘管現在的小說裡都喜歡說德川家康最喜歡的兒子就是信康,但是從信康死後被剝奪「德川」苗字,改回「松平信康」這個名字來看,二者的關係只怕是沒有那麼好的。

統合內部以後,德川家康又開始攻略武田家麾下的城池,到了天正十年(1582年)時,織田信長更是發起了「甲州征伐」,一舉將武田家給滅亡,德川家康也因功受封了駿河國。從信長下賜領地給德川家來看,此時的德川家已經對家臣身分認命了。

不過,武田家滅亡的兩個多月後,本能寺之變爆發,織田信長死於非命。本能寺之變發生時德川家康受邀在京畿遊玩,為了躲避叛軍,不得不通過伊賀國返回領地。回到領地後德川家康先是接收了路上遇難的穴山梅雪的領地,然後又舉兵西進,要為織田信長復仇。只是當德川軍進入尾張國時,家康收到了羽柴秀吉的書信,表示逆賊明智光秀已經被討伐,希望家康撤軍。

一切的變化都來得太快了,織田信長一死,原本被織田家占領的武田舊領開始變得動盪。由於織田家對武田遺臣採取了血腥屠殺的手段,很多倖存者都締結一揆在領內掀起反旗,叛軍將織田家留在甲斐國的家臣河尻秀隆殺死,將其屍體掛在甲

府示眾。

德川家康在甲州征伐時庇護過許多武田遺臣，其中包括與真田昌幸一同被武田信玄稱為「吾之雙眼」的曾禰昌世，這些人在這時候派上了用場，被德川家康撒至武田舊領之內，調略武田遺臣加入德川家麾下。與此同時，關東的北條氏直也打著武田信玄外孫的旗號率軍侵入了武田舊領，越後的上杉景勝則率軍奪取了川中島等地。德川、北條、上杉三家圍繞武田家舊領爆發了「天正壬午之亂」。值得一提的是，德川家康奪取武田家舊領也是有大義名分的，他畢竟是織田政權的一員，織田家召開清洲會議以後，羽柴秀吉寫信給家康，傳達了織田家的意思：「為了避免甲信落入敵人手中，還請德川大人奪取此地。」不僅如此，織田信雄還派出了軍隊支援德川家康攻略甲信。

不過，織田家內部此時隱患重重，織田信雄、織田信孝、羽柴秀吉、柴田勝家等人之間為了爭權劍拔弩張，沒有過多餘力顧及甲信，因而德川家康最終還是與北條家議和。北條家將占領的甲斐國都留郡、信濃國伊那郡讓渡給德川家，德川家則需要承認北條家對上野國的所有權，將上野國的沼田領割讓給北條家。

沼田領，當時屬於從屬德川家的武田舊臣真田昌幸的領地，他自然無法接受這件事，所以割讓沼田領這件事最終都沒有成功施行。讓德川家康、北條氏直都沒有想到的是，這件事最後竟然為北條家的滅亡埋下了伏筆。

轉封關東

天正十一年（1583年）五月，取得「賤岳之戰」勝利後的羽柴秀吉成為織田家的筆頭家老，他將池田恆興轉封至美濃國，自己則著手在大坂修築新城。

此時信長的三子織田信雄名義上仍舊是織田家的家督（注：清洲會議時決定的家督是織田信忠之子三法師，但是由於賤岳之戰期間三法師被敵對方的織田信孝控制，因而羽柴秀吉等人便擁戴織田信雄出任家督），可是明眼人都能看得出來，織田信長死後不過一年，織田家已經出現衰弱的局勢了。織田信雄能夠控制的領地只有尾張國、伊勢國與伊賀國三地，為了與日益驕橫的羽柴秀吉抗衡，織田信雄開始與織田家的半家臣半盟友的德川家康聯繫。

德川家康占據駿遠三甲信五國，如今的德川家儼然是一個加強版的武田家，再加上天正壬午之亂後德川家與北條家結盟，解決了後顧之憂。德川家康自然也不想坐視羽柴秀吉一家獨大，便派遣家臣酒井重忠前往伊勢國與織田信雄締結盟約。天正十二年（1584年）三月六日，織田信雄誅殺了三位與羽柴秀吉內通的家老，正式對羽柴家開戰，小牧・長久手戰役爆發。

受封美濃國的池田恆興是織田家舊臣，又是信長的乳兄弟，因而織田信雄、德川家康都判斷池田恆興會站在織田家的一方，認為主要戰場將會在伊勢國，德川家康還派遣酒井忠次率軍進入

伊勢國布防。然而，三月十三日，池田恆興與森長可突然舉兵攻陷了織田家麾下的犬山城，宣布加入羽柴家一方，德川家康不得不把在伊勢國的德川家調回尾張國回防。十七日，池田恆興、森長可率軍繼續前進，在羽黑遭到了酒井忠次的埋伏慘敗。

小牧・長久手戰役表面上是一場織田・德川家對抗羽柴家的戰役，實際上捲入了非常多的勢力，是一次實實在在的「秀吉包圍網」。紀伊國一揆、長宗我部元親、佐佐成政、北條家加入了織田・德川家一方，而毛利家、上杉家、北關東眾則加入了羽柴秀吉的一方。

三月二十八日，德川家康親自率軍進駐小牧山城，羽柴秀吉在擊敗紀伊國一揆後，也率軍抵達小牧山城附近的樂田。此時的織田・德川聯軍人數為一萬六千人左右，而羽柴軍則有六萬多人，並且當其餘戰場的戰事結束以後，還會陸續有援軍抵達。

秀吉並不想在小牧山城浪費兵力，便制定了偷襲德川家老巢三河國的方案。四月六日，羽柴秀吉以外甥三好信吉（羽柴秀次）為主將，率領池田恆興等共兩萬四千人進軍三河國。雖然三好信吉的軍隊只是別動隊而已，但是人數依舊超過了織田・德川聯軍的人數。德川家康得知羽柴軍的動向以後，命令酒井忠次、石川數正、本多忠勝留守小牧山城，自己則率軍偷偷出城，進入了尾張國的小幡城。德川軍的這一系列行動，羽柴軍的別動隊並不知曉。

四月九日上午，別動隊的殿軍三好軍正在長久手食用早飯，德川軍前鋒榊原康政、大須賀康高突然出現在了三好信吉的本陣附近，對毫無防備的三好軍發起突襲。三好軍沒有料到會遭遇奇襲，頃刻之間全軍崩潰，秀吉委派的軍監長谷川秀一、堀秀政連忙派遣使者通知前鋒的池田恆興、森長可等部回援本陣，苦戰之後長谷川秀一、堀秀政終於擊退了德川軍，鬆了一口氣。

不過，讓羽柴軍沒想到的是，德川家康的目標根本就不是羽柴軍的本陣。池田恆興、森長可在回軍途中與德川家康的本隊遭遇，兩軍隨後展開激戰，一團亂麻的羽柴軍根本不是德川軍的對手，一番激戰之後池田恆興、森長可被德川軍討取，羽柴軍戰死近萬人，侵攻三河的羽柴別動隊在一天之內覆滅。

不過，雖然德川家在羽黑戰役、長久手戰役取得兩次大勝，羽柴秀吉的實力仍舊不容小覷，伊勢國、伊賀國等地的羽柴軍不斷地攻陷織田家麾下的城池，信濃國的木曾義昌等人也被羽柴秀吉調略，伊那郡的國眾們也出現了不穩定的傾向，德川家康在信濃國唯一能夠依賴的人，只剩下反覆無常、不知道什麼時候會背刺德川家的真田昌幸。

十一月十一日，織田信雄扛不住壓力獨自與羽柴秀吉議和，德川家康獨木難支，實際上宣告著德川家在小牧長久手戰役中落敗。

天正十三年（1585年），羽柴秀吉建立起絕對的優勢，不僅敘任從一位關白，還殲滅了紀伊國的一揆眾、長宗我部元親、

佐佐成政等敵對勢力。另外，由於沼田領問題，真田昌幸再次跳反投入羽柴家一方，還在信濃國散布謠言，說武田信玄的次子海野信親尚在人世，準備和兒子武田通道一起反攻甲斐國復興武田家，讓德川家康首尾難顧。

雪上加霜的是，德川家康的重臣石川數正在這年十一月出走羽柴家，羽柴秀吉也對外宣布次年將會全面討伐德川家。石川數正是德川家三河時代以來的重臣，他的離去加劇了德川家的不穩定，眾叛親離的德川家似乎只剩下了滅亡這一條路可走。德川家康慌得不行，甚至主動邀請「三河一向一揆」時被驅逐的一向宗本願寺派的寺院返回德川領復興舊寺，條件是當羽柴軍來襲時一向宗必須站在德川家一方對抗羽柴軍。

好在上天還是眷顧德川家康的，十一月二十九日，日本中部發生了「天正大地震」，若狹灣、伊勢灣被海嘯襲擊，尾張國、伊勢國、美濃國、越中國、近江國等地都因地震損失慘重，秀吉昔日的居城長浜城沉入琵琶湖內，用來囤積討伐德川家所用兵糧的大垣城也因地震導致的火災化為灰燼。和秀吉相比，德川家的領地受災並不嚴重，因而秀吉決定與德川家和談，捏了把冷汗的德川家康自然見好就收，臣服於羽柴家。

天正十七年（1589年），羽柴秀吉介入德川家、北條家、真田家三方爭議的沼田領問題，真田昌幸表示真田家的祖墳已經修在沼田領了，所以寸土不讓，但是羽柴秀吉卻表示只會給真田家留下祖墳那塊地，剩下的還是得割給北條家，真田昌幸損

失的地盤由德川家康進行補償。北條家也表示沼田領問題解決後，家督北條氏直將會親自上洛臣服於羽柴家。

然後，然後小田原戰役就爆發了。

小田原戰役的起因是北條家家臣豬俣邦憲擅自發兵奪取了真田家的名胡桃城，違反了秀吉的總無事令。雖然北條家竭力申辯，但是秀吉仍舊下定決心討伐北條家，德川家康也背離了盟友，站在羽柴家的一方。毫無懸念的，北條家根本就不是羽柴家的對手，在羽柴軍的攻擊下滅亡了，秀吉隨後下令將德川家轉封至關東北條家的舊領。

在通說之中，羽柴秀吉轉封德川家是一招險棋，也是一招昏招。有的人認為秀吉此舉名為加封，實際上卻將德川家康調離了老巢三河國、遠江國等地，削弱了德川家的實力，不過關東的潛力卻讓德川家日後逐步壯大。

這當然是不可能的。

德川家康之所以被轉封關東的原因非常簡單，早在德川家臣服之時，羽柴秀吉就讓坐擁五國、又與北條家是盟友的德川家康負責「關東・奧羽總無事令」，與東國大名外交。北條家滅亡後，羽柴秀吉讓德川家康進入關東，也是為了讓羽柴家家臣身分的家康能夠更方便地處理東國事務。這一點從秀吉讓德川家康入駐江戶城就可看出，江戶城自太田道灌築城以來一直都是東國的水陸交通要道，小田原戰役時秀吉也要求羽柴軍盡快占領江戶城，此地比起小田原城來說更適合作為關東之主的主城。

有人可能會疑惑江戶城地理位置這麼好，北條家為何不選江戶城做主城？答案其實也很簡單，早年北條家對江戶城的支配不算穩定，晚年北條家的防禦體系又圍繞小田原城構築了幾代人，所以遷移主城太過麻煩。

　　德川家康轉封關東以後，負責協助羽柴家統治東國，劃分關東、奧羽的領地。在此期間，東北葛西氏、大崎氏的舊領爆發了一揆暴動，當時羽柴家奧羽仕置的奉行淺野長吉正在江戶城，德川家康隨後便派出軍隊出陣奧羽，只是此時的德川軍已經披上了「羽柴軍」的外衣。從這點可以看出，羽柴秀吉轉封德川家康的真實目的，乃是想要扶持一個東國的「大大名」，作為羽柴家代官鎮守東國。和其他人比起來，曾經是織田家盟友、秀吉昔日同僚的德川家康，自然比那些新參大名值得信賴。

江戶開幕

　　天正十四年（1586 年）以後，德川家康便不再使用「藤原家康」署名，而是正式開始以「源家康」的身分活動。值得一提的是，除了德川家康的源氏、織田信雄的平氏以外，餘下的許多豐臣系大名都被秀吉賜予了「豐臣」氏，德川家的繼承人德川秀忠也是如此，受賜豐臣氏與羽柴苗字。不過德川家康卻保留了源氏的身分，僅受賜羽柴苗字，這大概是因為秀吉想扶持德川家取代足利家成為源氏長者的緣故。

　　「羽柴家康」在羽柴政權下地位非常顯赫，與秀吉的弟弟秀

長、外甥秀次、宇喜多秀家、織田信雄等等一同位列「清華成」家格，秀吉對家康的書信裡也使用了「德川殿」的敬稱，這是其餘大名沒有享受過的待遇。

在羽柴秀吉發起侵略朝鮮的戰爭之後，德川家康也率領一萬五千人在名護屋著陣，因為日軍前期一路勢如破竹，羽柴秀吉想親自前往朝鮮作戰，結果被德川家康、前田利家勸阻。此後，由於明軍入朝的緣故，朝鮮戰場陷入僵局，再加上秀吉的母親大政所病危，秀吉不得不離開名護屋城返回大坂。在秀吉離開名護屋城期間，德川家康與前田利家作為秀吉在名護屋城的代官留守，負責管理當地在陣大名之間的事務。文祿二年（1593年）羽柴秀吉曾策劃讓德川軍渡海支援，但是因為和明朝進行和談交涉的緣故最終告吹。

慶長三年（1598年）八月十八日，羽柴秀吉在伏見城病逝，給羽柴政權留下了一個大爛攤子。此時日軍在朝鮮陷入苦戰，秀吉的繼承人秀賴又非常年幼無法主事，因而德川家康等人決定隱瞞秀吉的死訊，同時命令各個大名從朝鮮撤軍。

慶長四年（1599年），德川家康私自與伊達政宗、福島正則、蜂須賀家政等人締結姻親，受到其餘四名「大老」與「五奉行」的問責。在羽柴秀吉生前，羽柴政權為了防止有人拉山頭，一直都是嚴令禁止大名之間私下通婚，結果秀吉屍骨未寒，德川家康就做出如此舉動，不免讓人起疑心。

羽柴秀吉死前曾經留下遺言，讓前田利家與羽柴秀賴前往

大坂城，德川家康則留守伏見城，讓前田利家與德川家康互相制衡對方，以防止某一方一家獨大。德川家康違反了規定以後，石田三成等人甚至想要討伐家康，導致池田輝政、黑田官兵衛、長政父子，福島正則等人率軍護衛德川宅邸，大有與石田三成等人決一死戰的態勢。

眼見時機未到，德川家康也只能暫時與前田利家為首的四大老、五奉行議和。不過，讓所有人都想不到的是，秀吉留下制衡德川家康的棋子前田利家在這年三月就病逝了，前田利家之死導致羽柴政權徹底失衡。利家去世的次日，對五奉行不滿的細川忠興、福島正則、加藤清正等七位大名就襲擊了大坂的石田三成，此事最後雖在德川家康的主導下順利解決，但是石田三成也因此從羽柴政權中隱退。

德川家康的威勢越來越強大，已經沒有人可以阻止家康了。九月九日，德川家康藉口有人密謀在重陽節登城覲見秀賴時暗殺自己，發動了一連串的政變，最終家康進入了北政所（秀吉正妻）退出後的大坂城西丸，以秀賴後見人的姿態掌握了羽柴政權的中樞。

慶長五年（1600年），前田利長向德川家表達了從屬意願，提出願意迎接德川家康五子武田信吉為養子，同時將母親芳春院送到江戶城做人質，此舉意味著「五大老」之一的加賀前田家從此正式成為德川家的走狗。

另外一邊，五大老的另外一人上杉景勝在前一年歸國後開

始在領內備戰,此後越後的大名堀秀治舉報上杉家有謀反舉動,德川家康要求上杉景勝上洛接受調查,但是卻被上杉家拒絕。被上杉家激怒的德川家康力排眾議,決定起兵討伐會津上杉家。七月十一日,在德川家康離開京畿前往東國之際,原本在佐和山城隱居的石田三成拉攏了大谷吉繼、毛利輝元、宇喜多秀家等人宣布起兵討伐德川家,關原戰役爆發。由於德川家康為首的聯合軍自東向西進軍,而石田三成、毛利輝元等人的聯合軍又占據了西邊的京畿等地,因而一般也分別稱他們為東軍和西軍。

　　得知石田三成等人的動向後,德川家康留下結城秀康等人留守關東,自己則率軍進入江戶城,命令德川秀忠率軍沿東山道進軍,福島正則、池田輝政等大名沿東海道進軍。東山道的德川軍在信濃國上田城遭到西軍方的真田昌幸、真田信繁父子的阻擊,而東海道一路,福島正則等人也對信長嫡孫織田秀信的居城岐阜城發起攻擊。

　　九月十四日,德川家康的本陣抵達美濃國赤坂,隨後東軍諸將準備對在關原布陣的西軍大名大谷吉繼發起攻擊。此時,西軍之一的小早川秀秋率軍進入了關原附近的松尾山城,小早川秀秋雖然名屬西軍,但是已經與德川家康內通,拒絕服從西軍的調派。為了防止小早川軍變節,石田三成等人立即率軍出城,於十四日夜裡八時左右燒毀了大垣城外廓,朝著關原進軍。

　　根據通說的介紹,關原戰役時東軍與西軍足足交戰了一整

天，直到德川家康派遣鐵砲兵攻擊小早川秀秋的陣地（問鐵炮）之後，坐山觀虎鬥的小早川秀秋才下令加入東軍參戰，一舉改變了戰局。不過，根據今年來日本學者白峰旬的研究顯示，小早川秀秋等人在開戰之初就以東軍身分參戰，瞬間就擊敗了大谷吉繼軍，開戰後不久石田三成、宇喜多秀家就止不住敗軍逃亡，到中午時關原戰役就已經結束了。

關原戰役本質上是羽柴政權內部為了爭奪中樞權力的戰爭，德川家康在這之後並沒有立即推翻羽柴家的統治，而是依舊以羽柴家筆頭家老的身分活躍。然而德川家康卻利用職務之便，給德川方諸將大肆加封，同時嚴厲懲處西軍諸將。明眼人都能看出，德川家康已經取代羽柴家成為了「天下人」，德川秀忠也在這個時候棄用「豐臣」氏和「羽柴」苗字，恢復使用「源」氏和「德川」苗字在文書上署名。慶長八年（1603年），德川家康在伏見城迎接了朝廷派出的敕使，受封「征夷大將軍」，建立起了德川幕府（江戶幕府），德川家康無論在名義上還是實質上都成為了天下武士的共主。

江戶幕府建立之後，羽柴家的地位開始變得尷尬起來。慶長十六年（1611年）三月，因為後水尾天皇登基，德川家康在二條城接受了羽柴秀賴的覲見，此次二條城會面正式宣告著德川家與羽柴家地位的對調。兩方表面上雖然相安無事，但是私底下卻已經是暗流湧動。二條城會面的兩個月後，在紀伊國九度山的一處小屋裡，一個老人在彌留之際對著一個中年人說到：

「我預料德川家與羽柴家必有一戰,到時你要加入羽柴家,用我留給你的祕計消滅家康。」

果然,德川家與羽柴家的和平沒有維持多久,慶長十九年(1614年),德川家藉口羽柴家奉納的方廣寺梵鐘的銘文裡「國家安康」是在詛咒家康,發起了大坂之陣。不久後九度山的這個中年人就迎接來了羽柴家的使者,隨後逃出了九度山,帶著十幾名家臣進入了大坂城。此後,羽柴秀賴委派了六千兵馬交由此人指揮,此人也將麾下兵馬鎧甲、指物全部塗上紅漆,組建起了一支「真田赤備」,這個人就是當初在上田城與父親真田昌幸一同抵禦德川軍的真田信繁。然而,真田信繁雖然手握父親的遺計,但是因為此前他從未作為大將統率過軍隊,所以得不到羽柴家的重視,真田昌幸的遺計最終也只能爛在信繁的腦子裡。

真田信繁進入大坂城後,修築起一座名為「真田丸」的城池。根據以往的通說,真田丸乃是一座「出城」,也就是修築在大坂城外圍的丸形城池,通說中的「真田丸」脫胎於武田家的「丸馬出」的築城法,具有明顯的武田家城池的特徵。不過,近年來的最新研究顯示,真田丸很可能並不是大坂城的出城,而是距離大坂城不遠的一座支城,與大坂城互相呼應。

十一月十九日,幕府軍攻打木津川口,拉開了「大坂冬之陣」的序幕。十二月四日,幕府軍前鋒前田軍因為被真田丸的鐵炮襲擾,對真田丸南面的小橋山發起攻擊,與此同時松平忠直、井

伊直孝等人也率軍對真田丸發起攻擊，結果幕府軍被真田軍輕鬆擊敗，死傷慘重。

德川家康認識到強攻大坂城只怕不是一件明智之舉，便試圖收買真田信繁，先後開出封賞十萬石、信濃一國等條件，但是真田信繁都不為所動，還將使者真田信尹（信繁的叔父）趕出真田丸。可是，雖然真田信繁很有骨氣，大坂城內的秀吉遺孀澱姬和羽柴秀賴卻慫了，與幕府達成了和談。德川家康提出的條件是拆除大坂城的二之丸與三之丸，將澱姬送往江戶城做人質，幕府則保證羽柴家的存續——稍有智商的人都能看出，這只是德川家康的緩兵之計罷了，但是澱姬和羽柴秀賴卻信了，把堅固的大坂城拆成了光禿禿的山頭。

不出意外的，慶長二十年（1615年）四月，幕府軍藉口羽柴家不遣散軍隊再次來襲，此時的大坂城已經不足以抵抗幕府軍的攻勢，真田信繁在最後的時刻對德川家康的本陣發起突襲，連德川家康的馬印都被真田軍砍倒。只是強弩之末的真田信繁根本就不是源源不斷的幕府軍的對手，最終也死在了戰場附近的野地裡。隨著真田信繁戰死，大坂城內的羽柴秀賴與澱姬也紛紛自盡，持續了一百五十年左右的日本戰國時代正式宣告結束，為了慶祝結束戰亂，朝廷下令改元「元和」。

德川家康的一生彷彿就是為了統一日本戰國時代而生的一樣，在消滅羽柴家、統一日本的第二年（元和二年，1616年）四月，德川家康在駿府去世，享年七十五歲。

附　錄

德川家康三方原敗像之謎

　　根據通說，德川家康在三方原戰役之時被武田軍嚇得脫糞，返回濱松城之後，為了記住自己在這一戰中的慘敗，找來了畫家畫下自己狼狽的模樣，之後便一直將這幅畫掛在自己的臥室裡警示自己。

　　不過，不管在一次史料還是二次、三次史料裡，都看不到德川家康在三方原戰役時嚇得拉褲子的記載。僅有在《改正三河後風土記》中有類似的記載，不過該書中讓德川家康不小心拉稀的並非是三方原戰役，而是兩個月前的一言坂戰役。

　　從《信長公記》的記載來看，德川家康敗退之時遭到了武田軍的阻擊，但是德川家康卻不慌不忙掏出弓箭，一邊射殺敵軍一邊後撤，完全沒有通說中狼狽的樣子。在濱松城遺址附近，至今還有被稱為「小豆餅」、「錢取」的地名，據說是德川家康在三方原戰敗之時路過路邊的茶店買餅吃，之後因為擔心武田軍的追擊忘記付錢就離開了，茶店的老闆娘以為德川家康不想給錢，一路猛追，這才結了帳。這件事同樣不見於史料記載，有可能是當地

口口相傳留下來的故事，當然是逸話的可能性也比較高。

除了脫糞謠言以外，通說中傳聞是尾張德川家代代相傳的「德川家康三方原敗像」的那張畫也十分可疑。

根據《御清御長持入記》的記載，這幅德川家康的畫像原本並非是尾張德川家保有，而是尾張德川家第十代家督德川治行的妻子嫁入之時帶來的嫁妝。德川治行的妻子從姬出身於紀伊德川家，所以這幅畫其實是從紀伊德川家傳來的，當時畫的名字還叫《東照宮尊影》。

明治十三年（1880年）七月，尾張德川家為了整理廢藩置縣後的傳家寶物，重新編纂了一套尾張德川家的財產目錄《御器物目錄》，在《東照宮尊影》畫像一欄上新增了《長篠之戰陣中小具足著用之像》的副標題，同時給畫盒外貼上了《家康公長篠之戰小具足著用之像》的貼紙。當時有非常多名為《東照宮尊影》的畫像，尾張德川家增加副標題乃是為了區分這些畫像。

明治四十三年（1910年）四月，為慶祝名古屋開府三百週年，尾張德川家將各種寶物都拿出陳列供遊客觀賞，此時這幅畫用的便是上述的名字。當時的雜誌《國華》收錄的一篇文章《雜錄》中提到，這幅畫乃是德川家康的「長筱敗仗圖」，是尾張德川家的初代家督德川義直為了記住父親戰敗後的「苦窮」樣子所繪製的。然而，長篠之戰其實是德川家康一方取得了勝利，考慮到當時的時代背景所限，這種錯誤可能是因為記者的歷史知識不足所致。

昭和五年（1930年）時，尾張德川家的第十九代家督德川義親開設了德川美術館，當時這幅畫的名字依舊還是《家康公長篠之戰小具足著用之像》。為了統計美術館的財產，德川義親命人編纂了《美術館所屬什寶評價調》記錄展品價值，這幅畫的評估價值為一千五百日元。

然而，到了昭和十一年（1936年）一月六日時，《新愛知新聞》以及《大阪每日新聞》中報導德川美術館召開第三回展覽會時，介紹這幅畫乃是江戶時代初期的畫師狩野探幽繪製，畫的是德川家康在三方原戰敗之後的狼狽模樣。《大阪每日新聞》甚至還詳細提到說，此畫是尾張德川家的家祖德川義直為了不忘記父親創業的辛苦，命令狩野探幽畫成的。

緊接著，一月十四日，《新愛知新聞》在報導關於德川美術館座談會裡的新聞時記錄了座談會的過程，時任尾張德川家家主的德川義親向與會者介紹此畫是德川家康在三方原戰役戰敗後，為了讓子孫記住自己戰敗的慘狀的命人畫成的畫像。當時《名古屋市史》的主編堀田璋左右還補充了一句說這是德川家康在戰敗後命狩野探幽繪製的畫。

德川義親身為德川家後人，又在德川美術館的座談會上親口說出這則故事，再加上《名古屋市史》的主編添油加醋，此事經過新聞報導以後許多人都信以為真，誤以為此畫是德川家康在三方原戰役後命人畫下的。

順便一提，狩野探幽出生於慶長七年（1602年），此時別說

三方原戰役了，連關原戰役都打完兩年了。

然而，這個謠言從這時候開始就在德川美術館內留存了下來。昭和三十七年（1962 年），德川美術館首次發行的藏品圖錄《德川美術館》別卷裡將此畫改名為《德川家康三方原戰役小具足著用之像》。

等到昭和四十七年（1972 年）發行的《德川美術館名品圖錄》裡，此畫徹底被定名為《德川家康三方原戰役畫像》，並附上解釋說：「三方原戰敗後，德川家康逃回濱松城，命人畫下自己狼狽的樣子，從此一直將這幅畫帶在身邊警示自己。」

實際上對佛教稍微有了解的人便會知道，德川家康的「三方原戰敗之像」裡德川家康的坐姿並非是戰敗後的狼狽模樣，而是佛教裡非常有名的「半跏趺坐」的姿勢。紀伊德川家繪製此畫不是想要後人記住什麼先人的創業辛苦，而是想將德川家康神化為佛一樣的存在。只是，因為德川義親等人的造謠傳謠，這幅畫最終變成了「三方原敗像」並廣為流傳。

德川家

國家圖書館出版品預行編目資料

天下布武時代：從群雄割據到統一日本，戰國時代武士家族的盛衰興亡 / 北條早苗 著. -- 第一版 . -- 臺北市：複刻文化事業有限公司，2025.03
面 ； 公分
POD 版
ISBN 978-626-7671-78-8(平裝)
1.CST: 家族史 2.CST: 戰國時代 3.CST: 日本
783.17　　　　　　　　114002585

天下布武時代：從群雄割據到統一日本，戰國時代武士家族的盛衰興亡

作　　　者：北條早苗
發　行　人：黃振庭
出　版　者：複刻文化事業有限公司
發　行　者：崧燁文化事業有限公司
E - m a i l：sonbookservice@gmail.com
粉　絲　頁：https://www.facebook.com/sonbookss/
網　　　址：https://sonbook.net/
地　　　址：台北市中正區重慶南路一段 61 號 8 樓
8F., No.61, Sec. 1, Chongqing S. Rd., Zhongzheng Dist., Taipei City 100, Taiwan
電　　　話：(02) 2370-3310　　傳　　真：(02) 2388-1990
印　　　刷：京峯數位服務有限公司
律師顧問：廣華律師事務所 張珮琦律師

-版權聲明-

本書版權為淞博數字科技所有授權複刻文化事業有限公司獨家發行電子書及繁體書繁體字版。若有其他相關權利及授權需求請與本公司聯繫。

未經書面許可，不可複製、發行。

定　　價：480 元
發行日期：2025 年 03 月第一版
◎本書以 POD 印製
Design Assets from Freepik.com